高等学校法学系列教材·基础与应用

婚姻家庭与继承法

（第2版）

周 晖 张冠男◎主 编
张肖华 杨四龙◎副主编

清华大学出版社
北 京

内 容 简 介

本书根据国家新颁布实施的《民法典》婚姻家庭编与继承编的内容,结合相关司法解释,系统介绍了婚姻家庭法概论,亲属,结婚法律制度,家庭关系法,离婚法律制度,与《民法典》婚姻家庭编相关的法律制度,收养,继承法概述,法定继承,遗嘱继承、遗赠和遗赠扶养协议,继承的开始与遗产处理,涉外婚姻家庭与继承法律制度等基本理论知识。本书注重案例教学,通过实例分析培养学生的应用能力。

本书内容翔实、案例丰富、兼具通用性和实用性等特点,既可作为普通高等院校法学专业教学的首选教材,也可用于高职高专、高等教育自学考试、成人高等教育的教学,对于广大读者也是有益的普及读物。

图书在版编目(CIP)数据

婚姻家庭与继承法 / 周晖,张冠男主编.—2版.—北京:清华大学出版社,2022.5
高等学校法学系列教材. 基础与应用
ISBN 978-7-302-60525-6

Ⅰ.①婚… Ⅱ.①周… ②张… Ⅲ.①婚姻法-中国-高等学校-教材 ②继承法-中国-高等学校-教材 Ⅳ.①D923.9 ②D923.5

中国版本图书馆 CIP 数据核字(2022)第 055834 号

责任编辑:刘 晶
封面设计:汉风唐韵
责任校对:宋玉莲
责任印制:曹婉颖

出版发行:清华大学出版社
        网 址:http://www.tup.com.cn,http://www.wqbook.com
        地 址:北京清华大学学研大厦 A 座   邮 编:100084
        社 总 机:010-83470000   邮 购:010-62786544
        投稿与读者服务:010-62776969,c-service@tup.tsinghua.edu.cn
        质量反馈:010-62772015,zhiliang@tup.tsinghua.edu.cn
印 装 者:三河市少明印务有限公司
经 销:全国新华书店
开 本:185mm×260mm   印 张:17.25   字 数:365 千字
版 次:2018 年 9 月第 1 版 2022 年 5 月第 2 版   印 次:2022 年 5 月第 1 次印刷
定 价:69.80 元

产品编号:090443-01

本书编审委员会

序　言

随着改革开放进程的加快和社会主义市场经济的快速推进,我国经济建设一直保持着持续高速增长的态势,已经成为全球第二大经济体。经济发展越快,市场竞争越激烈,越需要法律法规作保障。法律法规是市场主体的行为道德准则,在开拓国际市场、国际商务活动交往、防止金融诈骗、打击违法犯罪、推动民族品牌创建、构建和谐社会等方面发挥着越来越重要的作用。

市场经济是法治经济,经济活动必须遵纪守法,法律法规执行与监管是市场经济的永恒主题。当前,面对经济的快速发展、激烈的国际市场竞争,更新观念、及时学习最新法律法规、调整业务知识结构、掌握各项新的管理制度、加强法律法规应用技能培训等已成为亟待推进的工作内容。

社会需要有知识、会操作、能顶岗的实务型专业人才,本套丛书的出版不仅有力地配合了高等教育法律教学的创新和教材更新,而且也满足了社会需求,起到了为国家经济建设服务的作用;对依法治国、依法办事、依法经营;对加强法治观念、树立企业形象、提升核心竞争力、依法维护自身权益具有积极的现实意义。

本套教材作为普通高等教育本科院校法律法规课程的特色教材,以习近平新时代中国特色社会主义法治思想为统领,以读者应用能力训练为主线,严格按照教育部关于"加强职业教育、突出实践技能与能力培养"的教育教学改革要求,结合各项法律法规的教学特点,以及企事业单位对各种法律专业人才的实际需求,组织多年从事相关课程教学的专家学者与具有丰富实践经验的实务工作者共同撰写。

本套教材包括《民法总论》《经济法》《商法》《海商法》《税法》《国际商法》《劳动与社会保障法》《金融法律法规》《保险法律法规》《会计法律法规》《电子商务法律法规》《婚姻家庭与继承法》等。参与编写的单位有:吉林工程技术师范学院、北京物资学院、华北科技学院、北京联合大学、哈尔滨师范大学、北方工业大学、山西大学、牡丹江大学、北京教育学院、燕山大学、北京城市学院、东北财经大学、北京财贸职业学院、厦门集美大学、大连商务学院、郑州大学、大连海事大学、浙江工业大学、大连工业大学等全国三十多所院校。

本套教材紧密结合中国经济改革与发展实际,融入法律法规实践教学理念,坚持改革创新,注重与时俱进,有效解决了本科法律教材知识老化、案例过时、重理论轻实践等问题。本套教材具有选材新颖、知识系统、案例真实、贴近实际、通俗易懂等特点,既可以作为普通高等教育本科院校、高职高专院校相关专业课程的首选教材,也可以作为各类企事业机构从业人员的在职培训教材,对广大社会公众也是非常有益的普法资料。

在教材编著过程中,我们参阅借鉴了国内外有关法律、金融、财税等相关领域的最新书刊资料和国家新出台的政策法规及管理制度,并得到有关行业企业领导与专家学者的悉心指导,在此一并致谢。为配合本套教材的使用,特提供配套电子课件,读者可以从清华大学出版社网站(www.tup.com.cn)免费下载。希望全国各地区普通高等教育、高职高专院校积极选用本套教材,并请读者多提改进意见,以使教材不断完善。

编委会主任　牟惟仲
2022 年 2 月

第 2 版前言

家庭是国家的根基,也是人类社会的基本细胞,家庭的安定和谐是社会稳定、经济有序发展的重要基础。

婚姻家庭与继承法在整个法律体系中占有重要地位。本书作为婚姻家庭与继承法课程的特色教材,以习近平新时代中国特色社会主义法治思想为统领,紧密结合教学实际与法律工作需求,组织具有丰富教学经验和实践经验的专家学者、实务工作者共同撰写。

本书第一版自 2018 年出版以来,深受广大师生的欢迎,目前已多次重印。此次再版,作者根据国家新颁布实施的《民法典》等最新立法,审慎地对原教材进行了相应修订,以使其与最新法律规定接轨,更贴近现代经济生活,更符合社会发展,更好地为国家法制建设服务。

全书共十二章,以读者应用能力培养为主线,根据国家新颁布实施的《民法典》,结合相关法规及司法解释,系统介绍了以下内容:婚姻家庭法概论;亲属;结婚法律制度;家庭关系法;离婚法律制度;与《民法典》婚姻家庭编相关的法律制度;收养;继承法概述;法定继承;遗嘱继承、遗赠和遗赠扶养协议;继承的开始与遗产的处理;涉外婚姻家庭与继承法律制度。本书还通过实例分析讲解,提高读者对民事法律法规的认知与运用能力。

由于本书融入了最新的实践教学理念,坚持改革创新,力求严谨,注重与时俱进,具有选材新颖、体例完整、观点科学、案例真实、贴近实际、实用性强、便于理解掌握等特点,所以既可作为普通高等院校法律专业教学的首选教材,也可兼顾高职高专、应用型大学、成人高等教育的教学,还可以用于社区工作人员的在职在岗培训,并为其他对民事法律法规感兴趣的读者提供有益的学习指导。

本书由李大军筹划并具体组织;周晖和张冠男主编,周晖统改稿;张肖华、杨四龙为副主编;全书由李爱华教授审定。作者编写分工如下:牟惟仲(序言),张冠男(第一章、第二章),周晖(第三章、第五章、第六章),张肖华(第四章、第十章),郭可(第七章、第十一章),杨四龙(第八章、第九章、第十二章);李晓新(制作教学课件)。

在教材编著过程中,我们参阅了国家新颁布实施的《民法典》以及相关法律法规、政策,收集了大量具有实用价值的典型案例,并得到编委会专家学者的具体指导,在此一并致谢。为方便教学,本书配有课件,读者可以从清华大学出版社网站(www.tup.com.cn)免费下载使用。因作者学识水平有限,书中难免存在疏漏和不足,恳请同行和读者批评指正。

编　者
2022 年 2 月

目　录

第一章 婚姻家庭法概论

【学习目标】

1. 掌握婚姻家庭的概念和特征,婚姻家庭的社会职能,婚姻家庭法的概念和特征,婚姻家庭法的基本原则。

2. 理解婚姻家庭的本质,婚姻家庭法的调整对象。

3. 了解婚姻家庭制度沿革,我国婚姻家庭法的历史发展。

🚩【引导案例】

2021年7月3日,赵某(男方)与唐某(女方)被A市B区人民法院判决离婚。5天后,赵某的朋友王达利在B区人民法院对赵某和唐某提起民事诉讼,称赵某在婚姻存续期间,因生意周转先后三次向自己借款80万元未归还,要求赵某和唐某两人共同偿还借款。

赵某承认借款属实,称其中30万借款是用于生意周转,另50万元是用于购买汽车(但无有效证据证明)。借款事实发生在夫妻关系存续期间,应属于夫妻共同债务。唐某认为自己对借款的事情并不知情,要求法院驳回王达利的诉讼请求。

第一节 婚姻家庭制度概述

一、婚姻家庭的概念和特征

(一) 婚姻家庭的概念

婚姻是为当时社会制度所确认的夫妻关系,是男女两性互为配偶的结合。家庭是以婚姻、血缘关系为纽带而组成的亲属团体。这是婚姻家庭的一般概念。

作为《中华人民共和国民法典》(以下简称《民法典》)婚姻家庭编调整对象、研究对象的婚姻,必须具备明确的法学概念。婚姻,是男女双方以共同生活为目的,以夫妻的权利义务为内容的结合。家庭,是共同生活的成员间互享法定权利、互负法定义务的亲属团体。这是婚姻家庭的法律概念。

从词源上解释,婚姻在古代曾以"昏因"相称。其含义是指创设夫妻关系的行为,即结婚仪式。《诗经·郑风》上说:"婚姻之道,谓嫁娶之礼。"《白虎通》诠释说:"婚姻者何谓,昏时行礼,故曰婚;妇人因夫而成,故曰姻。"荀子以"男女之合,夫妇之分"来描述婚姻(见《荀子·富国》)。婚姻通常就是指夫妻关系,这是古人对婚姻直观含义的共识。

家庭一词的起源也很古老,我国古代甲骨文和金文中,"家"字象豕于屋下,本义为"豕之居",后来引申为人居住的地方。《周礼》郑玄注曰:"有夫有妇,然后为家。"《白虎通》也解释说:"娶者,取也","嫁者,家也",谓女子有家。先秦时,家与室连用,专指夫妇。直到《后汉书·均传》里,"家庭"一词才首次记载于文献,但在古代大多数场合则被简称为"家"。[1]

婚姻和家庭都是一种社会关系的体现。婚姻是家庭的前提,家庭是婚姻成立的结果,也是婚姻的结构载体。婚姻双方组成了最初的家庭,然后才有父母子女、兄弟姐妹等关系。由此可见,由婚姻关系形成的夫妻只是家庭关系的表现之一。在传统的大家庭中,婚姻的利益服从于家庭的利益;在现代的小家庭中,婚姻利益具有独立的主导地位,夫妻关系是家庭的核心。婚姻的稳定与否,直接影响到家庭的和睦稳定;婚姻的质量往往决定着家庭的命运。

(二)婚姻家庭制度的基本特征

1.婚姻家庭制度是社会制度的有机组成部分,具有社会制度的共性。

2.作为社会制度组成部分的婚姻家庭制度,是建立在一定经济基础之上的上层建筑,具有上层建筑的共性。

3.作为一定社会利益体现的婚姻家庭制度,是婚姻家庭的自然属性与社会属性的有机结合。

二、婚姻家庭的本质

婚姻家庭是社会关系的特定形式,它既有一般社会关系的共性,又有其自身的特点。婚姻家庭是自然属性和社会属性的统一体,婚姻家庭的本质只能取决于它的社会属性,而不能取决于它的自然属性。社会性是人类的根本属性,也是婚姻家庭的根本属性。

(一)婚姻家庭的自然属性

婚姻家庭的自然属性是指婚姻家庭这种社会关系赖以形成的自然条件,如男女两性的生理差别、人类固有的性的本能、亲子间和其他家庭成员间的血缘联系等。如果没有这些自然因素,婚姻家庭便无从产生,也不可能实现其特殊的社会职能,因此,对婚姻家庭的自然属性应给予足够的重视。某些自然规律对婚姻家庭所起的作用,正是以这种自然属性为根据的。

---

[1] 张贤钰:《婚姻家庭继承法》(第2版),2页,北京,法律出版社,2004。

（二）婚姻家庭的社会属性

婚姻家庭的社会属性是指社会物质生活条件、社会制度赋予婚姻家庭的本质属性。它依存于一定的社会结构，体现了人与人之间的社会关系，具有一定的社会内容。

婚姻家庭的本质和发展规律，只有从社会制度及其发展变化中才能得到科学的解释。这些是其自然属性所不能解释的，只有从其社会属性中才能找到正确的答案。

三、婚姻家庭的社会职能

1. 实现人口再生产的职能

人口和人口再生产是人类社会存在和发展的必要条件。以两性结合和血缘联系为其自然条件的婚姻家庭，是人口再生产的社会形式。家庭是人口再生产的单位。人作为自然界的一员，其生育繁衍是通过家庭来实现的，这是婚姻家庭自然属性的体现。

人口的再生产不可避免地要受到社会物质生产资料和包括生育观在内的其他社会条件的制约。不同社会制度下，家庭实现人口再生产的社会职能也各不相同。社会主义制度的优越性从根本上改变了人口再生产的社会条件，有可能对人类的自身生产进行调节，使人口的增长同国民经济和社会发展计划相适应。

2. 组织经济生活的职能

以婚姻为基础的家庭，是组织生产和组织消费的经济单位，在社会经济生活中起着重要的作用。家庭作为经济单位的状况，反映了一定社会的生产方式和生活方式的要求。

《民法典》婚姻家庭编中反映经济职能的规定和调整家庭成员财产关系的规定相对较少，或十分原则，随着我国市场经济的大力发展，改革开放的不断深入，在新的历史时期，家庭不仅是一个伦理实体，很大程度上还是一个经济实体，在社会生产、经营、分配、交换和消费的过程中起着不可替代的作用，有着独立的法律地位。婚姻家庭编也必将随着经济形势的变化，在有关的司法解释中不断增加调整家庭成员财产关系的内容。

3. 教育职能

家庭是社会中重要的教育单位，基于家庭成员之间的血缘联系、感情联系、生活上和经济上的联系，家庭教育具有其自身的特点，它的作用是其他教育形式不能替代的。在古代，家庭教育也是重要的教育方式。随着近现代学校教育和其他社会教育的发展，家庭教育在全社会的教育事业中仍然起着不可替代的作用。

家庭是人们生活和学习的场所。家庭教育职能的实现，对于培养和造就有理想、有道德、有文化、有纪律的新一代合格的中国公民，意义重大。良好的家庭教育对公民养成健全人格、培养思想品德，民族实现文化传承等具有重要的意义。

四、婚姻家庭制度沿革

人类两性、血缘关系进步到社会制度范畴的婚姻家庭,是一个复杂、曲折、漫长的历史过程。作为社会制度组成部分的婚姻家庭制度,是以各种具体的历史形态存在于社会发展的特定阶段的。总的说来,婚姻家庭制度的历史类型和社会制度的历史类型是一致的。

原始社会早期经历过一个漫长的前婚姻时代,那时生产力十分低下,人们结成规模不大的群体共同劳动,共同生活。在群体内部,男女成员在两性方面是没有任何限制的。随着原始社会的缓慢发展,从最初的无限制的两性关系中逐渐演变出群婚制的各种形态。从广义的婚姻家庭的意义上说,群婚制的出现标志着婚姻家庭制度的产生,并且可将随后的婚姻家庭制度分为群婚制、对偶婚制和一夫一妻制三种历史形态。

恩格斯在《家庭、私有制和国家的起源》中指出:"群婚制是与蒙昧时代相适应的,对偶婚制是与野蛮时代相适应的,以通奸和卖淫为补充的一夫一妻制是与文明时代相适应的。"[1]另外,恩格斯还对未来的婚姻家庭制度作了科学的预见,断言资本主义生产方式消灭后,必将出现与新时代相适应的婚姻自由、男女平等的真正的一夫一妻制的婚姻家庭制度,即社会主义、共产主义社会的婚姻家庭制度。

(一) 原始社会的婚姻家庭制度

在前婚姻时代,群体之间的关系无法用后世的亲属称谓加以区别。随着原始社会不断地缓慢发展,才从最初的没有任何限制的两性关系中,逐渐演变出各种群婚制的两性结合和相应的血缘组织。根据摩尔根在《古代社会》中提出的婚姻家庭进化模式,群婚制可划分为血缘群婚制和亚血缘群婚制两个阶段。

1. 群婚制

群婚制是指在原始社会中,一定范围的一群男子与一群女子互为配偶的婚姻形式。群婚制是人类社会最早的婚姻家庭形态,分为血缘群婚和亚血缘群婚两个阶段。

(1)血缘群婚制。

血缘群婚是群婚制的低级形式。它是指在同一个原始群体内,根据人们的辈分或年龄划分而允许婚配的集团,产生于原始社会蒙昧时代的中期。辈分相同的男女成员自然形成若干婚姻集团,通婚的范围限制在这群男女之间,他们既是兄弟姐妹,又是夫妻。

(2)亚血缘群婚制。

群婚制的高级形式是亚血缘群婚(亦称普那路亚群婚)。虽然仍然是同辈分男女之间的群婚,但已经排除了兄弟姐妹之间的两性关系,起初排除同胞或半同胞兄弟姐妹之间的两性关系,后来又排除了血缘较远的兄弟姐妹之间的两性关系。因此,婚姻双方分

---

〔1〕《马克思恩格斯全集(第21卷)》,88页,北京,人民出版社,1965。

别属于不同的氏族,实行族外婚制,即婚姻双方属于不同的氏族。族外婚既是通婚的原则也是氏族的组织原则。

2. 对偶婚制

对偶婚制是从群婚制到一夫一妻制婚姻的过渡。它是指一对男女在或短或长的时间相对稳定地过偶居生活的婚姻形态。随着社会发展,两性和血缘关系社会形式的变化,有关群婚的禁例越来越多,越来越严格,最后"任何群婚形式终于在实际上成为不可能的,结果,只剩下一对结合得还不牢固的配偶,即一旦解体就无所谓婚姻的分子。"[1]

对偶婚虽然具有相对稳定的性质,但男女双方的结合还是比较松散的。这种结合很容易被双方或一方破坏。从严格的意义上来说,对偶婚和与其相适应的血缘组织仍然不是一夫一妻制的个体婚和个体家庭。但是对偶婚制的形成,为两性和血缘关系的社会形式注入了新的、重要的因素,为以男子为中心的个体家庭的形成准备了前提条件。

(二) 阶级社会的婚姻家庭制度

随着私有制的逐步形成,人类婚姻家庭形态也发生了重大变化。历史意义上的"一夫一妻制"是相对于原始社会群婚制和对偶婚制而言的,一夫一妻制的婚姻家庭制度是在原始社会和阶级社会交替之际出现的,从最初萌芽到最后形成经历了一个长期的过程。它是私有制和阶级压迫的产物。一夫一妻制又称个体婚制,是指根据一定社会规范的要求,一男一女结为夫妻,任何人在同一时间内不得有两个或两个以上配偶的婚姻制度。

仅就经济根源而言,一夫一妻制婚姻家庭的形成是私有制确立的必然结果。随着原始社会末期生产力的发展,剩余生产物的出现,私有经济的因素在氏族内部不断增长,男子成了畜群等新的财富的掌管者。随着财富的增加,一方面使丈夫在家庭中占据比妻子更重要的地位,另一方面又产生了利用这个增强了的地位来改变传统的继承制度,使之有利于子女的意图。父系氏族制建立后,在父系氏族内部逐渐形成了以男子为中心的、拥有一定私有财产的一夫一妻制的个体家庭。

私有制社会中的一夫一妻制婚姻家庭制度经历了不同的发展阶段,奴隶制的、封建制的和资本主义婚姻家庭制度都是它的具体的历史形态。这些婚姻家庭制度因植根于私有制而有其共性,又因各自社会中私有制形式的不同而各具自身的特点。

一般说来,奴隶制、封建制时代的婚姻家庭制度是以家族为本位的。男女、夫妻、亲子、家长和家属间具有强烈的人身依附关系。其主要特征为:婚姻不自由、男女不平等、夫权统治、家长专制等。近现代的资本主义婚姻家庭制度是以个人为本位的,婚姻双方和家庭成员间的人身依附关系较之前大为削弱,婚姻家庭主体的法律地位已渐趋平等。

总的说来,婚姻家庭制度的演进是沿着文明进步的方向发展的。但是资本主义婚姻

---

[1] 《马克思恩格斯全集(第21卷)》,59页,北京,人民出版社,1965。

家庭制度并没有从根本上改变以私有制为基础的固有的性质。在资本主义制度下,许多有产者的婚姻仍是权衡利害的,在婚姻家庭领域,财产关系的影响代替了往昔的人身特权。

(三)社会主义婚姻家庭制度及其发展方向

社会主义社会的婚姻家庭制度是新的、更高类型的婚姻家庭制度。社会主义制度的建立,从根本上消除了私有制社会中婚姻家庭制度的社会经济根源和阶级根源。新的婚姻家庭制度反映社会主义经济基础和上层建筑对婚姻家庭的影响,它具有婚姻自由、一夫一妻、男女平等、禁止家庭暴力和保护妇女、未成年人、老人、残疾人的合法权益等基本原则与特征,具有明显的优越性。

社会主义婚姻家庭制度的建立和巩固,需要一个更加完善的过程。一方面,社会主义婚姻家庭制度已经全面确立;另一方面,这种制度还有待于进一步完善。婚姻家庭领域里的旧制度、旧思想的残余影响不可能在短时期内完全消除。婚姻自由的实现程度还受到社会条件的制约。

在婚姻家庭领域,男女两性法律地位上的平等已经基本实现,但同实际生活中的完全平等尚有距离。婚姻家庭制度不可能超越一定的社会发展阶段,只有通过社会主义物质文明、政治文明和精神文明建设,才能为巩固和发展社会主义婚姻家庭制度创造更加有利的条件。社会主义婚姻家庭制度具有强大的生命力,从发展方向来看,它是从阶级社会的婚姻家庭制度向共产主义社会的婚姻家庭制度的过渡。

第二节　婚姻家庭法概述

一、婚姻家庭法的名称

不同时代和国家,调整婚姻家庭关系的法律名称也不尽相同。古罗马法称其为亲属法,苏联称之为婚姻家庭法,德国、日本称之为家庭法。大陆法系国家多称之为亲属法。英美法系多采用单行法规,名称分解更细。如英国的婚姻诉讼法、家庭赡养法、离婚改革法,美国的统一结婚离婚法等。

从世界范围的立法发展趋势看,各国有关婚姻家庭的法律,都遵循名称涵盖调整关系的命名原则,这样可以使法律名称与其所调整的社会关系范围吻合,是法律规范明确化、科学化的表现,也是概念法学的基础理论。

我国遵从习惯,于1950年制定第一部《婚姻法》,一直以来将调整婚姻家庭关系的法律统称为婚姻法,2020年5月28日第十三届全国人民代表大会第三次会议通过并颁布《民法典》。此次《民法典》编纂,婚姻法和收养法被吸纳入典,成为《民法典》"婚姻家庭编"。常见的婚姻家庭法名称有婚姻法、家庭法、婚姻家庭法、亲属法和《民法典》婚姻家庭编等。

为方便读者阅读、理解，并遵循表述惯例，本书从实质的、广义的角度出发，将《民法典》婚姻家庭编及相关立法统称为婚姻家庭法。

二、婚姻家庭法的概念

婚姻家庭法是规定婚姻家庭关系的发生和终止，以及婚姻家庭主体之间权利和义务的法律规范的总称。

婚姻家庭法的概念有四层含义。

1. 婚姻家庭法是一种法律规范

《民法典》是国家机关制定、由国家强制力保证实施的实体法，婚姻家庭编作为《民法典》的重要组成部分，也属于实体法，是人们在婚姻家庭中应当遵守的行为准则，包括禁止性规范、权利义务性规范和任意性规范。

(1)禁止性规范，如禁止重婚、禁止有配偶者与他人同居、禁止家庭暴力、禁止家庭成员间的虐待和遗弃等。

(2)权利义务性规范，如结婚年龄，男不得早于 22 周岁，女不得早于 20 周岁。结婚必须男女双方完全自愿等。婚姻家庭法规定的权利主要有两种，一种是可以放弃的权利，如财产所有权、继承权等，另一种是不可以放弃的权利，如夫妻姓名权、人身自由权等。

(3)任意性规范，如子女可以随父姓，也可以随母姓。登记结婚后，根据男女双方约定，可以互为对方家庭成员。夫妻可以约定婚姻关系存续期间所得的财产以及婚前财产归各自所有、共同所有或者部分归各自所有、部分共同所有等。

2. 婚姻家庭法以婚姻家庭关系为主要调整范围

婚姻家庭法的调整范围包括婚姻成立、终止，婚姻效力等婚姻关系，也包括夫妻、父母、子女、祖孙、兄弟姐妹等家庭关系。婚姻家庭法调整的范围相当广泛，既包括婚姻关系、家庭关系和其他近亲属关系发生终止的全过程，也包括婚姻家庭主体间、其他近亲属间的各种权利义务关系。

列入我国婚姻家庭法调整范围的有夫妻、父母、子女、祖孙和兄弟姐妹，特定情况下，还包括儿媳和公婆、女婿和岳父母以及兄弟姐妹以外的其他三代以内旁系血亲等。

3. 婚姻家庭法对婚姻家庭关系具有规范和调整作用

婚姻家庭法是法律对结婚、离婚和家庭成员的行为准则及权利义务作出的规定及调整，反映了法律的静态和动态作用。

4. 婚姻家庭法是调整婚姻家庭关系法律规范的总和

我国婚姻家庭法在内容上是由一系列调整婚姻家庭关系的法律法规构成的。2021年 1 月 1 日起施行的《民法典》是我国目前调整婚姻家庭的主要法律，其中的第五编专编调整因婚姻家庭产生的民事关系。《民法典》第五编第五章收养，保护合法的收养关系，维护收养关系当事人的权利。

此外，有关司法解释，如《最高人民法院关于适用〈中华人民共和国民法典〉婚姻家庭编的解释（一）》[以下简称《民法典婚姻家庭编解释（一）》]，《最高人民法院关于适用〈中华人民共和国民法典〉总则编若干问题的解释》（以下简称《民法典总则篇司法解释》），《中华人民共和国婚姻登记条例》（以下简称《婚姻登记条例》），民政部《关于贯彻落实〈中华人民共和国民法典〉中有关婚姻登记规定的通知》，《婚姻登记工作规范》和《收养评估办法（试行）》等，都是我国调整婚姻家庭关系的法律规范。

三、婚姻家庭法的特征

（一）调整的广泛性

婚姻家庭法是适用于全体公民的普通法，它在适用上有极大的广泛性，所有社会成员都受其约束。

（二）内容的伦理性

婚姻家庭关系既是法律关系，又是伦理关系。我国婚姻家庭法的要求与中国特色社会主义道德的要求在很大程度上是一致的。调整婚姻家庭关系的法律规范往往来源于道德规范，如婚姻家庭关系主体之间的扶养权利义务，既是法律规定，也是道德要求。

（三）法律的强制性

为维系婚姻家庭的稳定，婚姻家庭法的规定多是强制性规范。在婚姻家庭法中，法律关系发生和终止的要件、法律关系的内容等多是法律预先严格规定的，当事人不得自行改变或通过约定改变。

例如，结婚或离婚的法律事实会导致婚姻关系成立或终止，人的出生或死亡的法律事实会产生或终止父母子女之间的权利义务；收养子女或者缔结婚姻，必须符合法定条件、履行法定程序，才能发生法律效力；家庭暴力、虐待、遗弃家庭成员等违反婚姻家庭法禁止性规定的行为，依法应当受到制裁等，都是法律预先设定的，不许更改的。

当然，婚姻家庭法中也有部分任意性规范，如夫妻财产的约定，离婚时对子女和财产问题的协议等。但是，处理这些问题也必须以婚姻家庭法有关原则和有关规定为依据，当事人自由选择的余地相对较小。

四、婚姻家庭法的调整对象

婚姻家庭法的调整对象包含婚姻家庭的人身关系和财产关系。财产关系依附于人身关系，人身关系起决定作用。婚姻家庭法本质上是身份之法。

婚姻家庭中的人身关系不是出于经济目的而创设的，是存在于具有特定亲属身份的主体之间，其本身是没有直接财产内容的社会关系。

婚姻家庭中的财产关系虽然直接体现一定的经济内容,涉及相关主体的物质利益,但这种财产关系具有特殊性,它从属于一定的人身关系。婚姻家庭中的财产关系随着相应的人身关系的发生而发生,随着相应的人身关系的终止而终止,财产关系的内容,反映了相应的人身关系的要求。

【案例 1-1】

山东省烟台市居民秦某与张娟于 2002 年结婚,婚后二人未生育子女。2014 年 8 月,秦某与婚外女子生下男孩小辰。2022 年 3 月,秦某因意外事故去世。小辰认为,作为秦某的非婚生子,自己有权要求分割其遗产,故向法院起诉,请求判令:小辰和张娟共同继承秦某的遗产,秦某遗产的二分之一由小辰继承。

请问:非婚生子小辰有继承权吗?

【解析】

烟台市某区人民法院对此案进行审理,综合遗产价值、合法配偶对遗产的贡献、未成年非婚生子的基本权益、公序良俗等方面的因素,对遗产继承分配比例进行分割,非婚生子小辰有继承其生父秦某遗产的权利。判决遗孀张娟继承死者 60% 的遗产,其余 40% 归非婚生子小辰继承。《民法典》第 1071 条第 1 款规定,非婚生子女享有与婚生子女同等的权利,任何组织或者个人不得加以危害和歧视。

某秦在与张娟婚姻关系存续期间,与她人婚外生子,明显有违公序良俗,对张娟的合法权利造成一定程度的损害,从公平合理及公序良俗的角度出发,在分配秦某遗产过程中,应当对张娟予以适当照顾。

第三节 我国婚姻家庭法的历史发展

一、1950 年《婚姻法》

(一) 1950 年《婚姻法》的颁布

1950 年 2 月 27 日,中央人民政府委员会第七次会议通过《婚姻法》,自 1950 年 5 月 1 日起施行,这是我国第一部婚姻法,也是新中国成立后制定的第一部法律。它分为原则、结婚、夫妻间的权利和义务、父母子女间的关系、离婚、离婚后子女的抚养和教育、离婚后的财产和生活、附则,共 8 章 27 条。

(二) 1950 年《婚姻法》的基本精神

废旧立新是 1950 年《婚姻法》的基本精神。废旧,就是改革婚姻家庭制度调整的主要对象。立新,就是建立社会主义婚姻家庭制度。1950 年《婚姻法》打碎了封建主义婚姻家庭制度的枷锁,为建立社会主义的婚姻家庭制度打下坚实基础。

1. 以《婚姻法》为名,但基本上就是婚姻家庭法

中央人民政府法制委员会《关于中华人民共和国婚姻法起草经过和起草理由的报告》中认为,男女因结婚关系存续而成为夫妻,夫妻是家庭的基本细胞和单位,父母子女间的关系是夫妻关系直接产生的结果,是婚姻制度中的有机组成部分,这些都应列入法律调整的范围。所以,虽然该法以《婚姻法》为名,但基本上就是婚姻家庭法。

2. 总结革命根据地婚姻立法经验

1950年《婚姻法》第1条规定,废除包办强迫、男尊女卑、漠视子女利益的封建主义婚姻制度,实行男女婚姻自由、一夫一妻、男女权利平等、保护妇女和子女合法利益的新民主主义婚姻制度。这不仅确立了完整的婚姻家庭法基本原则,而且说明了其新民主主义婚姻家庭法性质。为了肃清封建婚姻制度的残余,该法还规定禁止重婚、纳妾、收童养媳、干涉丧偶妇女婚姻自由、借婚姻关系索取财物等。

1950年《婚姻法》是新中国成立后第一部具有基本法性质的法律,是我国民主革命时期婚姻家庭制度改革的历史经验在法律上的总结,也是适应新中国成立后调整婚姻家庭关系的实际需要而制定的。20世纪50年代中期以后,随着社会主义改造任务的顺利完成,这部《婚姻法》在建立和发展我国社会主义婚姻家庭关系中发挥了重要作用。

3. 内容具有与时代相适应的鲜明特点

关于结婚条件,1950年《婚姻法》规定,男20岁、女18岁,始得结婚,虽在1953年的解释中指出原则上应采用周岁计算法,但也允许按照习惯采用年数计算法。除了规定禁止直系血亲和两代以内的旁系血亲结婚外,对其他五代内的旁系血亲间禁止结婚的问题采用了从习惯的做法。

关于夫妻财产关系,1950年《婚姻法》规定夫妻双方对家庭财产有平等的所有权与处理权,按照法律解释,家庭财产包括男女婚前财产和双方婚后所得财产,实际上实行的是一般共同制。

关于离婚及其法律效力,1950年《婚姻法》没有为离婚设定任何实质性限制条件,只规定男女双方自愿离婚的,准予离婚;男女一方坚决要求离婚的,经区人民政府和司法机关调解无效时,亦准予离婚。规定离婚时,女方的婚前财产应归本人所有,其他的财产依法分割;原为夫妻共同生活所负的债务,如共同生活时所得财产不足清偿时由男方清偿;离婚后女方抚养的子女,男方应负担必要的生活费和教育费的全部或一部分等。

二、1980年《婚姻法》

1980年9月10日,第五届全国人民代表大会第三次会议通过《婚姻法》,自1981年1月1日起施行,这是我国的第二部《婚姻法》。它分为总则、结婚、家庭关系、离婚和附则,共5章37条。

(一) 1980年《婚姻法》的任务

1980年《婚姻法》的任务是健全法制,巩固和发展社会主义的婚姻家庭制度,保障公民婚姻家庭权益、促进社会文明进步。时隔30年,社会政治、经济发生了很大变化,很多法律规定要作出相应的修改,1980年《婚姻法》加强了对婚姻家庭关系的法律调整,对婚姻家庭领域的拨乱反正起了重要作用。

(二) 1980 年《婚姻法》对 1950 年《婚姻法》的继承和发展

1980年《婚姻法》对1950年《婚姻法》做了较大幅度的修改,形成了一部具有中国特色的社会主义《婚姻法》。这些修改主要体现在以下几方面。

(1)完善《婚姻法》的基本原则,在坚持原《婚姻法》各项基本原则的同时,增加了保护老人合法权益和实行计划生育的原则。

(2)结婚制度方面,修改了结婚条件,适当提高了法定婚龄并确认统一的周岁计算法,明确禁止三代以内旁系血亲结婚。

(3)扩大了家庭关系的调整范围,将法定夫妻财产制改为婚后所得共同所有制,并允许实行夫妻财产约定,充实了父母子女间的权利和义务,将亲属关系的调整范围扩大到祖孙、兄弟姐妹。

(4)规定了离婚的法定条件,明确了协议离婚和诉讼离婚的程序,规定了法院判决离婚的程序要件和实质要件,以感情是否确已破裂作为准予或者不准予离婚的实质条件。另外,关于离婚后子女的抚养教育、财产分割以及债务清偿等问题都对1950年《婚姻法》的规定做了修改。

此外,1980年《婚姻法》在附则中增加了有关制裁和执行的条款,增加了有关婚姻家庭法案件中执行的规定。

三、2001 年《婚姻法》

2001年4月28日,第九届全国人民代表大会常务委员会第二十一次会议对《婚姻法》进行了修正,涉及33项修改。修改后的《婚姻法》全文共51条,分为总则、结婚、家庭关系、离婚、救助措施与法律责任。

2001年修改的《婚姻法》适应了社会的新形势,增加了"无效婚姻""可撤销婚姻""禁止家庭暴力"等条款。此外还新增:"夫妻书面约定婚姻关系存续期间所得的财产归各自所有,一方因抚育子女、照料老人、协助另一方工作等付出较多义务的,离婚时有权向另一方请求补偿,另一方应当予以补偿"等规定,加强了对家庭弱势群体的保护。

此后,最高人民法院又出台若干部司法解释,使得婚姻法的规则更加明确、更加具备可操作性和更与时俱进。

四、《婚姻法》的司法解释

2001年《婚姻法》修正案施行后,针对审判实践中遇到的法律适用疑难问题,2001年12月24日最高人民法院出台《关于适用〈中华人民共和国婚姻法〉若干问题的解释(一)》

[以下简称《婚姻法司法解释(一)》],针对《婚姻法》修改后的一些程序性和审判实践中亟须解决的问题作出解释。具体包括无效婚姻和可撤销婚姻的处理程序及法律后果、提出中止探望权的主体资格、子女抚养费、离婚损害赔偿等问题。

2003年12月25日,最高人民法院又出台《关于适用〈中华人民共和国婚姻法〉若干问题的解释(二)》[以下简称《婚姻法司法解释(二)》],主要针对彩礼应否返还、夫妻债务处理、住房公积金及知识产权收益等款项的认定、军人的复员费及自主择业费的处理等问题,提供了具有可操作性的裁判依据。

2011年7月4日,最高人民法院颁布最新的《关于适用〈中华人民共和国婚姻法〉若干问题的解释(三)》[以下简称《婚姻法司法解释(三)》],该解释重点对结婚登记程序瑕疵的救济手段、亲子关系诉讼中当事人拒绝鉴定的法律后果、夫妻一方个人财产婚后产生收益的认定、父母为子女结婚购买不动产的认定、离婚案件中一方婚前贷款购买不动产的处理、附协议离婚条件的财产分割协议效力的认定六个方面的问题作出解释。

2018年1月8日,最高人民法院出台了《关于审理涉及夫妻债务纠纷案件适用法律有关问题的解释》(以下简称《夫妻债务适用解释》),进一步完善了《婚姻法司法解释(二)》第24条规定的夫妻共同债务认定标准。涉及为家庭日常生活所负的债务为夫妻共同债务的问题以及关于超出家庭日常生活需要所负的债务的证明责任分配问题。

此外,1989年《关于法院审理未办结婚登记而以夫妻名义同居生活案件的若干意见》《关于法院审理离婚案件如何认定夫妻感情确已破裂的若干具体意见》《关于法院审理离婚案件处理子女抚养问题的若干具体意见》《关于法院审理离婚案件处理财产分割问题的若干具体意见》等与2001年《婚姻法》修正案并不抵触的司法解释,在司法实践中仍然可以使用。

小贴士

我国婚姻家庭法的体系演变

新中国《婚姻法》经过以1950年《婚姻法》为标志的初创、60年代中期至70年代末的停滞、以1980年《婚姻法》为标志的恢复和发展,至90年代逐渐形成了以《婚姻法》为主干,以《中华人民共和国收养法》(以下简称《收养法》)和《婚姻登记管理条例》为配套,以《中华人民共和国民法通则》(以下简称《民法通则》)、《中华人民共和国继承法》(以下简称《继承法》)、《中华人民共和国妇女权益保障法》(以下简称《妇女权益保障法》)、《中华人民共和国老年人权益保障法》(以下简称《老年人权益保障法》)、《中华人民共和国残疾人权益保障法》(以下简称《残疾人权益保障法》)、《中华人民共和国未成年人保护法》(以下简称《未成年人保护法》)等四个"弱者"保障法、《中华人民共和国母婴保健法》(以下简称《母婴保健法》)及其他部门法相关规范和最高人民法院的司法解释等各个不同效力层级的法律渊源为补充的多元多层的分散化结构态势。

2020年,随着《民法典》的诞生,婚姻家庭和收养法律制度成为《民法典》的重要组成部分,伴随着《民法典》2021年开始施行,《婚姻法》《民法通则》《收养法》《民法总则》等同时废止。

需要特别阐明的是,《中华人民共和国反家庭暴力法》(以下简称《反家庭暴力法》)不属于婚姻家庭法律体系,它是社会保护法。

五、《民法典》婚姻家庭编

2020年5月28日,第十三届全国人民代表大会第三次会议通过了《民法典》,自2021年1月1日起施行。《民法典》第五编婚姻家庭编从第1040条至第1118条,分为五章,分别是一般规定、结婚、家庭关系、离婚、收养。

(一)婚姻家庭编单设了收养一章

《民法典》婚姻家庭编中单设收养一章,这和此前的《婚姻法》和《收养法》单独立法有所不同。

(二)新增内容

1. 设立离婚冷静期制度

为了减少日常生活中草率离婚的现象,以维护婚姻家庭及社会秩序的稳定,《民法典》第1079条规定了协议离婚时30天的冷静期。在此期间,任何一方可以向登记机关撤回离婚申请。

2. 关于夫妻共同债务的规定提高了立法层级,平等保护夫妻双方的合法权益

《婚姻法》对夫妻共同债务没有具体规定,但《最高人民法院关于审理涉及夫妻债务纠纷案件适用法律有关问题的解释》对此作出了规定。《民法典》吸纳了相关司法解释的意见,在第1064条进行了规定。夫妻共同债务的认定标准,有利于保障夫妻另一方的知情权和同意权,从债务形成的源头上尽可能杜绝"被负债"的现象,对于保障交易安全和夫妻一方合法权益均有着积极意义。

3. 禁止结婚的情形有变化

《婚姻法》规定,患有医学上认为不应当结婚的疾病者禁止结婚。这一规定在实践中很难操作,毕竟医学在发展,且在对方知情的情况下,是否患有疾病并不必然会影响当事人的结婚意愿。

为了尊重当事人的婚姻自主权,《民法典》在婚姻无效的情形中,删除了原第三种情形:"婚前患有医学上认为不应当结婚的疾病,婚后尚未治愈的"。与此同时,《民法典》在第1053条规定,一方患有重大疾病的,应当在结婚登记前如实告知另一方;不如实告知的,另一方可以向人民法院请求撤销婚姻。请求撤销婚姻的,应当自知道或者应当知道撤销事由之日起一年内提出。

4. 新增法定离婚情形,有效防止一方恶意拖延

《民法典》在《婚姻法》规定的五种调解无效应准予离婚情形基础上,新增了一款法定离婚情形,即经人民法院判决不准离婚后,双方又分居满一年,一方再次提起离婚诉讼的,应当准予离婚。实践中,双方在法院判决不准离婚后,仍分居满一年,其婚姻状态再维系下去,于双方均无益处。此条款可以有效避免一方故意拖延时间不同意离婚的情况。

5. 增设夫妻日常家事代理权,明确夫妻一方民事行为对内对外的效力

《民法典》婚姻家庭编新增了夫妻日常家事代理权规定,夫妻一方因家庭日常生活需要而实施的民事法律行为,对夫妻双方发生效力,但是夫妻一方与相对人另有约定的除外。夫妻之间对一方可以实施的民事法律行为范围的限制,不得对抗善意相对人。

明确夫妻日常家事代理权,不仅平衡了夫妻内部的利益,充分保障了夫妻之间的平等权利,保护了夫妻间的合法财产,同时也对保护交易相对人、维护交易稳定和安全起到了积极作用。

6. 扩大夫妻共同财产的范围,对夫妻共同财产的范围进行更加准确和全面的列举

《婚姻法》第17条规定了夫妻在婚姻关系存续期间所得的财产归夫妻共同所有的情形。但随着社会经济的发展,财产的构成与种类也更加多元化、多样化。《民法典》婚姻家庭编在保留《婚姻法》列举的五种共同财产的基础上,新增了"其他劳务报酬""投资收益"作为夫妻共同财产,更符合现今社会的实际生活情况。

7. 完善离婚赔偿制度

《婚姻法》规定了四种适用离婚损害赔偿的情形。为促进婚姻关系的稳定,更好地发挥离婚损害赔偿制度的预防、制裁作用,《民法典》在《婚姻法》的基础上增加了离婚损害赔偿的兜底条款,将"有其他重大过错"纳入损害赔偿范围。

8. 明确了确认或否认亲子关系的司法救济途径

《民法典》第1073条规定,对亲子关系有异议且有正当理由的,父亲或者母亲可以向人民法院提起诉讼,请求确认或者否认亲子关系。对亲子关系有异议且有正当理由的,成年子女可以向人民法院提起诉讼,请求确认亲子关系。

9. 离婚案件中两周岁以下子女抚养权不再有争议

《婚姻法》规定了离婚后哺乳期内的子女以随哺养的母亲为原则。《民法典》第1084条将其重新规范为,离婚后不满两周岁的子女,以由母亲直接抚养为原则,已满两周岁的子女,父母双方对抚养问题协议不成的,由人民法院根据双方的具体情况,按照最有利于未成年子女的原则判决。

10. 对于隐藏、转移共同财产等的规范有变化

一是去掉了"离婚时"的时间限定,这样能更有效地保障夫妻共同财产的安全,并且能避免司法实践中无法确定"离婚时"的时间段的尴尬。二是增加了"挥霍"夫妻共同财产的情况,在司法实践中这种情况比较常见,新增的规定对此可以更有效地进行规制。

11. 增设了收养相关的原则性条款,厘清了近亲属等法律概念

增设了收养应当遵循最有利于被收养人的原则,保障被收养人和收养人的合法权益。禁止借收养名义买卖未成年人。

此外,《民法典》第 1045 条清晰界定了亲属、近亲属、家庭成员的概念及范围。

12. 增设了家风等婚姻家庭观念相关原则性规定

家风为家庭成员树立了无形的却又无处不在的价值准则。《民法典》第 1043 条第 1款规定:"家庭应当树立优良家风,弘扬家庭美德,重视家庭文明建设。"以法律的形式强调树立优良家风,从法律制度层面进一步弘扬家庭美德,对维护平等、和睦、文明的婚姻家庭关系,有着非常积极的导向作用。

13. 去掉了计划生育内容

《婚姻法》明确将计划生育列入法律条款,如"夫妻双方都有实行计划生育的义务""晚婚晚育应予鼓励"。计划生育政策是我国特殊时期的特殊产物。现阶段人口形势发生着新情况、新变化,国家已经实施了全面放开三胎政策,《民法典》中去除不符合形势变化的内容,不再规定有关计划生育的内容,适应了我国社会发展的实际需要。[1]

小贴士

《民法典婚姻家庭编解释(一)》的六大特点

2020 年 12 月 29 日,最高人民法院发布了《民法典婚姻家庭编解释(一)》,自 2021年 1 月 1 日起施行。该司法解释贯彻了习近平法治思想中坚持以人民为中心的核心要义,是适用《民法典》婚姻家庭编最新的家事审判规则。该解释充分体现了以下六个特点。

第一,完全符合习近平法治思想中关于坚持以人民为中心的精神,弘扬社会主义核心价值观,体现出依法治国与以德治国相结合的社会主义法治要求。

第二,完全符合《中华人民共和国立法法》第 104 条关于司法解释的立法要求,即司法解释要针对具体的法律条文,并符合立法的目的、原则和原意。该司法解释紧密结合《民法典》婚姻家庭编调整因婚姻家庭产生的民事关系的客观需要,遵循婚姻家庭受国家保护、婚姻自由、一夫一妻、男女平等和保护妇女、未成年人、老年人和残疾人的合法权益原则,按照《民法典》婚姻家庭编的条文原意,统一了家事审判的裁判规则。

第三,完全符合《民法典》各编的法律规范科学性内涵,实现了《民法典》婚姻家庭编与其他各编的内容体系化、用语标准化、操作统一化的适用要求。如《民法典婚姻家庭编解释(一)》第 28 条,该条司法解释针对社会生活中出现的夫妻一方擅自出卖夫妻共同所有房屋所引发的争议,将《民法典》物权编的共有制度、不动产无权处分与善意取得规则与婚姻家庭编的夫妻共同财产规则进行了体系化的整合,对正确地处理该类纠纷提供了

---

[1]　https://baijiahao.baidu.com/s? id=16730944666816498920。

准确的裁判标准。

第四，完全符合最高人民法院长期以来总结的家事审判实践经验，接地气、顺民意、易操作。如《民法典婚姻家庭编解释(一)》第9条，该条司法解释继续沿用了《婚姻法司法解释(一)》第7条的前三项规定，对标《民法典》婚姻家庭编关于禁止结婚条件的规定，删除了原司法解释中第四项的规定。

第五，完全符合家事审判活动中应当准确适用《民法典》婚姻家庭编和民事诉讼法、行政诉讼法等相关规范，实现家事审判在实体法与程序法的法律实施过程中的高度契合。如《民法典婚姻家庭编解释(一)》第17条的规定。

第六，完全符合民事司法解释应当具有的填补民事立法空白的功能，实现了社会生活中婚姻家庭民事权益的延展性要求。生育权是自然人依法应当享有的人格权，是自然人生命权的来源。虽然《民法典》未直接规定生育权制度，但《妇女权益保障法》早在1992年就规定了妇女有生育的权利和不生育的自由。为了填补《民法典》关于生育权的立法空白，针对自然人因行使生育权而发生纠纷的情形，《民法典婚姻家庭编解释(一)》第23条进行了规定。

（资料来源：https://www.chinacourt.org/index.php/article/detail/2021/01/id/5781158.shtml.）

【案例1-2】

湖北省A市甲(男方)、乙(女方)恋爱结婚，婚后感情很好，生活过得平稳、幸福。没想到的是，一次同学聚会后，甲受同学胡某影响，一心想发财，开始在网上赌球，乙怎么劝，甲都不听，就是不肯收手。两个月的时间，因为赌球下注没有本钱，甲借了同学胡某40万元。后来，甲急于翻本赚钱，对工作也不上心，因频繁出错被单位除名了。胡某听说甲丢了工作，担心自己的40万元要不回来，天天催着甲还钱，后于2022年3月向A市B区人民法院起诉甲，要求偿还借款。

请问：夫妻一方因为赌博行为欠了债，遭遇对方讨债了怎么办？

【解析】

法律针对司法实践中出现的涉及夫妻共同债务的新问题和新情况，规定了虚假债务、非法债务不受法律保护。《民法典婚姻家庭编解释(一)》第34条第2款规定："夫妻一方在从事赌博、吸毒等违法犯罪活动中所负债务，第三人主张该债务为夫妻共同债务的，人民法院不予支持。"根据法律规定，B区人民法院依法驳回胡某起诉。

最高人民法院为加大家事审判指导力度，就家事审判领域中出现的新情况、新问题统一裁判尺度。司法解释是对婚姻家庭法律法规的补充，尤其是对婚姻家庭领域中的夫妻财产问题、夫妻债务等问题进行分析研判，能够更好地指导各级人民法院依法妥善审理涉及夫妻债务案件。

第四节　婚姻家庭法的基本原则

一、婚姻自由原则

（一）婚姻自由的概念

婚姻自由是指男女双方依照法律规定，自主自愿地决定自己的婚姻问题，不受任何人的强迫或者非法干涉。婚姻自由意味着当事人可以选择结婚，可以选择离婚，也可以选择不结婚。

（二）婚姻自由的特征

1. 婚姻自由是基本权利

婚姻自由是宪法规定的我国公民的基本权利之一，是社会主义婚姻家庭制度的重要基石，是婚姻家庭法最基本的原则。

婚姻自由作为一项权利，主要包括以下三点。

（1）婚姻自由意味着男女双方只要符合法定条件就可以提出结婚或离婚的申请。

（2）婚姻自由是一项人身权利，而非财产权利。这项权利只能由公民本人行使，不得转让、继承。

（3）婚姻自由的行使有法律的保障。宪法、民法和刑法的相关规定为婚姻自由的行使提供了有力的保障，对巩固和发展社会主义婚姻家庭制度、维护社会的安定团结、促进社会主义现代化建设有着非常重要的作用。

2. 婚姻自由是相对自由

任何权利都不是绝对的。实行婚姻自由并不是允许人们可以违反法律、违背道德为所欲为。我国《民法典》婚姻家庭编规定了结婚的条件和程序，也规定了离婚的程序和处理原则，这些规定具体指明了婚姻自由的范围，划清了婚姻问题上合法与违法的界限。婚姻自由的权利不能滥用，应当正当地行使，不得借"自由"之名侵害他人的权益和社会公共利益。

（三）婚姻自由的内容

1. 结婚自由

结婚自由是指男女双方在本人自愿的基础上，自主决定与谁结婚，不许任何一方对他方强迫或任何第三者干涉。

结婚自由有两方面的含义。

首先，结婚必须男女双方完全自愿，不许任何一方对他方加以强迫或任何第三者加以干涉。结婚自由意味着只要双方当事人建立了感情，自愿组成家庭，就不受家庭出身、社会地位、个人资历、职业、财产等差别的限制和影响。

其次,结婚必须符合法律规定的条件和程序。这是从保护当事人利益和社会利益出发,对合法婚姻的成立条件所提出的要求。

2. 离婚自由

离婚自由是指夫妻有依法解除婚姻关系的自由。

男女双方结婚后,由于各种原因,不能继续维持夫妻关系,法律赋予他们解除婚姻关系的自由,这对双方和社会都是必要的。相对于结婚自由,离婚自由原则经历了更多的坎坷和责难才逐步建立起来。婚姻制度发展到今天,经历了禁止离婚主义、限制离婚主义,到如今成为立法主流的自由离婚主义,越来越强调尊重和保护公民的婚姻自主权,尊重婚姻关系的本质,这正是婚姻家庭法律制度先进化、文明化的标志,也是我们继续追求更完美的婚姻自由的动力。

离婚自由有两方面的含义。

首先,夫妻双方感情确已破裂时,当事人有要求解除婚姻关系的权利。

其次,离婚必须符合法定条件,履行法定程序,承担相应的法律后果。法律上对离婚作了较多的限制性规定,这些限制既是对行使离婚自由权利的约束,也是对离婚自由的保障。

3. 结婚自由和离婚自由的关系

离婚自由与结婚自由密不可分,共同构成婚姻自由原则的完整含义。结婚自由是缔结婚姻关系的自由,实行结婚自由,是为了使男女双方能够按照本人的意愿,成立以爱情为基础的婚姻关系。离婚自由是解除婚姻关系的自由,实行离婚自由,是为了使那些感情确已破裂、和好无望的夫妻,能够通过法定途径解除婚姻关系,再建幸福美满的婚姻家庭。

结婚自由是实现婚姻自由的先决条件,是婚姻自由的主要方面。离婚自由是婚姻自由的次要方面,是婚姻自由的必要补充。没有离婚自由,就不会有真正的婚姻自由,也不符合婚姻自由的本质。

(四)破坏婚姻自由的行为

1. 包办婚姻

包办婚姻是第三人违反婚姻自由原则,强迫他人结婚的行为。这种行为是对婚姻自由的严重干涉和破坏,为婚姻家庭法所禁止。

2. 买卖婚姻

买卖婚姻是指第三人以索取财物为目的,强迫他人结婚的行为。换亲、转亲、拐卖妇女都是买卖婚姻的不同表现形式。近年来,由于经济利益的驱使和落后思想观念作祟,一些地区买卖婚姻的现象仍然存在。

包办婚姻和买卖婚姻既有联系,又有区别。共同之处在于两者都违背当事人意志,对结婚行为实施强迫。不同之处在于买卖婚姻以索取财物为目的,包办婚姻则无此特征。由此可见,包办婚姻不一定是买卖婚姻,买卖婚姻必定是包办婚姻。

包办婚姻和买卖婚姻严重地侵害婚姻自由原则,破坏社会主义婚姻家庭制度,我们应该提高认识,以婚姻家庭法为武器,反对这种封建旧思想、旧习惯,建立起社会主义的恋爱观、婚姻观。

3. 其他干涉婚姻自由的行为

其他干涉婚姻自由的行为是指除包办婚姻、买卖婚姻以外的各种破坏婚姻自由的行为。如父母因子女选择的对象不合己意,以种种借口阻挠干涉;基于封建宗法观念干涉同姓非近亲属的男女婚姻;干涉离婚自由、复婚自由、男到女家落户、丧偶的妇女结婚;子女阻挠丧偶或离婚的父母再婚,以女换媳的换亲、转亲,订娃娃亲、抱童养媳等。

🎗 **小贴士**

老年人再婚问题

当前,老年人再婚的社会认同率高、成功率低,再婚家庭不和谐屡见不鲜。据网络数据显示,老年人再婚的离婚率高达三分之一以上。为此,也出现了"走婚"、契约婚姻等多种形式的老年婚姻。对于阻碍老年人再婚、影响再婚家庭和谐的因素要慎重对待。

(1)从制度和观念上消除子女对再婚老年人赡养、遗产继承等问题的担忧,以及由此引发的反对态度,从根本上保障再婚老年人的利益。

(2)再婚老年人绝不能草率从事,再婚择偶时要慎重。

(3)做到"婚后矛盾,婚前处理",对影响再婚家庭不和谐的事项提前约定,消除不稳定因素。

4. 借婚姻索取财物

借婚姻索取财物是破坏婚姻自由的行为,其婚姻基本是自主自愿的,但一方以索取财物为结婚的先决条件,有些父母也从中索取一部分财物,不满足其要求就不允许子女结婚。

借婚姻索取财物的违法性虽不如包办婚姻、买卖婚姻严重,但比包办婚姻、买卖婚姻更普遍,涉及面更广,其弊端也不容忽视。借婚姻索取财物腐蚀人们的思想,破坏社会风气,给当事人的家庭和婚后生活带来了困难。大量的事实证明,许多家庭纠纷及犯罪行为的发生,都与借婚姻索取财物有关。

借婚姻索取的财物属不当得利,是没有法律根据的,应当予以返还。《民法典》第122条规定:"因他人没有法律根据,取得不当利益,受损失的人有权请求其返还不当利益。"因此,借婚姻索取财物的行为当止,该行为得不到法律的保护。

结婚送彩礼在我国,特别是在农村是一种颇为普遍的习俗,有时甚至出现父母为索取高额彩礼而包办、买卖儿女婚姻的现象,由此造成的离婚、返还财物案件也呈上升趋势。

《民法典婚姻家庭编解释(一)》第5条规定:"当事人请求返还按照习俗给付的彩礼

的,如果查明属于以下情形,人民法院应当予以支持:(1)双方未办理结婚登记手续的;(2)双方办理结婚登记手续但确未共同生活的;(3)婚前给付并导致给付人生活困难的。适用前款第(2)项、第(3)项的规定,应当以双方离婚为条件。"

二、一夫一妻原则

(一) 一夫一妻的概念

一夫一妻是指一男一女结为夫妻。在我国,一男一女结为夫妻是唯一合法的婚姻形式,未婚男女不得同时和两个或两个以上的人结婚,有配偶者在配偶死亡或离婚前,不得再婚。任何公开或隐蔽的一夫多妻或一妻多夫行为都是违法的。

婚姻家庭法将一夫一妻确立为基本原则,充分尊重了社会主义制度下婚姻关系的本质,也是实现男女平等和保证婚姻家庭关系稳定的需要。

(二) 违反一夫一妻原则的行为

1. 重婚

(1)重婚的概念。

重婚是指有配偶的人又与他人结婚的行为。重婚不具有婚姻的法律效力,是对一夫一妻制的严重破坏,应受到法律的制裁。

(2)重婚的形式。

①法律重婚,即前婚未解除,又与他人办理登记结婚手续,领取结婚证。我国实行单一的登记制,只要前婚双方办理了结婚登记,后婚双方不论是否同居,均构成重婚。处理法律重婚的基本原则是承认和保护前婚,否认和解除后婚。

②事实重婚,即前婚未解除,又与他人以夫妻名义同居生活,虽未办理结婚登记手续,但事实上已经构成重婚。就是说只要双方公开以夫妻名义共同生活,虽未办理结婚登记,也已构成重婚。

(3)重婚的法律后果。

①重婚在民法上的法律后果表现为:重婚不具有婚姻的法律效力。处理重婚问题的原则是,承认和保护前婚,否认和解除后婚。重婚是认定夫妻感情确已破裂,准予离婚的法定情形。重婚导致离婚的,无过错方有权要求损害赔偿。

②重婚在刑法上的法律后果表现为:重婚是触犯刑律的犯罪行为。《中华人民共和国刑法》(以下简称《刑法》)第258条规定:"有配偶而重婚的,或者明知他人有配偶而与之结婚的,处2年以下有期徒刑或拘役。"

2. 有配偶者与他人同居

(1)有配偶者与他人同居的含义。

《民法典婚姻家庭编解释(一)》第2条规定,《民法典》第1042条、第1079条、第1091

条规定的"与他人同居"的情形,是指有配偶者与婚外异性,不以夫妻名义,持续、稳定地共同居住。

禁止有配偶者与他人同居是对禁止重婚的重要补充,有配偶者与他人同居虽不构成犯罪,但应承担民事责任。

(2)有配偶者与他人同居的法律后果。

①诉讼离婚和损害赔偿。根据《民法典》第1079条的规定:"夫妻一方要求离婚的,可以由有关组织进行调解或者直接向人民法院提起离婚诉讼。人民法院审理离婚案件,应当进行调解;如果感情确已破裂,调解无效的,应当准予离婚。有下列情形之一,调解无效的,应当准予离婚:(1)重婚或者与他人同居……"又依据第1091条的规定:"有下列情形之一,导致离婚的,无过错方有权请求损害赔偿:(2)与他人同居……"

②不予受理与应当受理。依据《民法典婚姻家庭编解释(一)》第3条的规定:"当事人提起诉讼仅请求解除同居关系的,人民法院不予受理;已经受理的,裁定驳回起诉。""当事人因同居期间财产分割或者子女抚养纠纷提起诉讼的,人民法院应当受理。"

🎖 **小贴士**

有配偶者与他人同居和重婚的区别

(1)两者的区别标准主要是有没有以夫妻名义共同生活。

(2)有配偶者与他人同居并不违反刑法的规定,不构成犯罪,只承担民事责任。而重婚触犯刑律,构成重婚罪,要受到刑事制裁。

三、男女平等原则

(一) 男女平等的概念

男女平等是指男女两性在婚姻家庭关系中处于平等地位,享有同等的权利,负担同等的义务,禁止一切性别歧视。

婚姻家庭法中的男女平等原则是宪法原则在婚姻家庭关系中的具体体现,婚姻家庭法在各项具体规定中都鲜明地体现出男女平等的立法精神。

(二) 男女平等的内容

1. 夫妻在婚姻关系中权利义务平等

(1)缔结婚姻的权利义务平等。

男女双方都有缔结婚姻的权利,结婚条件对男女双方完全平等;结婚后男女双方都可以成为对方家庭成员;夫妻有独立的姓名权、人身自由权,对共同财产有平等的处理权;夫妻间的扶养义务平等;继承遗产的权利平等。

(2)离婚的权利义务平等。

夫妻双方都有离婚请求权;离婚时对共同财产都有请求分割的权利,对共同债务都有清偿的义务。

2. 家庭成员在家庭关系中权利义务平等

(1)父母抚养教育子女的义务平等,接受子女赡养扶助的权利平等。子女接受父母抚养教育的权利平等,赡养扶助父母的义务平等。

(2)父母和子女的继承权平等。

(3)祖父母、外祖父母抚养孙子女、外孙子女的义务平等,接受孙子女、外孙子女赡养的权利平等。

(4)兄姐扶养弟妹的义务平等,接受弟妹扶养的权利平等。

四、保障妇女、未成年人、老年人、残疾人合法权益的原则

(一)保障妇女合法权益

1. 婚姻家庭法保障妇女合法权益的具体规定

(1)女方在怀孕期间、分娩后1年内或中止妊娠后6个月内,男方不得提出离婚。如果男方在此期间提出离婚,极易对女方造成强烈刺激,影响母婴健康。对男方离婚诉权的一定限制是对孕、产妇身心健康的特殊保护。

(2)离婚时,夫妻的共同财产由双方协议处理;协议不成时,由人民法院根据财产的具体情况,按照照顾子女和女方权益的原则判决。这一规定有利于保证女方离婚后能够维持原有生活水平。

(3)离婚时,如一方生活困难,另一方应从其住房等个人财产中给予适当帮助。实践中,接受经济帮助的,以女方居多。

2. 保障妇女合法权益的专门法律

1992年4月3日,第七届全国人民代表大会第五次会议通过《妇女权益保障法》,自1992年12月1日起施行。2005年8月28日,第十届全国人民代表大会常务委员会第十七次会议通过《关于修改〈中华人民共和国妇女权益保障法〉的决定》,对《妇女权益保障法》进行第一次修正。2018年10月26日,第十三届全国人民代表大会常务委员会第六次会议通过《关于修改〈中华人民共和国野生动物保护法〉等十五部法律的决定》,对《妇女权益保障法》进行第二次修正。

《妇女权益保障法》是保障妇女权益的专门法,全面系统地规定了女性的各项权利及保护措施,尤其是对妇女人身权利和财产权益的保护比《民法典》婚姻家庭编更为全面。

(二)保护未成年人

1. 婚姻家庭法保护未成年人的具体规定

(1)父母对子女有抚养教育的义务。父母不履行抚养义务时,未成年的或不能独立生

活的子女,有要求父母给付抚养费的权利。这一规定从根本上保证了儿童的生存权利。

(2)父母有保护和教育未成年子女的权利和义务。未成年子女对国家、集体或他人造成损害时,父母有承担民事责任的义务。

(3)非婚生子女享有与婚生子女同等的权利,任何人不得加以危害和歧视。

(4)禁止溺婴、弃婴和其他残害婴儿的行为。

(5)子女有继承父母遗产的权利。

(6)父母对子女的义务不因父母离婚而消除。

2. 保护未成年人的专门法律

1991年9月4日,第七届全国人民代表大会常务委员会第二十一次会议通过《未成年人保护法》,自1992年1月1日起施行。2006年12月29日,第十届全国人民代表大会常务委员会第二十五次会议第一次进行修订;2020年10月17日,第十三届全国人民代表大会常务委员会第二十二次会议进行第二次修订。

《未成年人保护法》对儿童在家庭保护、学校保护、社会保护等方面作了许多细致具体的规定。针对当前社会上存在的侵害未成年人合法权益的行为进行规制,对保护未成年人健康成长起到了重要作用。

(三) 保障老年人合法权益

1. 婚姻家庭法保障老年人合法权益的具体规定

(1)子女对父母有赡养扶助的义务。

成年子女对父母的赡养是无条件的。子女对父母的赡养义务,不因父母的婚姻关系变化而终止。如果子女不履行赡养义务,无劳动能力的或生活困难的父母,有要求子女付给赡养费的权利。另外,一定条件下,孙子女、外孙子女有赡养祖父母、外祖父母的义务。

(2)禁止虐待和遗弃老年人。

家庭成员中,受虐待和遗弃的多为体弱多病或缺乏独立生活能力的老年人,婚姻家庭法对此类行为作了禁止性规定。

(3)父母有继承子女遗产的权利。

(4)丧偶或离异的老年人有再婚的自由。

2. 保障老年人合法权益的专门法律

1996年8月29日,第八届全国人民代表大会常务委员会第二十一次会议通过《老年人权益保障法》,自1996年10月1日起施行。《老年人权益保障法》是我国第一部专门保护老年人权益的法律。先后经过2009年、2012年和2018年三次修正。

《老年人权益保障法》适应中国人口老龄化发展和老年人权益保障的客观需要,符合中国实际,体现中国国情,保持中国传统,反映老年人心愿,是一部有中国特色的保护老年人合法权益的法律。它包括总则、家庭赡养与扶养、社会保障、社会服务、社会优待、宜居环境、参与社会发展、法律责任和附则等内容。

(四) 保障残疾人的合法权益

《中华人民共和国残疾人保障法》(以下简称《残疾人保障法》)是为了维护残疾人的合法权益,发展残疾人事业,保障残疾人平等、充分地参与社会生活,共享社会物质文化成果,根据宪法而制定的法律。最新的《残疾人保障法》于2008年4月24日修订通过,自2008年7月1日起施行。它包括总则、康复、教育、劳动就业、文化生活、社会保障、无障碍环境、法律责任和附则等内容。

五、树立优良家风、弘扬家庭美德、重视家庭文明建设,建立和谐婚姻家庭关系

《民法典》第1043条明确规定:"家庭应当树立优良家风,弘扬家庭美德,重视家庭文明建设。""夫妻应当互相忠实,互相尊重,互相关爱;家庭成员应当敬老爱幼,互相帮助,维护平等、和睦、文明的婚姻家庭关系。"《民法典》的规定把道德规范上升为法律规范,对婚姻家庭的建设具有重要的指导意义。

"家和万事兴"。家庭作为社会最基本的组成单位,家庭成员间能否夫妻互敬、敬老爱幼,直接关系到社会的稳定。近年来,习近平总书记在许多场合都作出重要指示,要树立优良家风、弘扬家庭美德、重视家庭文明建设。家庭是社会成员生活的港湾,是社会成员在社会生活中获得安宁的重要空间,家庭建设直接关系到人们能否在这个领域中实现基本人权、实现情感需要、实现家庭职能。

夫妻忠实是指夫妻双方感情专一,忠于婚姻,不损害配偶利益。夫妻尊重是指夫妻充分尊重彼此的合法夫妻身份和独立人格,不得从事伤害对方人格、尊严、利益的行为,不得欺骗、侮辱、歧视、遗弃配偶。敬老爱幼是在保障老年人合法权益、保护未成年人基础上,根据老年人和未成年人特殊生理心理需要提出的要求。

互相帮助要求家庭成员间互相尊重人格,在思想、生活和经济方面互相关心和帮助。维护平等、和睦、文明的婚姻家庭关系是指作为平等主体的家庭成员,应当享有平等的权利,不得以强凌弱或对家庭成员实行差别待遇。

六、禁止家庭暴力原则

家庭中的暴力行为是对家庭成员的人格尊严、人身自由和生命健康权的粗暴侵犯,也是对受害人的心理、精神方面的严重损害。家庭暴力有着极其深远的历史根源,也有着复杂的现实原因,但是加害人的道德素质和法制观念起着决定性的作用。家庭暴力引起的后果及其危害性十分严重,不仅会导致婚姻破裂,还直接影响少年、儿童的身心健康和正常成长。

婚姻家庭法将"禁止家庭暴力"列为重要原则,《民法典》第 1042 条第 3 款明确规定:"禁止家庭暴力。"这一原则在婚姻家庭法的其他相关条款中得到了充分体现。

【案例 1-3】

陆某在广东省广州市一家单位工作,有家庭有孩子,原本过着幸福的生活。可是他却不甘寂寞,在婚恋网站结识一位叫小雨的姑娘,并与其结婚生子。然而纸包不住火,不久之后终于事发。2022 年 3 月,广州市 A 区人民检察院以陆某涉嫌重婚罪向 A 区人民法院提起公诉,陆某一审被判处有期徒刑 6 个月。

【解析】

一夫一妻是婚姻家庭法规定的基本原则,重婚是严重破坏一夫一妻原则的违法行为,依法应当受到法律的制裁。

尽管世界各国婚姻家庭制度的发展进程不同,婚姻家庭法律制度的内容也不尽相同,但是婚姻家庭法律制度作为一国民法的重要分支,它的各项规定都会影响到每一个普通公民的日常生活、学习和工作的方方面面。掌握我国婚姻家庭法的基本制度内容,遵循基本法律规定,是每一位公民不可或缺的必修课。

【引导案例解析】

《民法典》第 1064 条第 2 款规定,夫妻一方在婚姻关系存续期间以个人名义超出家庭日常生活需要所负的债务,不属于夫妻共同债务;但是,债权人能够证明该债务用于夫妻共同生活、共同生产经营或者基于夫妻双方共同意思表示的除外。

A 市 B 区人民法院审理认为,涉诉的借款虽然发生在夫妻关系续存期间,但王达利不能证明赵某所借款项用于家庭开支或偿还家庭债务。赵某称借款中的 50 万元用于购买汽车,不能提供有效证据证明,故该笔债务不能认定为夫妻共同债务。法院依法驳回原告王达利的诉讼请求。

【复习思考题】

一、简答题

1. 简述婚姻家庭法的概念和特征。
2. 结婚自由与离婚自由的关系。
3. 简述男女平等的内容。
4. 婚姻家庭法对保障妇女合法权益有哪些具体规定?
5. 婚姻家庭法中哪些规定体现了保护未成年人合法权益?
6. 《民法典》婚姻家庭编新增了哪些内容?

二、不定项选择题

1. 婚姻家庭的属性包括( )。

A. 自然属性 　　 B. 社会属性 　　 C. 法律属性 　　 D. 物质属性

2. 婚姻家庭的职能有( )。

A. 实现人口再生产的职能 　　　　 B. 组织经济生活的职能

C. 教育职能 　　　　　　　　　　 D. 娱乐活动的职能

3. 群婚制划分为( )。

A. 血缘群婚制 　　 B. 亚血缘群婚制 　　 C. 对偶婚制 　　 D. 个体婚制

4.《民法典》自( )起开始施行。

A. 2020 年 1 月 1 日 　　　　　　 B. 2021 年 1 月 1 日

C. 2020 年 10 月 1 日 　　　　　　 D. 2022 年 1 月 1 日

5. 婚姻家庭法的调整范围包括婚姻成立、终止、效力等婚姻关系,也包括( )等家庭关系。

A. 夫妻 　　　　 B. 父母子女 　　　　 C. 祖孙 　　　　 D. 兄弟姐妹

6. 婚姻家庭编的基本原则有( )以及禁止家庭暴力原则。

A. 婚姻自由原则

B. 一夫一妻原则

C. 男女平等原则

D. 保障妇女、未成年人、老年人、残疾人合法权益原则

三、案例分析题

北京奔腾文化传媒股份有限公司原董事长遗孀金某,被奔腾股东之一建银文化产业投资基金(天津)有限公司告上法庭,一审判决金某负债 2 亿元,以偿还其丈夫生前欠下的债务。在本案中,由于债务属实且不是金某丈夫因赌博、吸毒等违法犯罪行为所负的债务,所以法院依法认定为夫妻共同债务,判决金某负债 2 亿元。金某表示:"当年的'对赌协议',我没有签字,巨额的投资款项,也没有用于夫妻共同生活,我甚至都没有持有过奔腾的股权,这一切为什么要我来承担?"

试分析:依据《民法典》的规定,金某是否应当偿还此笔巨额债务?

第二章 亲 属

【学习目标】
1. 掌握亲属的含义、亲属的分类,亲属关系的发生和终止。
2. 理解亲系,了解我国亲等的分类。

【引导案例】

江某与李某的母亲刘某于 1999 年结婚,双方均系再婚。江某有一个儿子江孜,江某再婚时其未成年。再婚时,刘某携其子李某与江某共同生活。江孜仍住在江某原居住处,生活费用由刘某与江某共同支付。

2008 年江孜结婚。2010 年,江某与刘某共同建造 667 平方米的四层楼房一栋。2015 年 8 月 31 日,江某与刘某协议离婚,约定建造该楼房所欠债务由刘某偿还,该楼归刘某所有,由刘某返还 10 万元于江某。2022 年 3 月份,刘某因病去世,留下楼房一栋及人民币 27 万元。在刘某生病期间,江孜未曾尽到赡养义务。现江孜作为原告诉至法院,要求继承刘某的遗产。

第一节 亲属的含义和特征

一、亲属和亲属法

(一) 亲属的概念

亲属是指人们基于婚姻、血缘或者法律拟制而形成的社会关系。婚姻为亲属之源,血亲为亲属之流,姻亲则是以婚姻为中介而发生的。亲属关系一经法律调整,便在具有亲属身份的主体之间产生法定的权利和义务。

(二) 亲属法的概念

亲属是人类社会关系的一种表现形式,随着社会的发展而不断发展变化。亲属法有广义和狭义之分。广义的亲属法是指规定婚姻、血亲和监护关系的法律。婚姻关系是产生血亲关系的基础,血亲关系是亲属关系的主要内容,监护关系虽非单纯的亲属关系,但系亲权的延长或补充。狭义亲属法仅指规定血亲关系,而不规定婚姻、监护关系的法律。有的国家的亲属法仅规定婚姻和亲子关系,未规定监护关系,如古巴、保加利亚等。

目前,《民法典》婚姻家庭编尚未对亲属制度制定全面、系统的通则性规范,但在婚姻家庭编的条文中以及刑法、诉讼法、劳动法、《民法典》继承编、国籍法等有关法律中,都从不同角度对亲属关系作了一些具体规定。现实生活中,亲属关系作为重要的社会关系,发挥着重要的作用。

(三) 近亲属与家庭成员、家属的区别

近亲属不同于家庭成员,家庭成员是指相互负有扶养义务的一定范围内的亲属。家庭成员通常为亲属,但近亲属不一定是家庭成员。因为近亲属之间并不都有法定的权利义务,而且也不可能都在一起共同生活。《民法典》第1045条第2款规定,配偶、父母、子女、兄弟姐妹、祖父母、外祖父母、孙子女、外孙子女为近亲属。

第1045条第3款规定,配偶、父母、子女和其他共同生活的近亲属为家庭成员。

亲属也不同于家属,家属是家长的对称。我国现行法律没有家长、家属的用语,但现实生活中依然使用。

二、亲属的特征

亲属按其形成特点不同,可以分为生物学上的亲属和法律学上的亲属。生物学上的亲属是指因遗传学规律自然形成的血缘亲属,可以世代延续下去。法律学上的亲属是指法律规定和承认的亲属,包括自然形成的血亲,还包括法律所确认的无血缘关系的亲属。

本书着重研究法律学意义上的亲属特征。

1. 亲属是人与人之间的社会关系,有固定的身份和称谓

亲属关系产生后,主体间的亲属身份和称谓是固定的,除法律规定外,当事人不得随意变更或解除。称谓是身份的标志,身份表明人在社会关系中特定的资格和地位。亲属间的身份和称谓大多属于自然形成的,属于永久性的身份和称谓,如父母子女、兄弟姐妹,它们表明了双方无法变更的血缘身份关系。亲属间的身份和称谓也有因法律而设定的,如夫妻、养父母子女等,只能因离婚或解除收养而终止关系,当事人不得任意自行解除。

2. 亲属由婚姻关系、血缘关系或者收养关系而产生

因婚姻而产生的亲属,包括配偶和姻亲。因血缘联系而产生的亲属,限于自然血亲。子女出生的法律事件导致父母子女等自然血亲关系的发生。男女结婚的法律行为导致配偶关系的发生。因法律拟制产生的亲属是指基于某种法律行为或者事实行为,法律即认为主体之间互为亲属,如因收养成立而发生的养父母与养子女关系、因抚养事实而发生的继父母与继子女关系,被我国法律承认为拟制血亲。

亲属关系的发生只能来自两个方面,一是自然形成的,即以血缘关系为纽带;二是人为形成的,既可以依法产生也可以依法消灭。

3. 经法律确认的亲属之间互相负有权利和义务

由于亲属的范围具有广泛性,只有法律确认的亲属相互之间才有权利义务关系。我国现行法律确认互有扶养权利义务的亲属包括夫妻、父母子女、兄弟姐妹、祖孙等。其中,某些亲属间的权利义务的实现是无条件的,如父母子女;而某些亲属间的权利义务的实现则是有条件的,如祖孙、兄弟姐妹等。法律规定范围以外的亲属间没有权利义务关系,如叔伯与侄子女等,但法律并不妨碍他们之间主动地履行道义上的社会责任。

第二节　亲属的种类和范围

一、亲属的种类

亲属的分类因不同时代、不同国家而异。本书按照我国古代、现代划分法进行分类。

(一) 我国古代亲属的分类

亲属是我国封建宗法制度的基础。随着封建经济的发展,封建制度的分解和宗法制度的变迁,亲属自身结构也经历了不断分解变化的过程。我国最早将亲属分为宗亲和外亲两种。唐、宋以后及至明、清,始将妻族从外亲中分离出来,亲属分为宗亲、外亲和妻亲三种。

1. 宗亲

宗亲是指同一祖先的男系血亲及加入父宗的配偶及未嫁女。宗亲又称内亲、本亲、本族。宗亲是封建礼法确认的亲属,为同一宗族的成员。根据古籍和历代律例,宗亲通常由三部分组成。

(1)出自同一祖先的男系血亲。

(2)出自同一祖先的男系血亲的配偶,即所谓来归之妇——嫁入的妇女,如伯母、婶母、儿媳、孙媳、嫂、弟媳、侄媳等。

(3)出自同一祖先的未出嫁的女性,如未出嫁的女儿、姑、姐妹、侄女、堂姐妹等。

2. 外亲

外亲是指以女系血统相联系的亲属。外亲又称女亲、外姻、外族,是指与女系血亲相联系的亲戚,包括与母亲(多指嫡母)有关的亲戚和与出嫁女儿相联系的亲戚。与母亲有关的亲戚,如外祖父母、舅、姨及表兄弟姐妹等。与出嫁女儿相联系的亲戚,如女婿、外孙子女和姑父及其子女、亲家等。

3. 妻亲

妻亲是指夫对妻的血亲之间的亲属关系,专指丈夫与妻的亲属之间的亲属关系,包括妻的父母、妻的兄弟姐妹及其子女等,均为妻亲。由于纳妾并非婚姻,故妾的父母、兄弟姐妹不得视为亲属。

 小贴士

现代各国亲属分类法

现代各国对亲属有两种分类法,一是将亲属分为血亲和姻亲两种,如德国、瑞士、墨西哥、秘鲁等国民法典的规定;二是将亲属分为血亲、姻亲和配偶三种,如日本民法典的规定。

(二) 我国现代亲属的种类

以亲属关系的发生原因为依据,将亲属划分为配偶、血亲和姻亲三类,这是《民法典》婚姻家庭编中的基本分类,在立法和法律适用中具有重要的意义。《民法典》第1045条第1款明确规定:"亲属包括配偶、血亲和姻亲。"

1. 配偶

配偶即夫妻,是男女两性因结婚而产生的亲属关系。配偶相互间一般无血缘关系,也不属于姻亲。配偶是其他亲属关系(血亲、姻亲)赖以发生的基础。配偶关系因婚姻的成立而发生。我国历来视配偶为亲属,其在亲属关系中是处于核心地位的近亲属。《民法典》婚姻家庭编未明文规定亲属的种类,但是《中华人民共和国刑事诉讼法》(以下简称《刑事诉讼法》)第108条规定:"近亲属是指夫、妻、父、母、子、女、同胞兄弟姊妹。"明确将配偶列入近亲属之内。在婚姻关系存续期间,夫是妻的配偶,妻是夫的配偶。

2. 血亲

血亲是指有血缘关系的亲属,是以具有共同祖先为特征的亲属关系。血亲又分为自然血亲和拟制血亲两种。

自然血亲是指因出生而自然形成的、源于同一祖先的有血缘联系的亲属,如父母与子女,兄弟姐妹,祖父母与孙子女,叔伯、姑与侄子女,舅、姨与外甥、外甥女,堂兄弟姐妹,表兄弟姐妹等。这些亲属无论是婚生还是非婚生,也无论是全血缘(同父同母)还是半血缘(同父异母或同母异父),都属于自然血亲的范围。

拟制血亲是指虽无血缘联系,但法律确认其与自然血亲有同等的权利义务的亲属,故又称为"准血亲"。《民法典》婚姻家庭编所确认的拟制血亲有两种:一是养父母与养子女,二是在事实上形成了抚养教育关系的继父母与继子女。

3. 姻亲

姻亲是指以婚姻关系为中介而产生的亲属。男女结婚后,配偶一方与另一方的亲属之间发生姻亲关系,但配偶本身除外。如儿媳与公婆、女婿与岳父母、丈夫与大舅子、妻子与小姑子之间等即为姻亲。姻亲可分为如下三种。

(1)血亲的配偶,以己身为本位,己身的血亲的配偶均为姻亲,如子之妻(儿媳)、女之夫(女婿)、兄弟之妻(嫂子、弟媳)、姐妹之夫(姐夫、妹夫),以及伯、叔、舅、姨之妻(伯母、婶母、舅母），姑、姨之夫（姑父、姨父）等，都是自己的血亲的配偶。

（2）配偶的血亲是指已身与自己配偶的血亲之间的关系，如从妻子角度而言，丈夫的父母（即公婆）、丈夫的兄弟姐妹（即大伯子、小叔子、大姑子、小姑子）均为妻子的配偶的血亲。从丈夫的角度而言，妻子的父母（即岳父母）、妻子的兄弟姐妹（即大舅子、小舅子、大姨子、小姨子）等，都是丈夫的配偶的血亲。没有形成抚养教育关系的继父母与继子女之间，一般也属于姻亲关系。

（3）配偶的血亲的配偶是指已身与自己配偶的血亲的配偶之间的关系。这种姻亲不是以一次婚姻为中介，而是以两次婚姻为中介而形成的。从妻子角度而言，丈夫的兄弟之妻（即妯娌）、丈夫的姐妹之夫，均为妻子的配偶的血亲的配偶。从丈夫角度而言，妻子的兄弟之妻、妻子的姐妹之夫（即连襟），均为丈夫的配偶的血亲的配偶。

小贴士
现代各国关于配偶地位的两种主张

关于配偶应否作为亲属的组成部分，主要有两种不同的主张：一种是法理主义，认为配偶为血亲、姻亲关系产生的基础和源泉，其本身不发生亲缘关系，又无亲累、亲等可分，所以不应列入亲属范围。二是实效主义，认为既然配偶是产生血亲、姻亲关系的源泉，当然应属于亲属范围，否则，"配偶的血亲"为亲属，而配偶之间不算亲属，似嫌不近情理。且配偶与其他亲属相比，关系更为密切，故列入亲属。

二、亲属关系的范围

亲属关系以夫妻或者父母子女为连结中心，法律必须为之划定界限，否则其范围将过于广泛。多数国家根据自己的风俗习惯，对亲属范围作出规定，并对这些亲属关系的亲疏远近规定了具体的计算方法。关于亲属范围的限定，纵观现代各国，存在着总体限定和分别限定两种立法模式。

（一）总体限定的立法模式

在总体限定的立法模式下，立法从总体上概括限定亲属的范围，此范围之外的亲属则不属于法律调整的对象，也不具有亲属的法律效力。例如，《日本民法典》第 725 条规定："六亲等以内的血亲和配偶，以及三亲等以内的姻亲为亲属。"

（二）分别限定的立法模式

在分别限定的立法模式下，立法不从总体概括限定亲属的范围，而是在具体的亲属关系或者法律事项上分别规定亲属的法律效力，即法律分别就禁婚亲、扶养、监护、继承等方面亲属的范围及效力作出规定，这样比较灵活，适用性也比较强。

我国现行法律对亲属采取了分别限定的立法模式。《民法典》第 1045 条第 2 款规定："配偶、父母、子女、兄弟姐妹、祖父母、外祖父母、孙子女、外孙子女为近亲属。"第 3 款规定:"配偶、父母、子女和其他共同生活的近亲属为家庭成员。"凡是《民法典》明确赋予某些亲属间具有权利义务的即为近亲属,其他为远亲属。《民法典》禁止一定范围内的亲属结婚,规定一定范围内的亲属互有扶养义务及继承权、监护权等。婚姻家庭法明令禁止直系血亲和三代以内旁系血亲结婚,规定了配偶、父母、子女、祖孙、外祖孙以及兄弟姐妹间的权利义务。《民法典》继承编规定了一定范围内的亲属间的法定继承权。

此外,刑法、诉讼法、国籍法等部门法,都对亲属效力作出了限定性规定。这些规定说明,在配偶、血亲、姻亲三种类别的亲属中,只有少数的亲属在立法中被认为是近亲属。

【案例2-1】

甲的父亲与乙的祖母是兄妹关系,甲是乙的表叔,乙是甲的表侄女。现甲、乙要申请结婚登记,但婚姻登记机关以双方为三代以内旁系血亲为由,不予办理登记。

问:婚姻登记机关的答复是否符合法律规定?

【解析】

甲、乙之间的亲属关系为四代以内旁系血亲关系,不属于禁婚亲的范围,甲、乙可以结婚。

第三节 亲系和亲等

一、亲系

亲系是指亲属间的血缘联系,或称亲属的系统。由于亲属间血缘联系的状况和特点不同,可以划分出各种不同的亲属系统,如按亲属关系性别的不同,可分为男系亲与女系亲;按亲属血缘来源的不同,可分为父系亲与母系亲;按亲属间血缘关系亲疏远近的不同,可分为直系亲与旁系亲;按亲属间辈分的不同,可分为长辈亲、晚辈亲和平辈亲。

(一) 直系亲和旁系亲

1. 直系血亲和直系姻亲

直系血亲是指彼此之间具有直接血缘联系的亲属,即己身所从出和从己身所出的血亲。生育自己或者自己所生育的上下各代血亲,都属于直系血亲的范围,如自己的父母、(外)祖父母、(外)曾祖父母、(外)高祖父母;子女、(外)孙子女、(外)曾孙子女、(外)玄孙子女等,均为自己的直系血亲。养父母与养子女、形成抚养教育关系的继父母与继子女之间,亦为拟制直系血亲。直系血亲是最亲密的血亲,三代以内的直系血亲间的法定权利义务较多。

直系姻亲是指己身与直系血亲的配偶或者与配偶的直系血亲所形成的亲属关系,如公婆与儿媳为直系姻亲,己身与岳父岳母是直系姻亲。

2. 旁系血亲和旁系姻亲

旁系血亲是指彼此之间具有间接血缘联系的亲属,即直系血亲以外的、与己身同出自一源的血亲,包括辈分不同或者辈分相同的旁系血亲,如兄弟姐妹同源于父母而具有间接的血缘联系;叔伯、姑、堂兄弟姐妹均同源于祖父母;舅、姨、姨表兄弟姐妹均同源于外祖父母。其中,兄弟姐妹之间具有附条件的法定权利义务。

旁系姻亲是指己身与旁系血亲的配偶,或与配偶的旁系血亲,再或与配偶的血亲的配偶所形成的亲属关系,如己身与兄弟姐妹的配偶(嫂子、弟媳、姐夫、妹夫)是旁系姻亲;己身与配偶的旁系血亲(大伯子、小舅子、大姨子、小姨子)是旁系姻亲;己身与配偶的兄弟姐妹的配偶(妯娌、连襟),均为己身的旁系姻亲。

(二) 父系亲和母系亲

父系亲是指以父亲为中介而产生的亲属,如祖父母、伯、叔、姑等。母系亲是指以母亲为中介而产生的亲属,如外祖父母、舅、姨等。我国古代的亲属制度是以父系为本位的,按照我国现行法律的规定,父系亲与母系亲的法律地位完全相同。

(三) 男系亲和女系亲

男系亲是指通过男子的血缘关系联络的亲属。女系亲是指通过女子的血缘关系联络的亲属。封建社会的宗亲即男系亲,如高祖以下、玄孙以上,旁及族兄弟姐妹等九代,均为男系。女系亲即封建社会的外亲,包括母系亲、女系亲和妻亲等。

父系亲和男系亲,母系亲和女系亲,既有联系又有区别,有时还相互重叠,如父亲的兄弟的子女,既是男系亲又是父系亲,相互重合。而父亲的姐妹的子女,为父系亲,但非男系亲。

上述两种分类是适应封建社会男尊女卑的宗法制度的需要而划分的,在现代社会不具有科学性。

(四) 长辈亲、晚辈亲和平辈亲

辈分为亲属关系的横向位置,同一世代为一辈。辈分有长辈、平辈、晚辈之分。长辈又有父辈、祖辈之分;晚辈又有子辈、孙辈之分;同辈之内为排行,分长幼。

1. 长辈亲

长辈亲是指辈分高于自己的亲属,即父母以及父母同辈以上的亲属,如父母、岳父母、伯叔、祖父母,等等。

2. 晚辈亲

晚辈亲是指辈分低于自己的亲属,即子女以及子女同辈以下的亲属,如子女、侄子女、孙子女、女婿,等等。

3. 平辈亲

平辈亲是指辈分相同的亲属,如同胞兄弟姐妹、堂兄弟姐妹、大姑子、小姨子等。平辈亲分长幼,兄姐为长,弟妹为幼。

小贴士
国内外亲等计算方法分类

根据世界各国亲属法的规定,外国对亲等计算有两种方法,即罗马法亲等计算法和寺院法亲等计算法。

罗马法亲等计算法是古罗马帝国使用的计算亲属等级的单位,距今已近 2000 年。由于罗马法亲等计算法最为科学,所以,其仍为世界大多数国家所采用。寺院法亲等计算法是中世纪教会法计算亲等的单位,由于它不能准确地反映出亲属关系的远近,所以到现在已经被逐步淘汰了,只有个别国家仍在沿用。

我国古代对亲属关系的计算法,采用丧服制,是根据男女的尊卑、亲属的远近来加以计算的。

我国现行婚姻家庭制度采用世代来表示血亲关系的亲疏远近。

二、亲等

亲等即亲属的等级,是计算亲属关系亲疏远近的基本单位。亲等数越少,亲属关系越密切,亲等数与亲属关系的亲密程度成反比。

(一) 罗马法亲等计算法

1. 直系血亲的亲等计算法

从己身往上或者往下数,但不算己身,以一世代为一亲等,世代数之和,即直系血亲的亲等数。例如,从己身往上数,与父母为一亲等直系血亲,与祖父母为二亲等直系血亲,己身与子女为一亲等直系血亲,与孙子女为二亲等直系血亲。计算出来的亲等数越大,表示血亲关系越远。

2. 旁系血亲的亲等计算法

首先,从己身上数至同源最近的长辈直系血亲,但不算己身,即己身与要计算的旁系血亲最近的共同长辈直系血亲,再从该同源人下数至要计算的旁系血亲,其世代数相加之和,即己身与该旁系血亲之间的亲等数。计算时需要注意:包含要计算的旁系血亲的世代。

例如,计算己身与同胞兄弟姐妹的亲等数,首先找出己身与同胞兄弟姐妹的最近同源直系血亲父母,从己身上数至父母为一亲等,再从同源人父母往下数至要计算的旁系血亲——兄弟姐妹,为一亲等。两边亲等数相加之和为二,即己身与兄弟姐妹间为二亲等的旁系血亲。

关于姻亲亲等的计算,是以"姻亲从血亲"为原则,即姻亲的亲等数是以已经发生姻亲的一方与其血亲的亲等数为依据。例如,儿媳与公婆的亲等,因丈夫与其父母是一亲等的直系血亲,因此,儿媳与公婆之间是一亲等的直系姻亲。其他亲等关系都以此类推。

(二)寺院法亲等计算法

1. 直系血亲的亲等计算法

该亲等计算法与罗马法直系血亲计算法完全相同。

2. 旁系血亲的亲等计算法

首先从己身和该旁系血亲分别上数至最近的同源长辈直系血亲,但不算己身,如果两边的亲等数相等,这一相同数即为要计算的亲等数,如果两边亲等数不等,则取其亲等数大的一边作为要计算的亲等数。例如,计算自己和堂兄弟姐妹的亲等数,首先找出双方最近的同源人为祖父母。然后,从己身往上数至祖父母是二亲等,从堂兄弟姐妹上数至祖父母也是二亲等。那么,己身和堂兄弟姐妹之间就是二亲等旁系血亲。

关于姻亲的亲等计算,寺院法与罗马法的计算方法相似,也是以"姻亲从血亲"为原则,即以已经发生姻亲的一方与其血亲的亲等数为依据。比如,己身与侄女婿的亲等数,就以己身与侄女的亲等数为依据,两者之间是二亲等的旁系血亲,那么己身与侄女婿的亲等数为二亲等的旁系姻亲。

从以上分析可以看出,罗马法与寺院法对于旁系血亲的亲等计算结论是很不相同的。按照寺院法亲等制,己身与舅父、己身与舅表兄弟姐妹,均属于二亲等旁系血亲,它无法精确地揭示出亲属间的亲疏远近。而按照罗马法亲等制,己身与舅父、己身与舅表兄弟姐妹则分别属于三亲等、四亲等的旁系血亲。显然,罗马法亲等制是更加科学、精确的。

【知识链接】

我国古代的丧服制

丧服制源于周礼,迄至明、清律制定《丧服图》,沿用至清末民初。丧服分为五等,一等丧服最重,二等丧服次之,依此推算。服重则亲属关系亲近,丧期长;服轻则亲属关系疏远,丧期短。具体等级如下:

第一等:斩衰。为3年之服。这种丧服用最粗的麻布做成,不缝下边。须服斩衰的,包括子及未嫁女为父母,妻为夫或公婆,承重孙为祖父母等(注:承重孙,即本人及父母均为嫡长,父先逝,祖父母丧时,称嫡长孙为承重孙)。

第二等:齐衰。这是用稍粗的麻布做的丧服,缝下边。根据所服对象,服期又有杖期(持杖1年)、不杖期(不持杖1年)、5月、3月之别。例如,夫为妻(父母在则不杖)、子为出母(即被父休去之生母)、子为嫁母(即父亡再适人之母)等服齐衰杖期。孙子女为祖父母、祖为嫡孙、父母为嫡长子、侄为伯叔父母、出嫁女为生父母等,均服齐衰不杖期。曾孙子女为曾祖父母服齐衰5月。玄孙子女为高祖父母服齐衰3月。

第三等:大功。服期9月,丧服用粗熟布做成。妻为夫之祖父母,祖父母为孙子女

(在室),父母为子女,出嫁女为伯叔父母等,均服此之服。它为中度丧服。

第四等:小功。服期5月,丧服用稍粗熟布做成。为伯叔祖父母,为堂伯叔父母,为再从兄弟姐妹(在室),为在室祖姑,为出嫁堂姐妹等,均服此之服。它为较轻的丧服。

第五等:缌麻。服期3月,丧服是用细熟布做成的。夫为妻之父母,妻为夫的曾祖、高祖父母,曾祖父母为曾孙子女等,均服此服。它为最轻的丧服。

此外,在上述五等服制之外,尚有"袒免亲"之说。即九族宗亲之内的无服亲。这种亲属无服,丧葬时穿素服、尺布缠头,如为曾孙妇、玄孙妇,为族兄弟之妻、出嫁之族姐妹等,皆袒免。

(三) 我国婚姻家庭法采用的代数计算法

我国《民法典》婚姻家庭编没有采用亲等制度,而是以"代"表示亲属关系的亲疏远近。代数少的,表示亲属关系亲近;代数多的,表示亲属关系疏远。代即世辈,从己身算起,以一辈为一代。《民法典》婚姻家庭编仅在禁止结婚的条件中使用了"代"的概念。《民法典》第1048条规定:"直系血亲或者三代以内的旁系血亲禁止结婚。"计算亲属的代数分为直系血亲和旁系血亲两个方面。

1. 直系血亲的计算法

从己身开始,己身为一代,往上或往下数。如从己身上数,己身为一代,父母为二代,祖父母、外祖父母为三代,曾祖父母、外曾祖父母为四代,高祖父母、外高祖父母为五代直系血亲。从己身往下数,己身为一代,子女为二代,孙子女、外孙子女为三代,曾孙子女、外曾孙子女为四代,玄孙子女、外玄孙子女为五代直系血亲。再往上往下算以此类推。

2. 旁系血亲的计算法

从己身和要计算的旁系血亲,分别上数至最近同源直系血亲,记下世代数。如果两边的世代数相同,则用任一边的世代数确定为旁系血亲的代数。如果两边的世代数不同,则取世代数大的一边为旁系血亲的代数。计算时需要注意:应当包括己身的世代数和要计算的旁系血亲本身的世代。

例如,计算己身和堂兄弟姐妹之间的代数,首先找出同源直系血亲祖父母,从己身上数至祖父母为三代,从堂兄弟姐妹上数至祖父母也为三代。两边代数相同,则确定己身与堂兄弟姐妹是三代以内旁系血亲。

《民法典》婚姻家庭编所采用的代数计算法类似于寺院法亲等计算法,两者的区别在于,我国代数计算法要求:己身和所要计算的旁系血亲本身,都各算作一世代。而寺院法亲等计算法则排除了己身和所要计算的旁系血亲的世代。

💬【案例2-2】

己身和表侄女之间属于旁系血亲。

问:己身和表侄女之间是多少代的旁系血亲?

【解析】

首先找出双方的同源直系血亲为外祖父母,从己身上数至外祖父母为三代,从表侄女上数至外祖父母为四代(即表侄女、表哥、舅、外祖父母共四代),两边的世代数不同,取世代数大的一边为旁系血亲的代数。确定己身与表侄女之间是四代以内旁系血亲。

第四节 亲属关系的发生、终止和效力

从法律意义上说,具有亲属身份的人,普遍将自己的生活关系建立于与其他亲属共同生活的关系之中。亲属关系因一定的法律事实而产生,也因一定的法律事实而终止,由于亲属种类的不同,发生和终止亲属关系的法律事实各有不同。

一、亲属关系的发生

(一) 配偶关系的发生

结婚是一种民事法律行为,男女因缔结婚姻而产生了配偶关系。根据婚姻家庭编的规定,以准予结婚登记、领取结婚证为配偶关系发生的依据。

(二) 血亲关系的发生

1. 自然血亲关系的发生

自然血亲是由于出生而产生的亲属关系。出生为发生自然血亲关系的唯一原因,这是生物遗传学规律所决定的。基于人出生的事实,出生者即与父母和父母的亲属发生自然血亲关系,无须当事人双方或者对方认可,也不需要履行法律手续。无论是婚生子女还是非婚生子女,都是以出生这一法律事件为血亲发生根据的。尽管非婚生子女与生父之间的关系,有时须经生父认领或者法律确认,但是认领或者确认都必须以出生为客观根据。非婚生子女与生父间的权利义务关系,也要追溯到其出生之时。

2. 拟制血亲关系的发生

拟制血亲本无血缘关系,而是由法律所创设的血亲。由于拟制血亲的种类不同,其发生和终止的原因也不同。

(1)养父母与养子女之间拟制血亲关系的发生。

养父母与养子女之间拟制血亲关系是以收养子女的法律行为为发生根据的。收养所产生的拟制血亲关系既不是因结婚而发生,也不是基于养子女出生所形成。它的发生须有合法的收养行为,即符合收养的条件并遵循收养的程序,办理收养登记才能发生拟制血亲的法律效力。

(2)继父母与受其抚育的继子女之间的拟制血亲关系的发生。

继父母与受其抚养教育的继子女之间可以发生拟制血亲关系。继父母与继子女之间的拟制血亲关系的产生必须同时具备两个条件：一是存在生父(或生母)与继母(或继父)再婚的法律行为，二是继父母与继子女之间形成抚养教育关系，即继父母在事实上已经承担了继子女生活费、教育费的一部或者全部。所以，未形成抚养教育关系的继父母与继子女之间，仅为姻亲关系(配偶的血亲或者血亲的配偶)。

(三) 姻亲关系的发生

姻亲关系是以婚姻和血缘两种事实为中介形成的。男女结婚是产生姻亲的基础，但同时婚姻双方当事人必须有自己的血亲的存在，才能发生姻亲关系。婚姻成立的时间即为姻亲关系发生的时间。例如，男女结婚登记，由此产生了夫对妻的父母、兄弟姐妹等以及妻对夫的父母、兄弟姐妹等的姻亲关系。

二、亲属关系的终止

亲属关系的终止是指因发生一定的法律事实，而使当事人之间既存的亲属身份和权利义务关系归于消灭。亲属的终止有两种，一是绝对终止，即亲属的身份和权利义务关系完全消灭。二是相对终止，即亲属的权利义务关系消灭，而身份关系并未消灭。

(一) 配偶关系的终止

配偶关系因婚姻终止而消灭。引起婚姻终止的原因：一是一方死亡(包括自然死亡或者宣告死亡)，二是双方离婚。

根据我国《民法典》婚姻家庭编的规定，以配偶一方死亡时间(包括自然死亡或者宣告死亡)为配偶关系终止的时间。配偶双方因离婚而终止配偶关系的，如果是协议离婚，以取得离婚证的时间为配偶关系终止的时间。若为诉讼离婚，以人民法院准予离婚的调解书或者判决书生效的时间为配偶关系终止的时间。离婚导致双方身份与权利义务关系全部消灭。若配偶一方死亡，双方权利义务关系终止，身份关系不当然消灭，他们的身份关系至生存方再婚时即告消灭。

(二) 血亲关系的终止

1. 自然血亲关系的终止

自然血亲是基于自然的血缘联系而发生的亲属关系，因此一般只能因死亡而终止。死亡包括自然死亡或者宣告死亡。死亡是唯一的终止原因，不能通过法律手段人为地加以解除(送养例外)。即使子女被他人收养，只能消除子女与生父母之间的权利义务关系，而他们之间的血缘关系依然存在。

因一方死亡而终止的自然血亲，属于相对终止，即自然实体不存在导致双方权利义务终止，但其身份关系并未消除。

2. 拟制血亲关系的终止

拟制血亲除因一方死亡而终止外，还可因法律行为而终止，如收养关系的解除.收养行为被宣告无效。

拟制血亲因一方死亡而终止时,原相对的权利义务即告解除,但双方的身份关系并未当然消灭。但是在特殊情况下,养父母去世,养子女尚未成年,又恢复与生父母间的法律关系,这种情况下,养父母与养子女身份上的关系也告消灭。拟制血亲因解除收养的法律行为而终止时,双方关系的终止为绝对终止,即养父母与养子女间的身份关系和权利义务关系完全解除。

关于形成抚养教育关系的继父母子女之间的拟制血亲的终止问题,原则上应以生父(母)与继母(父)之间的婚姻关系的存离为标准。再婚婚姻关系解除,继亲关系包括身份与权利义务关系均完全消灭。如果继父母或者继子女一方死亡,同样为权利义务消灭,身份关系并不当然解除。如果继父母与继子女关系恶化,要求解除关系,应予解除。

(三) 姻亲关系的终止

姻亲关系的终止一般以配偶一方的死亡或者双方离婚而终止。

世界各国对此有不同的立法例,存在消灭主义和不消灭主义两种。消灭主义认为,离婚使姻亲关系完全消灭,如《日本民法典》第 728 条第 1 项规定:"姻亲关系因离婚而终止。"采取不消灭主义的国家则认为婚姻虽然已解除,但姻亲关系继续存在,如《德国民法典》第 1590 条第 2 项规定:"即使姻亲所赖以成立的婚姻已解除,姻亲关系仍继续存在。"

我国《民法典》婚姻家庭编对姻亲关系是否因离婚而消灭没有规定。从现实生活可以看出,配偶双方离婚后,姻亲当事人也不会再保持姻亲关系,姻亲关系因离婚而消灭。

姻亲关系的终止一般以配偶一方的死亡而终止,但是我国法律适应中国的国情,也规定了例外情况,《民法典》第 1129 条明确规定:"丧偶儿媳对公、婆,丧偶女婿对岳父母,尽了主要赡养义务的,作为第一顺序继承人。"即不论再婚与否,均可享有继承权利。

三、亲属的效力

亲属的法律效力是指一定范围内的亲属所具有的法定权利义务及其在法律上发生的其他效果。亲属的法律效力在不同的部门法中,都有表现。

(一) 亲属在婚姻家庭编上的效力

1. 扶养效力

一定范围内的亲属有互相扶养的义务。根据婚姻家庭法的规定,我国亲属间的扶养义务有两种:一是无条件的互相扶养义务,即夫妻之间,父母对未成年的或者尚未独立生活的子女,成年子女对丧失劳动能力的父母;二是有条件的扶养义务,即(外)祖父母与(外)孙子女的相互扶养以及兄弟姐妹之间的相互扶养。

2. 继承效力

根据一定的亲属关系,确定法定继承人的范围和顺序。《民法典》第 1127 条第 1 款规定,遗产按照下列顺序继承:(1)第一顺序:配偶、子女、父母;(2)第二顺序:兄弟姐妹、祖父母、外祖父母。按照法律规定的顺序,亲属之间有继承遗产的权利。

3. 共同财产效力

一定范围的亲属具有法定的共同财产。《民法典》第 1062 条规定:"夫妻在婚姻关系存续期间所得的下列财产,为夫妻的共同财产,归夫妻共同所有:……夫妻对共同财产,有平等的处理权。"

4. 禁婚效力

一定范围内的血亲禁止结婚。《民法典》第 1048 条规定:"直系血亲或者三代以内的旁系血亲禁止结婚"。

(二) 亲属在民法上的效力

1. 法定代理效力

亲属可以作特定法律主体的监护人或者法定代理人,享有监护权和代理权。

2. 监护效力

《民法典》第一编总则第二章第二节"监护"对监护制度作出了明确规定。《民法典》第 27 条规定:"父母是未成年子女的监护人。未成年人的父母已经死亡或者没有监护能力的,由下列有监护能力的人按顺序担任监护人:(1)祖父母、外祖父母;(2)兄、姐;(3)其他愿意担任监护人的个人或者组织,但是须经未成年人住所地的居民委员会、村民委员会或者民政部门同意。"

第 28 条规定:"无民事行为能力或者限制民事行为能力的成年人,由下列有监护能力的人按顺序担任监护人:(1)配偶;(2)父母、子女;(3)其他近亲属;(4)其他愿意担任监护人的个人或者组织,但是须经被监护人住所地的居民委员会、村民委员会或者民政部门同意。"

《民法典总则篇司法解释》第 6 条明确规定,人民法院认定自然的监护能力,应当根据其年龄、身心健康状况、经济条件等因素确定;认定有关组织的监护能力,应当根据其资质、信用、财产状况等因素确定。

《民法典》规定的监护人的职责主要有:

(1)监护人的职责是代理被监护人实施民事法律行为,保护被监护人的人身权利、财产权利以及其他合法权益等。

(2)监护人依法履行监护职责产生的权利,受法律保护。

(3)监护人不履行监护职责或者侵害被监护人合法权益的,应当承担法律责任。

(4)因发生突发事件等紧急情况,监护人暂时无法履行监护职责,被监护人的生活处于无人照料状态的,被监护人住所地的居民委员会、村民委员会或者民政部门应当为被监护人安排必要的临时生活照料措施。

3. 财产代管的效力

亲属享有对失踪人的财产代管权。《民法典》第 42 条第 1 款规定了财产代管人。"失踪人的财产由其配偶、成年子女、父母或者其他愿意担任财产代管人的人代管。"第 43 条规定了财产代管人的职责:"财产代管人应当妥善管理失踪人的财产,维护其财产权益。失踪人所欠税款、债务和应付的其他费用,由财产代管人从失踪人的财产中支付。财产代管人因故意或者重大过失造成失踪人财产损失的,应当承担赔偿责任。"

(三)亲属在刑法上的效力

1. 犯罪构成效力

某些犯罪的构成,必须以有一定的亲属关系为条件。《刑法》规定的虐待罪、遗弃罪和暴力干涉婚姻自由罪,加害人与被害人之间必须具有亲属关系才能成立该罪。虐待罪的犯罪的主体必须是与被害人在一个家庭共同生活的成员。侵犯客体是家庭成员间的平等权利和被害家庭成员的人身权利。构成遗弃罪的首要条件是行为人与被害人之间存在法定的抚养、赡养权利义务关系,只有夫妻、父母子女等亲属才具有这类权利义务关系。

2. 告诉才处理效力

亲属在法定条件下享有告诉权。《刑法》规定:"以暴力干涉婚姻自由罪、虐待罪,都是告诉才处理的犯罪。"也就是说,只要没有发生被害人重伤、死亡的后果,就必须由受害亲属亲自起诉,人民法院才能处理。此外,《刑法》还规定:"对以暴力干涉婚姻自由罪、侮辱罪、诽谤罪以及虐待罪案件,被害人因受强制、威吓而无法告诉的,除人民检察院可以代表国家进行干预外,被害人的近亲属也可以告诉。"

(四)亲属在诉讼法上的效力

1. 回避效力

《中华人民共和国民事诉讼法》(以下简称《民事诉讼法》)第 44 条规定:审判人员有下列情形之一的,当事人有权申请其回避:(1)接受本案当事人及其受托人宴请,或者参加由其支付费用的活动的;(2)索取、接受本案当事人及其受托人财物或者其他利益的;(3)违反规定会见本案当事人、诉讼代理人的;(4)为本案当事人推荐、介绍诉讼代理人,或者为律师、其他人员介绍代理本案的;(5)向本案当事人及其受托人借用款物的;(6)有其他不正当行为,可能影响公正审理的。此规定适用于书记员、翻译人员、鉴定人、勘验人。

《刑事诉讼法》第 29 条规定:"审判人员、检察人员、侦查人员有下列情形之一的,应当自行回避,当事人及其法定代理人也有权要求他们回避:(1)是本案的当事人或者是当事人的近亲属的;(2)本人或者他的近亲属和本案有利害关系的;(3)担任过本案的证人、鉴定人、辩护人、诉讼代理人的;(4)与本案当事人有其他关系,可能影响公正处理案件的。"

《中华人民共和国行政诉讼法》(以下简称《行政诉讼法》)第 55 条规定:"当事人认为审判人员与本案有利害关系或者有其他关系可能影响公正审判,有权申请审判人员回避。审判人员认为自己与本案有利害关系或者有其他关系,应当申请回避。前两款规定,适用于书记员、翻译人员、鉴定人、勘验人。"

2. 起诉效力

《行政诉讼法》第 25 条第 2 款规定:"有权提起诉讼的公民死亡,其近亲属可以提起诉讼。"

3. 上诉和申诉效力

对一审人民法院作出的判决、裁定,当事人的近亲属经当事人同意可以提起上诉;对已经发生法律效力的判决、裁定不服的,可以提起申诉。

4. 申请执行效力

民事案件、刑事附带民事案件的判决或裁定及调解协议中涉及财产内容的,义务人到期不履行义务,近亲属为法定监护人的可以申请强制执行。

(五) 亲属在国籍法上的效力

1. 亲属是取得国籍、入籍的依据

中国国籍的自然取得,依据一定的亲属关系。《中华人民共和国国籍法》(以下简称《国籍法》)第 4 条规定:"父母双方或一方为中国公民,本人出生在中国,具有中国国籍。"第 5 条规定:"父母双方或一方为中国公民,本人出生在外国,具有中国国籍;但父母双方或一方为中国公民并定居在外国,本人出生时即具有外国国籍的,不具有中国国籍。"第 6 条规定:"父母无国籍或国籍不明,定居在中国,本人出生在中国,具有中国国籍。"

与中国人有一定亲属关系的外国人,无国籍人加入中国国籍,依据一定的亲属关系。与中国人有一定亲属关系的外国人,无国籍人,可以申请加入中国国籍。《国籍法》第 7 条规定:"外国人或者无国籍人是中国人的近亲属,可以申请批准加入中国国籍。"

2. 亲属是退籍的依据

与外国人有一定亲属关系的中国人,可以申请退出中国国籍。

(六) 亲属在劳动法上的效力

1. 死亡津贴、抚恤金、补助费领受权

劳动者死亡后,其遗属依法享受遗属津贴。死者生前供养的直系血亲可享受领取一次性抚恤金或定期、不定期的生活困难补助费。

2. 探亲权

《国务院关于职工探亲待遇的规定》规定:"国家机关、人民团体和全民所有制企业、事业单位工作的职工在工作满一年可以享受探亲假待遇。"一是与配偶不住在一起,又不能在公休假日团聚的,可以享受探望配偶的待遇;二是与父亲、母亲都不住在一起,又不能在公休假日团聚的,可以享受探望父母的待遇。

🚩【引导案例解析】

江孜不享有继承权,其与被继承人刘某没有法律上的扶养关系。江孜与被继承人刘某的关系随着江某与刘某婚姻关系的消灭而消灭。

我国《民法典》对继子女的法定继承权设定了限制,即以是否与被继承人形成了扶养关系为判断标准,如继子女是否为被继承人提供了必要的经济上或其他物质上的帮助。本案中原告并未与被继承人共同生活,在被继承人有病期间也未尽到赡养义务。在平时也未尽到生活关照的义务,对被继承人给予原告的生活费及教育费,只是单方输出,不应算作是经济往来。

因为原告未与被继承人共同生活,也并未形成法律上的扶养关系。被继承人对原告的帮助只是出于其与原告之父的婚姻关系而尽的道德义务。

因此,江孜不享有对刘某的遗产的继承权。

📓【复习思考题】

一、简答题

1. 什么是亲属?亲属有哪些基本特征?
2. 什么是亲系?什么是亲等?按照罗马法亲等计算法,怎样计算直系血亲和旁系血亲的亲等?
3. 我国《民法典》是如何计算直系血亲和三代以内旁系血亲的?
4. 各类亲属关系发生和终止的原因是什么?
5. 亲属关系在婚姻家庭法上的法律效力主要有哪些?
6. 亲属关系在我国民法上的法律效力主要有哪些?

二、不定项选择题

1. 亲属是指人们基于(　　)或者(　　)而形成的社会关系。
   A. 婚姻　　　　　　B. 血缘　　　　　　C. 法律拟制　　　　D. 法院判决
2. 按照我国《民法典》采用的代数计算法,己身与堂兄弟姐妹是(　　)。
   A. 两代以内直系血亲　　　　　　B. 两代以内旁系血亲
   C. 三代以内直系血亲　　　　　　D. 三代以内旁系血亲

3. 引起婚姻终止的原因有(　　)。

A. 一方自然死亡　　　　　　　　　B. 一方宣告死亡

C. 双方离婚　　　　　　　　　　　D. 一方失踪

4. 按照寺院法亲等计算法,己身与侄女婿的亲等数为(　　)。

A. 一亲等的旁系血亲　　　　　　　B. 一亲等的旁系姻亲

C. 二亲等的旁系姻亲　　　　　　　D. 二亲等的直系血亲

5. 亲属在婚姻家庭法上的效力,包括(　　)。

A. 扶养效力　　　B. 继承效力　　　C. 共同财产效力　　　D. 禁婚效力

6. 亲属在《国籍法》上的效力,包括亲属是(　　)的依据。

A. 取得国籍　　　B. 入籍　　　C. 退籍　　　D. 出国探亲

三、案例分析题

试分析:按照我国代数计算法,己身和舅表兄弟姐妹之间的亲等数是多少?

第三章　结婚法律制度

【学习目标】

1. 掌握结婚的概念和特征,结婚的条件,无效婚姻的法定情形。
2. 了解结婚制度的沿革,理解结婚制度相关的规定。
3. 理解无效婚姻和可撤销婚姻的法律后果。

【引导案例】

原告韩某与被告易某于 2020 年在广东打工时相识,随后同居,因为被告没有到法定结婚年龄,原告韩某以自己的名字、被告易某以其姐易甲的名字登记结婚。原、被告"婚后"共同生活初期,双方感情尚好,后因性格不合,导致感情破裂而诉请"离婚"。

第一节　结婚概述

一、结婚的概念和特征

结婚,又称婚姻的成立或者婚姻的缔结,是指男女双方依照法律规定的条件和程序,确立夫妻关系的民事法律行为。

结婚行为具有以下三个方面的特征。

1. 结婚行为的主体必须是男女双方当事人

同性不能成立婚姻。两性的差别和性的本能是婚姻关系成立的自然条件,结婚行为只能发生在男女两性之间,这是婚姻关系的自然属性和社会属性所决定的,同时也是一夫一妻制度的要求。我国法律不承认同性婚姻。

2. 结婚行为是一种法律行为

结婚必须依照法律规定的结婚条件,并履行结婚登记手续,男女双方不按结婚条件和程序而自行结合的,不具有婚姻的法律后果。

3. 结婚行为的效力是确立夫妻关系

男女双方因结婚而建立了夫妻身份,互为配偶,相互承担法律规定的权利义务。未经法定程序,当事人一方或者双方不得任意解除夫妻关系。

二、结婚制度的沿革

(一)个体婚形成初期的结婚方式

结婚制度始于个体婚制,源于原始社会末期私有财产的出现,随着社会的演变而发展变化,经历了不同的发展阶段。

1. 掠夺婚

掠夺婚又称抢婚,它是指男子以暴力形式抢劫女子为妻的婚姻。掠夺婚是在对偶婚制向个体婚制转变的过程中产生的。抢婚是群婚向个体婚过渡阶段的产物。

我国古代有"女子往时举燎以送"的记载;《礼记·曾子问》中有:"嫁女之家,三夜不息烛……娶妇之家,三日不举乐"的记载。我国历史学家董家遵先生认为,"举燎以送"很像是掠夺婚的遗俗。男家在黄昏时分去掠夺女子,自然容易逃走藏匿,女家在天色苍茫里,势必举燎往追。"三夜不息烛",似是女家于后事的防备;"三日不举乐",似是男家藏匿行为。

现代社会有些民族还保留了抢婚习俗,但仅作为结婚成立的形式,不再具有暴力和违背女方意志的内容。

2. 有偿婚

有偿婚是以男方向女方家庭支付一定的代价为条件而成立的婚姻。依据男方支付的代价种类的不同,又可分为买卖婚、交换婚和劳役婚。

买卖婚是指因男方支付女方的身价而成立的婚姻。交换婚又称互易婚或换亲,它是指双方父母互换其女儿为儿媳,即以人易人。劳役婚是指男方为女方家庭提供劳役为条件而成立的婚姻。

(二)中国古代的聘娶婚

聘娶婚是指男方以向女方家交付聘礼或者聘财作为成婚条件,并依礼制程序嫁娶的婚姻形式。

我国的聘娶婚源于西周时期的"六礼",即婚姻成立的具体程序:纳采、问名、纳吉、纳征、请期、亲迎。其中,纳征是重要的一步,即收取彩礼,是"六礼"的核心所在,聘财的多少依据双方的身份和地位而定。

(三)欧洲中世纪的宗教婚

宗教婚是欧洲中世纪盛行的结婚方式,由基督教的寺院法规范人们的结婚行为。

当时的欧洲,基督教是国教,寺院法凌驾于世俗法之上调整婚姻家庭关系。宗教婚有一套严格的宗教仪式:结婚前须向当地教会申请,由神职人员主持婚礼,结婚当事人应在神职人员面前宣誓等。

当时的基督教认为婚姻是神作之合,结婚是一种宣誓圣礼,故教会法规定结婚须经公告程序并在神职人员面前举行宣誓仪式。法定婚龄为男 16 岁、女 14 岁。当事人双方合意是结婚成立的必备条件,重婚、相奸婚、近亲婚等是婚姻不能成立及无效的原因。随着欧洲中世纪的结束,宗教婚被法律婚所取代。

(四)近现代的合意婚

合意婚,又称共诺婚或者自由婚,它是指男女双方合意成立的婚姻。

合意婚是人类文明进步的成果。欧洲宗教改革的后果之一就是婚姻还俗运动,婚姻由宗教婚发展成民事婚。16 世纪荷兰最先规定了选择民事婚制度,允许当事人自由选择采用宗教婚还是法律婚,1787 年被法国效仿。此后不久,法国宪法正式宣布了用法律婚取代宗教婚。19 世纪英国和德国也相继肯定了法律婚的地位。

中国的自由婚。1950 年中国《婚姻法》就规定了婚姻自由原则,实行自由婚,要求结婚的男女双方必须完全自愿,法律保障结婚当事人的合法权益,禁止封建社会的包办婚姻和买卖婚姻。结婚形式方面,实行登记婚制度,保障当事人的自由合法的婚姻关系的建立,保障人们婚姻自由权利的实现。2020 年中国《民法典》继续坚持婚姻自由原则。

小贴士

大 家 名 言

黑格尔说:"婚姻实质上是伦理关系。婚姻是具有法的意义的伦理性的爱,这样就可以消除爱中一切稍忽即逝的、反复无常的和赤裸裸主观的因素。"

费孝通说:"婚姻是人为的仪式,用以结合男女为夫妇,在社会公认之下,约定以永久共处的方式来共同担负抚育子女的责任。"

【案例3-1】

甲男与乙女双方一致约定:9 月 1 日办理结婚登记,10 月 2 日举行隆重婚礼。如果双方未举行婚礼,婚姻则无效。

请问:甲男与乙女的约定是否有效?

【解析】

甲男与乙女的约定无效。《民法典》第 1049 条规定:"要求结婚的男女双方必须亲自到婚姻登记机关申请结婚登记。符合本法规定的,予以登记,发给结婚证。完成结婚登记,即确立夫妻关系。未办理结婚登记的,应当补办登记。"这一规定表明,结婚登记是我国法律规定的唯一具有法律效力的结婚形式。

第二节 结 婚 要 件

结婚要件,又称结婚的实质要件,包括结婚的必备条件和结婚的禁止条件。

一、结婚的必备条件

结婚的必备条件,又称结婚的积极要件,是指当事人结婚时必须具备的法定条件。根据婚姻法的规定,当事人结婚必须具备以下三个条件。

(一) 必须男女双方完全自愿

《民法典》第1046条规定:"结婚应当男女双方完全自愿,禁止任何一方对另一方加以强迫,禁止任何组织或者个人加以干涉。"这是婚姻自由原则在结婚制度中的具体体现,核心是在符合法律规定的条件下,当事人是否结婚,与谁结婚的决定权属于当事人本人。

男女双方完全自愿包括以下三层含义。

1. 男女双方完全自愿不附加任何条件

男女双方的结合应以爱情为基础,法律为这种婚姻的建立提供了保障。

2. 必须是双方完全自愿

男女双方完全自愿的具体要求是男女双方自愿而不是一方自愿;男女双方本人自愿而不是父母同意或者其他第三人同意;男女双方完全自愿而不是勉强同意。

3. 当事人必须具有结婚的行为能力和无婚姻障碍

从法理来说,结婚行为是法律行为,结婚当事人必须具有完全的民事行为能力,才能作出结婚的真实意思表示,才能对自己的行为负责。而且,结婚行为还有达到法定年龄的要求。所以,当事人必须具有结婚的行为能力,而且结婚的意思表示必须真实自愿。凡是未达法定婚龄的人、丧失行为能力的人以及有其他婚姻障碍的人所作的同意结婚的意思表示,均属无效。

(二) 必须达到法定婚龄

法定婚龄是指法律规定的最低结婚年龄,即结婚当事人在此年龄以上始得结婚,在此年龄以下不许结婚。《民法典》第1047条规定:"结婚年龄,男不得早于22周岁,女不得早于20周岁。"

婚姻关系的自然属性和社会属性要求结婚行为人必须达到一定的年龄,古今中外的法律对年龄均有明确的规定。因此,确定法定婚龄的因素有两方面:一是自然因素,即人的生理、心理发育情况和智力成熟情况。同时,还包括这一地区的气候、地理条件等影响。一般来说,女性在18岁左右,男性在20岁左右,身体发育基本成熟。二是社会因素,既当事人所在国的政治经济、历史传统、风俗习惯、文化和人口发展等,对结婚行为人的年龄要求均有所不同。

我国现行法定婚龄的确定,既反映了自然规律的要求,也符合现阶段我国的实际情况。现行法定婚龄是从我国国情出发所作的规定,符合人民群众、国家和社会的利益。

法定婚龄属于法律规定,是强制性的规范,是人们必须遵守的结婚的最低年龄界限。

(三) 必须符合一夫一妻制

一夫一妻制要求结婚的当事人必须属于单身无配偶身份。有配偶者只能在原婚姻关系终止后始得再婚,否则构成重婚。离婚的双方要求复婚,双方必须是单身的情况。

二、结婚的禁止条件

结婚的禁止条件,又称消极条件,或者婚姻的障碍,是指法律不允许结婚的情况。

禁止结婚的血亲关系。禁止结婚的血亲,简称禁婚亲,是指禁止结婚的亲属。禁止一定范围内的血亲结婚,其根据主要有两大方面原因:一是基于遗传学和优生学原理。根据遗传学,血缘太近的男女结婚容易将生理上和精神上的疾病或者缺陷遗传给子女,违反优生学原理。二是基于伦理观念的要求。

各国禁止结婚的血亲范围不同,往往与风俗习惯有关。从人类婚姻禁忌的历史发展来看,人类自身由最初的杂乱的两性关系发展到血缘婚、亚血缘婚、对偶婚,到一夫一妻制婚,其发展呈现为不断自我限制、禁止亲属通婚的过程。

《民法典》婚姻家庭编一方面尊重自然规律,同时尊重人们长期形成的伦理道德,禁止一定范围的近亲结婚,这也是婚姻家庭关系的自然属性和社会属性的必然要求。

《民法典》第 1048 条规定:"直系血亲或者三代以内的旁系血亲禁止结婚。"因此,禁止结婚的血亲范围分为两大类。

1. 直系血亲

直系血亲,即父母和子女之间,祖父母、外祖父母和孙子女、外孙子女之间,曾祖父母、曾外祖父母和曾孙子女、曾外孙子女之间禁止结婚。《民法典》规定,养父母和养子女、继父母与受其抚养教育的继子女之间的权利和义务,适用法律关于父母子女关系的有关规定。因此,法律拟制的直系血亲之间也不得结婚。

2. 三代以内旁系血亲

三代以内旁系血亲的范围包括。

(1)兄弟姐妹之间,含同胞兄弟姐妹和同父异母和同母异父的兄弟姐妹,他们是同源于父母的同辈分旁系血亲。

(2)堂兄弟姐妹和表兄弟姐妹之间,他们是同源于祖父母或者外祖父母的同辈分旁系血亲。

(3)叔伯与侄女之间,姑姑与侄子之间,舅舅与外甥女之间,姨与外甥之间,他们是同源于祖父母或者外祖父母的不同辈分的旁系血亲。

拟制的旁系血亲之间,只要不存在三代以内的旁系血亲,无论辈分相同或者不同的,均不在禁止结婚的范围之内。

《婚姻登记条例》第 6 条第(4)项规定:"属于直系血亲或者三代以内旁系血亲的,婚姻登记机关不予结婚登记。"

【案例3-2】

山东烟台市福山区 34 岁的李女士,5 年前丈夫遭遇车祸身亡,带着 3 岁的女儿生活。之后 5 年的时间里,她与烟台市 B 区张大力产生了感情,于是回家和娘家人商量,希望可以再婚,结果遭到了责骂和阻止,左邻右舍也议论纷纷。

请问:丧偶妇女再婚,《民法典》允许吗?

【解析】

丧偶妇女再婚应当受到《民法典》保护。《民法典》第 1041 条规定,婚姻家庭受国家保护。实行婚姻自由、一夫一妻、男女平等的婚姻制度。第 1046 条规定,……结婚应当男女双方完全自愿……禁止任何组织或者个人加以干涉。李女士和张大力只要符合《民法典》婚姻家庭编规定的结婚条件,就可以结婚,不受任何组织或者个人的干涉。

三、民族自治地方变通规定

我国是一个统一的多民族国家,全国共有 56 个民族。长期以来,由于各个民族的经济、文化发展水平不同;生产条件、自然环境、生活方式、传统文化、宗教和风俗习惯各有差异,因此在婚姻家庭领域里也存在着不同的特点。

根据我国宪法、法律的有关规定和国家的民族政策,各民族一律平等,国家发展和维护各民族平等、团结、互助的民族关系,尊重少数民族传统的宗教、道德和生活方式,其中当然也包括婚姻家庭方面的传统习惯。《民法典》的规定,正是党和国家的民族政策在婚姻法上的具体体现,也是宪法原则在民法上的具体化。

1. 关于法定婚龄

我国少数民族男女一般在十七八岁时就结婚,特别是南部沿海和西南边疆的少数民族,结婚更早。《民法典》规定的法定婚龄,在这些少数民族地区若不适当降低是难以执行的。因此,许多自治地方将《民法典》规定的最低结婚年龄分别降低了两岁,即男不得早于 20 周岁,女不得早于 18 周岁。如新疆维吾尔自治区规定,结婚年龄,男不得早于 20 周岁,女不得早于 18 周岁。西藏、宁夏、内蒙古自治区以及一些州、县级自治地方都有类似变通规定。

2. 关于近亲结婚

少数民族大多聚居在边疆、山区,人口稀少,交通不便,通婚范围比较狭小。不少民族实行民族内婚制,近亲结婚较多,表兄弟姐妹结婚更是许多民族的习惯。对于禁止三代以内旁系血亲结婚问题,有的民族自治地方作了变通规定。如内蒙古自治区规定,大力提倡三代以内的旁系血亲不结婚。宁夏回族自治区规定,关于禁止三代以内的旁系血亲结婚的规定,回族推迟到 1983 年 1 月 1 日起执行。

3. 关于禁止宗教干涉婚姻家庭

许多民族都信仰宗教。宪法规定我国公民有宗教信仰自由,国家保护正常的宗教活动,但不得利用宗教力量对婚姻家庭进行非法干涉。因此,一些民族自治地方规定禁止宗教干涉婚姻家庭,如新疆、西藏等地即有相关规定。

4. 关于少数民族的婚嫁仪式

少数民族的婚嫁仪式各具特色,丰富多彩,反映了各民族文化和历史的发展。如傣族男女结婚要请寨中有威望的老人祝福,并在新郎、新娘手上拴线,以示吉祥;有的民族男女双方自愿举行"抢婚";等等。这些传统的仪式,大多数并不违背《民法典》婚姻家庭编的基本原则,应当予以尊重和保护。如西藏自治区规定,对各少数民族传统的婚嫁仪式,在不妨碍婚姻自由的前提下,应予尊重。

5. 关于婚姻家庭习俗的改革

这些改革涉及婚姻家庭的许多方面,由于各民族自治地方的情况不同,许多规定各有其针对性。有些少数民族群众结婚不办理登记,离婚不经法定程序,致使婚姻的成立和解除得不到法律的保护,当事人特别是女方的权益得不到有效的保障。因此,许多民族自治地方都强调结婚、离婚必须办理法律手续。如新疆维吾尔自治区规定,禁止一方用口头或文字通知对方的方法离婚。

除上述内容之外,对于不同民族之间的通婚问题,《民法典》并无限制性规定。一些自治地方对此作了补充,明确规定不同民族之间可以通婚。如宁夏回族自治区规定,回族同其他民族的男女自愿结婚,任何人不得干涉。有些民族自治地方的规定还涉及保护丧夫女性的婚姻自由、非婚生子女的保护以及子女的姓氏等内容。

必须指出的是,民族自治地方制定的变通规定,只是对《民法典》的局部变通或补充,这些规定与《民法典》同时施行。对未作变通规定的,仍应按照《民法典》执行,以维护国家法律的统一和尊严。

第三节 结 婚 程 序

一、结婚程序的概念和类型

(一) 结婚程序的概念

结婚的程序,又称结婚的形式要件,它是指法律规定的结婚必须采取的方式。

符合结婚实质要件的当事人,只有履行法定的结婚程序,其婚姻关系才被国家和社会承认,并产生法律效力。

《民法典》第 1049 条规定:"要求结婚的男女双方应当亲自到婚姻登记机关申请结婚登记。符合本法规定的,予以登记,发给结婚证。完成结婚登记,即确立婚姻关系。未办理结婚登记的,应当补办登记。"这一规定表明,结婚登记是我国法律规定的唯一有法律效力的结婚形式,结婚除必须符合法定的条件以外,还必须办理结婚登记,履行法定的程序。

结婚程序是婚姻成立的必经步骤,是婚姻获得法律承认的法定方式。只有履行了结婚登记,才能成立合法的夫妻关系,除此之外,以任何方式"结婚"都是法律所不认可的。

(二) 结婚程序的类型

从世界各国的有关结婚程序的立法例来看,结婚的程序主要有登记制、仪式制、登记与仪式结合制。

1. 登记制

登记制是指以依法进行结婚登记为婚姻成立的唯一形式要件。在这种制度下,婚姻当事人必须接受法定机关的审查,履行登记程序,而不必举行仪式。登记制是随着近代法律的发展,日益为许多国家所肯定的结婚制度。如德国、日本和墨西哥等国均实行结婚登记制。我国则长期实行登记制。

2. 仪式制

仪式制是指以举行结婚仪式为婚姻成立的形式要件。仪式制有三种:宗教仪式、世俗仪式和法律仪式。仪式制是一种古老的结婚制度,产生于个体婚制出现之初,在历史上长期沿袭下来。

宗教仪式是根据宗教教义的要求,在神职人员的主持下举行的结婚仪式,如西班牙、希腊等国。

世俗仪式是按照民间习俗,在主婚人和证婚人的主持下举行的结婚仪式,反映了民族和地域的文化传统。法律仪式是依据法律规定,在政府官员的主持、参与下举行结婚仪式,如瑞士。有些国家采取法律仪式与宗教仪式双轨制,当事人可任选其一,二者均有法律效力,如英国、丹麦等国。

3. 登记与仪式结合制

登记与仪式结合制是既要求办理结婚登记程序,又要求举行法定的结婚仪式,两个程序完成后,婚姻成立。这种结婚制度使得结婚程序既严格又庄重,既能实现国家监督,又能满足当事人结婚仪式隆重热烈的愿望。采用登记与仪式结合制的有法国和罗马尼亚等国。

🦋 **小贴士**

大 家 名 言

费孝通说:"在西洋,婚姻仪式须在教堂里由牧师来主持,把婚姻视作一种向上帝负责的契约。在我们自己,一方有月下老人的暗中牵线,一方有祖宗的监视,一方还有天地鬼神来作证,这样把确立个人关系的婚姻弄成了一件热热闹闹的社会举动,更把这和生物基础十分接近的俗事,转变成了好像和天国相通的神迹。为了这双系抚育,我们不能不敬服人类在文化上所花费的一番苦心了。"

二、我国的结婚登记制度

(一) 结婚登记的目的

国家为了规范婚姻登记工作,保障婚姻自由、一夫一妻、男女平等的婚姻制度的实施,保护婚姻当事人的合法权益,制定《婚姻登记条例》。据此规定,结婚登记的目的就是规范管理婚姻登记工作,保障我国婚姻制度的实施,保护婚姻当事人的合法权益。

(二) 结婚登记的机关和程序

《婚姻登记条例》第 2 条第 1 款规定:"内地居民办理婚姻登记的机关是县级人民政府民政部门或者乡(镇)人民政府,省、自治区、直辖市人民政府可以按照便民原则确定农村居民办理婚姻登记的具体机关。"关于涉外婚姻的登记机关,《婚姻登记条例》第 2 条第 2 款规定:"中国公民同外国人,内地居民同香港特别行政区居民(以下简称香港居民)、澳门特别行政区居民(以下简称澳门居民)、台湾地区居民(以下简称台湾居民)、华侨办理婚姻登记的机关是省、自治区、直辖市人民政府民政部门或者省、自治区、直辖市人民政府民政部门确定的机关。"

根据《婚姻登记条例》的规定,办理结婚登记的机关是县级人民政府民政部门或者乡(镇)人民政府。涉外婚姻办理结婚登记的机关是省、自治区、直辖市人民政府民政部门或者省、自治区、直辖市人民政府民政部门确定的机关。

婚姻登记管理机关管辖的范围,原则上与户籍管辖范围相适应。结婚当事人的户口在同一地区的,到共同的户口所在地婚姻登记机关办理结婚登记。结婚当事人的户口不在同一地区的,可以到任何一方户口所在地的婚姻登记机关办理结婚登记。由于结婚登记是建立当事人身份关系的行为,所以要求结婚的男女双方必须亲自到婚姻登记机关办理结婚登记。

(三) 结婚登记的程序

结婚登记的全部程序,可以分为申请、审查和登记三个具体环节。

1. 申请

自愿结婚的男女,必须亲自到婚姻登记机关申请结婚登记。

(1)办理结婚登记的内地居民应当出具下列证件和证明材料:

①本人的户口簿、身份证;

②本人无配偶以及与对方当事人没有直系血亲和三代以内旁系血亲关系的签字声明。

(2)办理结婚登记的香港居民或澳门居民应当出具下列证件和证明材料:

①港澳居民来往内地通行证或者港澳同胞回乡证;

②香港或澳门居民身份证;

③经居住地公证机构公证的本人无配偶以及与对方当事人没有直系血亲和三代以内旁系血亲关系的声明。

(3)台湾居民办理结婚登记应当提交:

①台湾居民来往大陆通行证或者其他有效旅行证件;

②本人在台湾地区居住的有效身份证;

③经台湾公证机构公证的本人无配偶以及与对方当事人没有直系血亲和三代以内旁系血亲关系的声明。

办理结婚登记的外国人应当出具证件和证明材料(详见本书第十二章)。

2. 审查

婚姻登记机关依法对当事人的结婚申请进行审核查实。婚姻登记机关一方面审查结婚登记当事人双方是否符合法定的结婚条件,另一方面对结婚登记当事人出具的证件、证明材料进行审查并询问相关情况。

3. 登记

婚姻登记机关对当事人的结婚申请进行审查后,符合结婚条件的,应当当场予以登记,发给结婚证。对离过婚的,应当注销其离婚证。当事人从取得结婚证起,确立夫妻关系。

婚姻登记机关在审查中,如果发现申请结婚登记的当事人有下列情形之一的,不予登记。

(1)未到法定结婚年龄的。

(2)非双方自愿的。

(3)一方或者双方已有配偶的。

(4)属于直系血亲或者三代以内旁系血亲的。

婚姻登记机关对当事人不符合结婚条件不予登记的,应当向当事人说明不予登记的理由。

《民法典婚姻家庭编解释(一)》明确规定,男女双方依据《民法典》第1049条规定补办结婚登记的,婚姻关系的效力从双方均符合《民法典》所规定的结婚的实质要件时起算。

(四) 办理婚姻登记的几种情况

1. 出具有效临时身份证也可办理婚姻登记

办理婚姻登记时,当事人无法提交居民身份证的,婚姻登记机关可根据当事人出具的有效临时身份证办理婚姻登记。内地居民办理结婚登记,必须提交本人身份证,但有些当事人由于种种原因只能提交临时身份证件,现役军人也不能提交身份证。

根据《临时居民身份证管理办法》第 3 条规定:"临时居民身份证具有证明公民身份的法律效力。"因此,当申请结婚、离婚登记的当事人只能提交临时身份证时,登记机关也应为其办理婚姻登记。

2. 办理现役军人婚姻登记

办理现役军人婚姻登记的机关,可以是现役军人部队驻地所在地或者户口注销前常住户口所在地的婚姻登记机关,也可以是非现役军人一方常住户口所在地的婚姻登记机关。根据《关于军队人员婚姻管理有关问题的通知》规定,需要提供以下证明材料:所在单位团以上政治机关出具的《军人婚姻登记证明》;《军官证》或《文职干部证》《学员证》《士兵证》《离休证》《退休证》等军人身份证件;居民身份证。

3. 服刑人员的婚姻登记

服刑人员婚姻登记应亲自到婚姻登记机关提出申请并出具有效的身份证件。《关于贯彻执行〈婚姻登记条例〉若干问题的意见》规定:"服刑人员申请办理婚姻登记,应当亲自到婚姻登记机关提出申请并出具有效的身份证件;服刑人员无法出具身份证件的,可由监狱管理部门出具有关证明材料。"

(五) 复婚登记

离婚的男女双方自愿恢复夫妻关系的,应当到婚姻登记机关办理复婚登记。《民法典》第 1083 条规定:"离婚后,男女双方自愿恢复婚姻关系的,应当到婚姻登记机关重新进行结婚登记。"

(六) 结婚证书

结婚证书是指婚姻登记机关签发的证明婚姻关系有效成立的法律文书。结婚证正本一式两份,男女双方各持一份,其式样由民政部统一制定,由省、自治区、直辖市人民政府统一印制,由县、市辖区或者不设区的市人民政府加盖印章,结婚证书必须贴男女双方照片,并加盖婚姻登记专用钢印。

若结婚证丢失,可以到民政局申请补办。结婚证遗失或者损毁的,当事人可以持户口簿、身份证向原办理婚姻登记的机关或者一方当事人常住户口所在地的婚姻登记机关申请补领。婚姻登记机关对当事人的婚姻登记档案进行查证,确认属实的,应当为当事人补发结婚证。

🗨 【案例3—3】

小王和男友相恋多年,2022 年 3 月准备结婚,结婚登记前,男友告知小王,自己得了乙肝。

请问:婚姻登记机关会给他们办理结婚登记吗?

【解析】

关于禁止结婚的条件,《民法典》第 1048 条规定:"直系血亲或者三代以内的旁系血亲禁止结婚。"没有关于禁止结婚的疾病条件限制,本案小王和男友是可以结婚的,婚姻登记机关应当予以登记。但是患有此类重大疾病的一方应当在婚前如实告知另一方。根据《民法典》第1053条规定:"一方患有重大疾病的,应当在结婚登记前如实告知另一方;不如实告知的,另一方可以向人民法院请求撤销婚姻。"如果双方结婚了,为了未来子女和对方的健康考虑,患病一方应当积极进行治疗。

第四节　无效婚姻与可撤销婚姻

一、无效婚姻

(一)无效婚姻的概念

无效婚姻是违反婚姻成立要件的违法婚姻。无效婚姻是指由于欠缺婚姻成立的有效要件,因而不具有婚姻的法律效力。

无效婚姻制度是结婚制度的重要组成部分,对于保障结婚条件和结婚程序的执行,保护合法婚姻,预防和制裁违法婚姻具有重要意义。

无效婚姻制度的起源。从历史上来看,因欠缺婚姻成立要件的结合而导致婚姻无效的规定,自古就有。例如,古巴比伦王国的《汉穆拉比法典》规定,倘自由民娶妻而未订契约,则此妇非其妻,即指事先未订婚约的结合,视为无效婚姻。对违反结婚的必备条件和婚姻禁例的,罗马市民法不认其为正式婚姻。依照传统的亲属法学比较公认的见解,婚姻无效制度始于欧洲中世纪寺院法全盛的时代。由于基督教本诸教义奉行禁止离婚主义,对于无法共同生活的男女双方,只能基于一定理由,经教会宣告其婚姻无效。

🏵 小贴士

我国古代的礼和法否定违法结合的婚姻效力

礼制方面有"六礼皆备谓之聘,六礼不备谓之奔"。法律对违反封建礼法结合的婚姻不仅否定其效力,而且还给予刑罚处罚,如《唐律·户婚》对为婚女家妄冒、有妻更娶、居父母丧嫁娶、同姓为婚等既否定其效力,又对当事人规定了刑事责任。

(二)国外无效婚姻的事由

无效婚姻的事由是与结婚有效要件相对应的,违反结婚的有效要件即为无效婚姻的依据。

根据国外婚姻家庭法的规定,无效婚姻可分为违反结婚成立的形式要件和实质要件两大类。违反结婚的形式要件的无效婚姻是指行为人没有依据结婚的法定程序而建立婚姻关系,如未登记婚。

违反结婚的实质要件是指违反结婚成立的必备条件或具备结婚的禁止条件,国外主要有以下几种规定。

(1)欠缺结婚的意思表示。意思表示不真实,即非自愿婚姻,如包办买卖婚姻、欺诈胁迫婚姻等均属此类。这类婚姻的建立,缺乏当事人的真实自愿的意思表示,属于无效婚姻。

(2)重婚。重婚违反了一夫一妻制,大多数国家都将其作为无效婚姻的事由。

(3)近亲结婚,违反了禁止近亲结婚的法律规定,应属无效婚姻。对于直系血亲间的禁止结婚,是古今中外各国的立法通例。对旁系血亲、姻亲和收养关系之间禁婚的规定,各国立法有所差异。德国、日本和法国等国规定,因收养形成的拟制直系血亲之间禁止结婚。

(4)早婚,即未达法定婚龄的结婚。当今各国有关结婚的立法对法定婚龄都做了明确规定,未达法定婚龄不得结婚。未达法定婚龄而缔结的婚姻属无效婚姻。但是,由于这种情形下无效的原因仅在于时间因素,如果经过一段时间,当事人的年龄已达到法定婚龄,即此类无效婚姻可以转化为有效婚姻,有的国家的法律不确认为无效婚姻,如德国民法。

(5)无性行为能力,是指因生理缺陷、无性能力、不能人道者结婚的婚姻无效。有的国家要求:不能人道而不能治的,以在结婚时必须为他方不知道为条件,例如丹麦、瑞典、挪威和意大利。不以此为条件的国家和地区有西班牙、英国及美国部分州。

(6)疾病婚,违反了禁止某些疾病患者结婚的法律规定,这类婚姻应属无效。一些国家还将一方患有不治之症、传染病、遗传病对后代造成威胁的,视为无效婚姻。

违反结婚成立的形式要件的无效婚姻,一般是指违反了结婚程序要件的婚姻,如未登记婚、未依法举行仪式婚等,此类婚姻因违反了法律关于结婚程序的强制性规定而无效。

 小贴士

国外法律关于婚姻无效的规定

英国 1949 年《婚姻法》规定:"一方头脑不清醒、酗酒、欺诈、威胁而结婚的,其婚姻无效。"《美国统一结婚离婚法》规定:"一方由于无智力能力或智力不健全,或由于酒精、毒品及其他能致人麻醉的物质的作用而没有能力表示同意,或一方是在暴力胁迫下,或是在有关婚姻的重大问题上受到欺骗的情况下而缔结的婚姻为无效。"瑞士民法典、德国民法典等也有类似的规定。

(三) 我国婚姻无效的情形

根据我国《民法典》第 1051 条的规定,有下列情形之一的,婚姻无效。

1. 重婚

重婚是指有配偶的人又与他人登记结婚的违法行为。其中,有配偶的人又与他人登记结婚,构成法律上的重婚。虽未结婚登记,但又与他人以夫妻名义同居生活的,构成事实上的重婚。无论是法律上的重婚,还是事实上的重婚,均属无效。

2. 有禁止结婚的亲属关系

禁止结婚的亲属是指直系血亲和三代以内的旁系血亲。三代以内的旁系血亲是指出自同一祖父母和外祖父母的直系血亲之外的血亲,无论辈分是否相同,都禁止结婚。三代以内的旁系血亲结婚主要是表兄弟姐妹结婚。

关于拟制直系血亲关系消灭后,直系血亲间是否可以结婚的问题,我国法律没有规定。在理论上,拟制血亲关系解除后,他们之间已经不具有法律上的血亲关系,应不在禁止结婚之列,他们之间的婚姻应当是合法有效婚姻。

3. 未到法定婚龄

未达到法定婚龄的是指结婚时未达到法律规定的最低结婚年龄。《民法典》对结婚年龄作出了明确的要求。

(四) 无效婚姻的请求权主体

根据《民法典婚姻家庭编解释(一)》第 9 条规定,有权依据《民法典》第 1051 条规定向人民法院就已办理结婚登记的婚姻请求确认婚姻无效的主体,包括婚姻当事人及利害关系人。其中,利害关系人包括:

(1)以重婚为由的,为当事人的近亲属及基层组织;

(2)以未到法定婚龄为由的,为未到法定婚龄者的近亲属;

(3)以有禁止结婚的亲属关系为由的,为当事人的近亲属。

(五) 无效婚姻的宣告机关

在我国,宣告婚姻无效的机关只能是人民法院。人民法院受理请求确认婚姻无效案件后,原告申请撤诉的,不予准许。对婚姻效力的审理不适用调解,应当依法作出判决。涉及财产分割和子女抚养的,可以调解。调解达成协议的,另行制作调解书;未达成调解协议的,应当一并作出判决。

人民法院受理离婚案件后,经审理确属无效婚姻的,应当将婚姻无效的情形告知当事人,并依法作出确认婚姻无效的判决。

人民法院就同一婚姻关系分别受理了离婚和请求确认婚姻无效案件的,对于离婚案件的审理,应当待请求确认婚姻无效案件作出判决后进行。

当事人以《民法典》第 1051 条规定的三种无效婚姻以外的情形请求确认婚姻无效的,人民法院应当判决驳回当事人的诉讼请求。

(六) 婚姻无效请求权的行使时限

为了保障请求宣告婚姻无效的权利的正常行使,保护婚姻关系的稳定,国家在规定无效婚姻的请求权人的同时,还对无效婚姻的请求权作了时间方面的限制性规定。

(1)申请人申请时,法定的无效婚姻情形已消失。根据《民法典婚姻家庭编解释(一)》第 10 条的规定,当事人依据《民法典》第 1051 条规定向人民法院请求确认婚姻无效,法定的无效婚姻情形在提起诉讼时已经消失的,人民法院不予支持。

(2)根据《民法典婚姻家庭编解释(一)》第 14 条的规定,夫妻一方或者双方死亡后,生存一方或者利害关系人依据民法典第 1051 条的规定请求确认婚姻无效的,人民法院应当受理。

利害关系人依据《民法典》第 1051 条的规定,请求人民法院确认婚姻无效的,利害关系人为原告,婚姻关系当事人双方为被告。夫妻一方死亡的,生存一方为被告。

二、可撤销婚姻

外国法中,根据违法情况不同,婚姻分为无效婚姻和可撤销婚姻两种。可撤销婚姻指违反结婚某些法定要件的婚姻,其婚姻关系自撤销之日起无效。婚姻被撤销无溯及既往的效力,在被撤销之前仍具有法律效力。我国《民法典》亦将无效婚姻分为婚姻无效和婚姻撤销两大类,但是可撤销婚姻在其被撤销效力方面与国外不同,溯及既往。

(一)可撤销婚姻的概念和原因

可撤销婚姻是指违背当事人真实意思而成立的婚姻,分为两种情形。

1. 受胁迫的婚姻

根据《民法典婚姻家庭编解释(一)》第 18 条的规定,"胁迫",是指行为人以给另一方当事人或者其近亲属的生命、身体、健康、名誉、财产等方面造成损害为要挟,迫使另一方当事人违背真实意愿结婚的情况。

2. 一方患有重大疾病不如实告知的婚姻

《民法典》第 1053 条规定:"一方患有重大疾病的,应当在结婚登记前如实告知另一方;不如实告知的,另一方可以向人民法院请求撤销婚姻。"

(二)可撤销婚姻的请求权主体和宣告机关

请求撤销婚姻的主体,只能是婚姻关系当事人本人。《民法典》第 1052 条第 1 款规定:"因胁迫结婚的,受胁迫的一方可以向人民法院请求撤销婚姻。"根据民政部《关于贯彻落实〈中华人民共和国民法典〉中有关婚姻登记规定的通知》(民发〔2020〕116 号)的规定,婚姻登记机关不再受理因胁迫结婚请求撤销业务。依据《民法典》,婚姻登记机关不再受理因胁迫结婚的撤销婚姻申请。

《民法典》第 1053 条第 1 款明确了,一方患有重大疾病的,应当在结婚登记前如实告知另一方;不如实告知的,另一方可以向人民法院请求撤销婚姻。

人民法院审理婚姻当事人请求撤销婚姻的案件,应当适用简易程序或者普通程序。

(三)可撤销婚姻的请求权行使时限

《民法典》规定了除斥期间,撤销婚姻请求行使期限与无效婚姻相同。《民法典》规定,受胁迫的一方撤销婚姻的请求,应当自胁迫行为终止之日起一年内提出。被非法限制人身自由的当事人请求撤销婚姻的,应当自恢复人身自由之日起一年内提出。

一方患有重大疾病不如实告知的婚姻,"请求撤销婚姻的,应当自知道或者应当知道撤销事由之日起一年内提出"。

三、无效婚姻和可撤销婚姻的法律后果

根据《民法典》婚姻家庭编及相关司法解释的规定,我国采用的是有追溯力的法律制度,宣告婚姻无效或者撤销将导致以下法律后果。《民法典》第 1054 条规定:"无效的或者被撤销的婚姻自始没有法律约束力,当事人不具有夫妻的权利和义务……"自始没有法律约束力,是指无效婚姻或者可撤销婚姻在依法被确认无效或者被撤销时,才确定该婚姻自始不受法律保护。

(一)人身关系

无效婚姻因违反法律强制性规定,可撤销婚姻因当事人欠缺婚姻的合意,均视为婚姻未成立。《民法典》婚姻家庭编对无效婚姻和可撤销婚姻均采取了溯及既往的立法原则,凡是婚姻在依法被宣告无效或者被撤销时,即确定该婚姻从开始就不受法律保护,即自始无效。

(二)财产关系

婚姻被确认无效或者被撤销,当事人自始不具有夫妻的权利和义务。《民法典》第 1054 条明确规定,同居期间所得的财产,由当事人协议处理;协议不成的,由人民法院根据照顾无过错方的原则判决。对重婚导致的无效婚姻的财产处理,不得侵害合法婚姻当事人的财产权益。被确认无效或者被撤销的婚姻,当事人同居期间所得的财产,除有证据证明为当事人一方所有的以外,按共同共有处理。

(三)子女方面

婚姻被宣告无效或者被撤销后,当事人所生的子女作为非婚生子女,仍享有婚姻法规定的关于子女的各项权利。当事人双方均有保护教育子女,承担子女的生活费和教育费的义务。一方抚养子女的,另一方享有探望权。《民法典》第 1054 条明确规定:"当事人所生的子女,适用本法关于父母子女的规定。"

《民法典》第 1054 条第 2 款规定:"婚姻无效或者被撤销的,无过错方有权请求损害赔偿。"

小贴士

国外无效婚姻的后果

国外无效婚姻的后果主要有三种:

(1)有追溯力的无效婚姻,婚姻自始无效,当事人间不产生夫妻身份,所生的子女为

非婚生子女。

(2)有部分追溯力的无效婚姻。无效婚姻当事人善意的,产生合法婚姻的效力;当事人一方或者双方恶意的,不产生合法婚姻的效力。

(3)无追溯力的无效婚姻。自法院宣告无效之日起才发生婚姻无效的效力,在此之前,发生婚姻效力。

四、无效婚姻与可撤销婚姻的异同

(一) 无效婚姻与可撤销婚姻的共同点

(1)婚姻在依法被宣告无效或者被撤销时,确认该婚姻自始不受法律保护,即自结婚登记之日起婚姻无效,而且双方当事人不具有夫妻的权利和义务。

(2)同居期间所得的财产,由当事人协议处理,协商不成时,由人民法院根据照顾无过错方的原则依法判决。因重婚导致的婚姻无效的财产处理,不得侵害合法婚姻当事人的财产权益。

(3)当事人所生的子女,适用婚姻家庭法有关父母子女的权利义务的规定。

(4)人民法院审理无效婚姻与可撤销婚姻案件均不适用调解,应当依法判决,判决一经作出即发生法律效力,当事人均不能再就婚姻效力问题提出上诉。

(5)宣告机关相同。《民法典》明确规定了,宣告婚姻无效或者婚姻可撤销的机关只能是人民法院。

(二) 无效婚姻与可撤销婚姻的区别

1. 结婚时欠缺的结婚条件不同

无效婚姻是指当事人欠缺结婚的某些必备条件或者具有结婚的禁止性条件。

如受胁迫的可撤销婚姻中,婚姻当事人所欠缺的是"结婚必须男女双方完全自愿"这一必备条件。

2. 法律后果不同

宣告婚姻无效,在诉讼时符合宣告无效的几种情形即可宣告,通常没有时间的限制。例如,重婚、有禁止结婚的亲属关系等。但是,在司法实践中存在着例外情形:因未到法定婚龄而结婚,申请宣告无效时双方年龄均已在法定婚龄之内。

宣告撤销婚姻有时间限制,即撤销权的除斥期间为一年。

3. 请求主体不同

有权请求婚姻无效的主体是婚姻当事人、近亲属或者基层组织。

有权请求撤销婚姻的主体是婚姻关系当事人本人。如受胁迫一方婚姻当事人;一方患有重大疾病的,登记前不如实告知的对方当事人。

这是因为两者损害的利益不同,无效婚姻违反的是社会公德,损害国家和社会的公共利益。可撤销婚姻违反的是当事人个人的意愿,损害的是私人利益,国家、社会组织或者其他公民不宜干涉,只有当事人本人可以提起。

【案例 3-4】

2020 年 6 月,甲男与乙女经人介绍相识恋爱,2021 年 6 月 20 日登记结婚。2021 年 8 月乙女发病,送往医院治疗,乙女在结婚登记前并未告知甲男本人的患病情况,甲男刚刚得知乙女是精神病患者,而且患病多年。2022 年 3 月,甲男起诉到人民法院,请求解除婚姻关系。

请问:法院采用判决方式结案,是判决其离婚还是判决宣告婚姻无效或撤销?二人婚姻从何时起没有法律约束力?

【解析】

本案属于可撤销婚姻中的第二种情形。乙女婚前向甲男隐瞒其患有重大疾病的事实,登记前不如实告知,人民法院采用判决方式结案,应判决宣告甲男与乙女的婚姻为可撤销婚姻。二人"婚姻"自 2021 年 6 月 20 日起没有法律约束力。

第五节   与结婚制度相关的规定

一、婚约

(一)婚约的概念

婚约是男女双方以将来结婚为目的所作的事先约定。成立婚约的行为称订婚或者定婚,婚约当事人称未婚夫妻。

(二)婚约的发展史

婚约在历史上大致经历了两大发展阶段。

1. 早期型婚约

在奴隶社会和封建社会,婚约是结婚的必经程序,具有法律约束力。婚姻大多为父母、尊长包办,当事人无任何自由意志。婚约订立不得反悔,无故悔约要受到法律制裁。如中国古代的"六礼",十分重视订婚程序,订婚是结婚的必备条件。由于早期型的婚约往往是父母等其他家长包办订立的,所以,违约责任亦由父母等其他家长承担。

唐律规定:"订婚后,男方反悔者不得索回聘财,女方反悔者须追究主婚人的刑事责任。"罗马法规定:"订婚后男女在一定时期内有履行结婚的义务。"欧洲中世纪寺院法对违反婚约者给予宗教上的处罚。

2. 晚期型婚约

近现代的婚约与早期型婚约不同。首先,订立婚约已不是结婚的必经程序,是否订立婚约,由当事人自由抉择。有的国家对婚约采取不干涉主义,法律不规定婚约条款,如法国、日本、美国、俄罗斯等。有的国家虽规定婚约,但不将其视为结婚的必经程序,如墨西哥、秘鲁等国。其次,婚约的订立仅取决于当事人本人的自愿,家长等无权包办代理。婚约无约束力,当事人双方或者一方,可随时解除,但对解除引起的财产纠纷,法律予以规定处理。

关于双方的赠与物,法国、瑞士、日本等国的法律和判例认为得依不当得利原则而请求返还。关于因解除婚约而造成的实际财产损失,法律多规定过错方有赔偿责任。关于因一方过错而解约造成他方的"精神损害",墨西哥、秘鲁、瑞士等国,在法律上赋予受害的无过错方请求赔偿的权利。

(三) 我国对婚约的态度和处理原则

1. 订婚不是婚姻成立的必经程序

对于订婚,法律既不提倡,也不禁止。我国 1950 年《婚姻法》、1980 年《婚姻法》和《民法典》婚姻家庭编都没有关于婚约的规定。

2. 婚约没有法律约束力

法律对婚约不予保护,不强制履行。

3. 对因解除婚约引起的财产纠纷,区别情况,妥善解决

对属于包办、买卖婚姻性质的订婚所收受的财物,应依法没收或者酌情返还。对以订婚为名诈骗钱财的,原则上应当返还受害人。对以结婚为目的赠送价值较高的财物,例如彩礼,应酌情返还。《民法典婚姻家庭编解释(一)》第 5 条规定:当事人请求返还按照习俗给付的彩礼的,如果查明属于以下情形,人民法院应当予以支持:

(1)双方未办理结婚登记手续;

(2)双方办理结婚登记手续但确未共同生活;

(3)婚前给付并导致给付人生活困难。

适用第(2)(3)项的规定,应当以双方离婚为条件。

彩礼的给付一般是基于当地的风俗习惯,与一般意义上的无条件的赠与行为不同。在有些农村地区,老百姓操劳多年,倾其所有给付彩礼,是迫于地方习惯做法,为了最终缔结婚姻关系,不得已而为之,具有很强的目的性、现实性、无奈性。如果双方最终没有结婚,或者结婚后未同居即离婚,且给出资方造成生活困难,彩礼应当酌情退还。

二、事实婚姻

(一) 事实婚姻的概念和特征

事实婚姻是法律婚姻的对称,是指没有配偶的男女,未经结婚登记,便以夫妻名义同居生活,群众也认为他们是夫妻的两性结合。

事实婚姻有以下特征。

1. 事实婚姻的男女应无配偶

有配偶则成为事实重婚。

2. 事实婚姻的当事人具有婚姻的目的和共同生活的形式

男女双方是否互以配偶相待是事实婚姻与其他非婚两性关系在内容上的重要区别。

3. 事实婚姻的男女双方具有公开的夫妻身份

事实婚姻的男女双方以夫妻名义同居生活,又为周围的群众所公认。也就是说,不仅内在具有夫妻生活的全部内容,在外部形式上还应有为社会所承认的夫妻身份。这是事实婚姻与其他非婚两性关系在形式上的重要区别。

4. 事实婚姻的当事人未履行结婚登记手续

不具有法定的结婚登记要件,这是事实婚姻与合法婚姻区别的主要标志。在我国,不论当事人是否举行过结婚仪式,凡未进行结婚登记的,均不是合法婚姻。

世界各国对事实婚姻的法律态度主要有三种:第一种是不承认主义,即法律不承认事实婚姻的效力,如日本。第二种是承认主义,即法律对符合结婚的实质要件的事实婚姻承认其效力,英美的普通法婚姻属此类。第三种是相对承认主义,又称有条件的承认,是指法律为事实婚姻设定一些有效条件,一旦具备了这些条件,事实婚姻便转化为合法婚姻。有关条件主要有达到法定同居年限、法院确认、补办法定手续等。

(二) 我国事实婚姻的构成

在我国,事实婚姻的构成需要以下要件。

(1)男女双方的同居(即男女双方在一起持续、稳定地共同居住)行为始于 1994 年 2 月 1 日以前。

(2)同居是以夫妻名义进行的。

(3)同居双方 1994 年以前同居时已经具备结婚的实质要件。

(三) 事实婚姻的效力

1.《婚姻法》修改前,对事实婚姻的政策

(1)相对承认阶段。

根据 1989 年 11 月最高人民法院颁布的《关于人民法院审理未办结婚登记而以夫妻名义同居生活案件的若干意见》,我国当时处理事实婚姻的政策如下:1986 年 3 月 15 日《婚姻登记办法》(已废止)颁布以前,未办理结婚登记即以夫妻名义同居生活,若起诉时双方符合结婚的实质要件,则应认定为事实婚姻关系,同居期间共同所得的财产为夫妻共同财产。

若起诉时双方或一方不符合结婚的实质要件,则应认定为非法同居关系。1986 年 3 月 15 日《婚姻登记办法》(已废止)颁布以后,未办理结婚登记即以夫妻名义同居,一方向法院起诉"离婚",若同居时双方均符合结婚的实质要件,则应认定为事实婚姻关系;若同居时双方或者一方不符合结婚的实质要件,则应认定为非法同居关系。

上述规定说明,1994 年以前,同居男女双方符合结婚实质要件的,均按事实婚姻处理,这说明当时我国对事实婚姻的政策规定比较宽松。

(2)不承认阶段。

自 1994 年 2 月 1 日《婚姻登记管理条例》施行之日起,我国对事实婚姻的政策日趋严格,《婚姻登记管理条例》第 24 条规定:"未到法定结婚年龄的公民以夫妻名义同居的,或者符合结婚条件的当事人未经结婚登记以夫妻名义同居的,其婚姻关系无效,不受法律保护。"

2. 婚姻法修改后,最高人民法院司法解释对事实婚姻效力的态度

《婚姻法》第 8 条规定:"未办理结婚登记的,应当补办结婚登记。"《〈婚姻法〉司法解释(一)》第 4 条规定:"男女双方根据婚姻法第八条规定补办结婚登记的,婚姻关系的效力从双方均符合婚姻法所规定的结婚的实质要件时起算。"

根据《〈婚姻法〉司法解释(一)》第 5 条规定,对未办结婚登记而以夫妻名义同居生活的情形,应分别认定和处理。《〈婚姻法〉司法解释(二)》第 1 条进一步划定严格界限。

3.《民法典》施行后,最高人民法院司法解释对事实婚姻效力的规定

《民法典婚姻家庭编解释(一)》第 6 条规定:"男女双方依据《民法典》第 1049 条规定补办结婚登记的,婚姻关系的效力从双方均符合《民法典》所规定的结婚的实质要件时起算。"第 7 条规定:"未依据《民法典》第 1049 条规定办理结婚登记而以夫妻名义共同生活的男女,提起诉讼要求离婚的,应当区别对待:(1)1994 年 2 月 1 日民政部《婚姻登记管理条例》公布实施以前,男女双方已经符合结婚实质要件的,按事实婚姻处理。(2)1994 年 2 月 1 日民政部《婚姻登记管理条例》公布实施以后,男女双方符合结婚实质要件的,人民法院应当告知其补办结婚登记。未补办结婚登记的,依据本解释第 3 条规定处理。"

我国现行法实行的是事实婚姻效力补正制度。即未办理结婚登记即以夫妻名义同居生活的男女双方之间,是效力待定的关系。如果当事人双方补办了结婚登记,其变为合法的婚姻关系;如果没有补办结婚登记,就不是合法的婚姻关系,而是同居关系。

三、同居

(一)同居的概念

同居是指具有完全民事行为能力的未婚成年男女,符合婚姻家庭法规定的结婚的实质要件,未履行结婚登记手续而自愿、公开地以夫妻名义共同生活在一起所形成的一种不受婚姻法保护的社会关系。随着社会风气的开放、伦理观念的转变,同居作为婚姻关系之外的一种两性关系,在现实生活中已屡见不鲜。同居关系不受法律保护,但因同居关系而产生的子女抚养、财产纠纷等问题受民法调整。

(二)同居关系的认定

同居关系与合法婚姻关系不同,其不以终身共同生活为目的。我国现行《民法典》明文禁止"有配偶者与他人同居"的行为,所以同居行为的前提是男女双方都没有配偶。

(三)同居关系的处理

1. 财产关系

我国现行法律并不保护同居关系,《民法典》婚姻家庭编中关于婚姻关系解除时的财产分割规定并不能直接适用于因同居关系解除时的财产纠纷问题。同居期间的财产是指男女双方或一方在同居关系存续期间所取得的合法收入。

依据《民法典婚姻家庭编解释(一)》第3条规定:"当事人提起诉讼仅请求解除同居关系的,人民法院不予受理;已经受理的,裁定驳回起诉。当事人因同居期间财产分割或者子女抚养纠纷提起诉讼的,人民法院应当受理。"

同居关系不受法律保护,但是因同居行为而产生的财产关系属于民法调整的范围,一方向法院起诉,仅要求解除同居关系的,法院不予受理,但因同居关系而产生的财产分割问题,法院应当依法受理并作出裁判。同居关系存续期间获得的财产,原则上归各自所有,同居双方要求分割同居期间的财产的,必须由相关双方当事人承担举证责任,证明同居财产的归属。

同居生活前,一方自愿赠与对方的财产,按照民法关于赠与合同的关系处理。同居关系解除时,同居一方在共同生活期间患有严重疾病未治愈的,财产分割时应当予以适当的照顾,或者由另一方给予一次性的帮助。

2. 人身关系

(1)子女的抚养问题。

我国《民法典》第1071条规定,非婚生子女享有与婚生子女同等的权利,任何组织或者个人不得加以危害和歧视。不直接抚养非婚生子女的生父或生母,应当负担未成年子女或者不能独立生活的成年子女的抚养费。

(2)同居双方相互之间不享有继承权。

根据《民法典婚姻家庭编解释(一)》第8条的规定,未依据《民法典》第1049条规定办理结婚登记而以夫妻名义共同生活的男女,一方死亡,另一方以配偶身份主张享有继承权的,依据本解释第7条的原则处理。而根据第7条的规定,没有补办结婚登记手续的,按本解释的第3条处理,也就是被认定为同居关系。如果男女双方直至一方去世,都未补办结婚登记手续,那么活着的一方将无法以配偶的身份取得法定继承人资格。

3. 共同债权债务

非婚同居关系解除时,同居期间为共同生产、生活而形成的债权、债务,可以按照民法中共同债权、债务的规定处理。同居关系存续期间,同居双方对财产、债务的归属有约定的,按照约定,没有约定的,解除同居关系时,应当由双方协商确定。协商不成的,由人民法院根据财产的具体情况,按照照顾子女和女方权益的原则处理。

【案例 3-5】

甲男与乙女恋爱期间订婚,约定两年后结婚。两年后乙女反悔,提出解除婚约。甲男不同意解除婚约。

请问:甲男与乙女是否受其婚约的约束?

【解析】

甲男与乙女不受其婚约的约束,我国《民法典》婚姻家庭编中未对婚约问题进行规定。婚约关系只是一般的社会关系,并未纳入法律调整的范围,法律对婚约不予保护。

【引导案例解析】

人民法院审理认为,原、被告通过冒名顶替方式骗取结婚登记,企图规避法律,因登记主体与实际不符,故当事人的关系是自始无效的婚姻关系。最终人民法院裁定驳回起诉,并向婚姻登记机关发出司法建议撤销该结婚证书。

【复习思考题】

一、简答题

1. 结婚的必备条件和禁止条件有哪些?
2. 简述确定法定婚龄的依据。
3. 结婚登记的程序分为哪几个步骤?
4. 无效婚姻的情形有哪些?
5. 简述无效婚姻与可撤销婚姻的区别。
6. 可撤销婚姻的法律后果有哪些?

二、不定项选择题

1. 甲(男,22 周岁)为达到与乙(女,19 周岁)结婚的目的,故意隐瞒乙的真实年龄办理了结婚登记。两年后,因双方经常吵架,乙以办理结婚登记时未达到法定婚龄为由向法院起诉,请求宣告婚姻无效。人民法院应如何处理?(　　　)

A. 以办理结婚登记时未达到法定婚龄为由宣告婚姻无效

B. 对乙的请求不予支持

C. 宣告婚姻无效,确认为非法同居关系,并予以解除

D. 认定为可撤销婚姻,乙可行使撤销权

2. 甲男与乙女通过网聊恋爱,后乙提出分手遭甲威胁,乙无奈遂与甲办理了结婚登记。婚后乙方才得知,甲婚前就患有重大疾病,乙向法院起诉离婚。下列哪一说法是正确的?(　　)

A. 法院应判决撤销该婚姻

B. 法院应判决宣告该婚姻无效

C. 对该案的审理应当进行调解

D. 当事人可以对法院的处理结果依法提起上诉

3. 结婚年龄,男不得早于(　　)周岁,女不得早于(　　)周岁。

A. 22　　　　　　　　B. 20　　　　　　　　C. 18　　　　　　　　D. 19

4.《民法典》第 1048 条规定:"(　　)或者(　　)禁止结婚。"

A. 直系血亲　　　　　　　　　　　　B. 三代以内旁系血亲

C. 四代以内旁系血亲　　　　　　　　D. 两代以内旁系血亲

5. 内地居民办理婚姻登记的机关是(　　)或者(　　)。

A. 县级人民政府民政部门　　　　　　B. 乡(镇)人民政府

C. 市级人民政府民政部门　　　　　　D. 公安派出所

6. 我国对婚约的态度和处理原则是(　　)。

A. 订婚不是婚姻成立的必经程序

B. 婚约没有法律约束力

C. 法律对婚约不予保护,不强制履行

D. 对因解除婚约引起的财产纠纷,区别情况,妥善解决

三、案例分析题

赵某(男)与孙某(女)均已达到法定婚龄,双方的母亲是姐妹,二人于 2020 年 5 月发生两性关系导致孙某怀孕。在双方父母的敦促下,二人于同年 12 月隐瞒姨表兄妹关系,办理了结婚登记,并于 2021 年 2 月生下一个有智力缺陷的女儿。

2022 年 2 月,赵某的祖父向人民法院提请要求宣告赵、孙的婚姻关系无效。经审理,查实双方确系禁止结婚的亲属,且双方均不愿意抚养女儿。人民法院随即判决双方婚姻关系无效,其女儿由孙某抚养,赵某承担部分抚养费用。

孙某不服,提出上诉,认为:第一,赵某之祖父无权提出宣告婚姻无效的诉请;第二,人民法院审理中未进行调解即宣告婚姻无效,违反法定程序;第三,为了保护女方权益,即使婚姻无效,双方所生女儿也应由男方抚养。

试分析:二审人民法院应否支持孙某的主张?

第四章　家庭关系法

【学习目标】

1. 掌握夫妻关系的概念,夫妻的人身关系和财产关系的内容。
2. 理解父母子女权利义务关系的内容。
3. 了解祖孙之间、兄弟姐妹之间扶养(抚养、赡养)的条件。

【引导案例】

张某(男)和李某(女)于2014年结婚,并于2016年生育一子。2018年,张某所在企业因经营不景气,由3月份开始发不出职工工资,全家依靠李某一个人的收入维持生活。同年8月,双方协议离婚。按照协议,孩子归李某抚养,夫妻共同财产也归李某所有。2019年3月,张某辞去原来工作,得到单位补发的一年基本工资12000元,以此为本钱与他人合伙经营水果生意,规模不断扩大,2021年张某已经存款50万元并经营了三家果品商店。

2021年5月,张某和李某协商复婚。2021年7月,张某用20万元从赵某处购买了小货车一辆,并办理了过户登记手续。此事遭到李某强烈反对,认为由2018年3月开始全家就依靠自己一个人的收入生活,离婚后孩子也归自己抚养,以后张某使用本属于夫妻共有的补发工资经营,才能够有所发展,现在双方已经复婚,张某购买汽车的行为属于擅自动用夫妻共同财产,因未经财产共有人同意,这一汽车交易行为应该无效。

张某则坚持自己对复婚前的个人财产享有处分权,不仅购买汽车是正当行为,而且汽车也属于自己所有,今后使用汽车经营的收益也应算作个人财产。

第一节　夫　妻　关　系

一、夫妻关系概述

(一) 夫妻关系的概念

夫妻是在存续的婚姻关系中男女双方的称呼,又称为配偶。从法律上讲,夫妻关系是指夫妻在婚姻家庭中的地位和相互间的权利义务关系,其中主要包括夫妻人身关系和夫妻财产关系。夫妻关系是家庭关系中最重要的关系。

(二) 夫妻地位

夫妻在婚姻家庭中的地位是平等的。《民法典》第 1055 条规定:"夫妻在婚姻家庭中地位平等。"这是男女平等原则在夫妻关系上的具体体现。夫妻是组成家庭的基本成员,是相濡以沫、共同生活的伴侣,只有在双方法律地位平等的基础上,平等地享有权利和履行义务,才能建立平等、和睦、文明的婚姻家庭关系。

夫妻在婚姻家庭中地位平等,具体包括两层含义。

(1)夫妻婚后享有独立的人格。

男女双方婚后共同组建家庭,在人格上相互独立,享有独立的权利能力和行为能力,不存在依附、从属关系。

(2)夫妻权利义务平等。

夫妻双方享有平等的财产权和人身权,承担平等的义务。法律不允许任何一方只享有权利而不履行义务,或只尽义务而不享有权利。

夫妻在婚姻家庭中地位平等,既是确定夫妻间权利和义务的总原则,也是处理夫妻间权利和义务纠纷的基本依据。对于夫妻间的权利和义务纠纷,我国《民法典》婚姻家庭编有具体规定的,应按具体规定处理;无具体规定的,则应按夫妻在婚姻家庭中地位平等的原则予以处理。

二、夫妻的人身关系

(一) 夫妻的姓名权

姓名权是人格权的重要组成部分,是一项重要的人身权利。姓名虽是用来表示个人的特定符号,但有无姓名权却是有无独立人格的重要标志。

《民法典》第 1056 条规定:"夫妻双方都有各自使用自己姓名的权利。"这里虽然夫妻并提,但其针对性主要是保护已婚妇女的姓名权和男方到女方家落户婚姻中的男方的姓名权,体现了男女平等原则,有利于破除旧的习惯和约束。当然,此规定并不妨碍夫妻就姓名问题另作约定。只要夫妻双方自愿达成一致的协议,无论是夫妻别姓(各用自己的姓氏)、夫妻同姓(妻随夫姓或夫随妻姓),或者相互冠姓,法律都是允许的。

夫妻享有平等的姓名权对子女姓氏的确定有重要意义。父母在子女出生后,可以协商以谁的姓氏作为子女的姓氏。待子女成人或有辨别能力后,子女有权决定自己姓氏。《民法典》第 1015 条规定,自然人应当随父姓或者母姓,但是有下列情形之一的,可以在父姓和母姓之外选取姓氏:(1)选取其他直系长辈血亲的姓氏;(2)因由法定扶养人以外的人扶养而选取扶养人姓氏;(3)有不违背公序良俗的其他正当理由。少数民族自然人的姓氏可以遵从本民族的文化传统和风俗习惯。

在我国古代社会,基于宗法制度要求,子女只能随父姓。1930 年的《民法》亲属编也以子女从父姓，赘父之子女从母姓为一般原则。《民法典》对子女姓氏的规定进一步体现了夫妻法律地位平等的精神。

　　总之，作为人身权的姓名权由夫妻双方完整、独立地享有，不受职业、收入、生活环境变化的影响，并排除他人（包括其配偶在内）的干涉。在婚姻家庭生活中，夫妻一方可合法、自愿地行使、处分其姓名权。体现在子女姓名的确定上，就是对子女姓名的决定权，由夫妻双方平等享有。

（二）夫妻之间的忠实义务

　　《民法典》第 1043 条对夫妻双方所负的忠实义务做了规定。忠实义务是指保守贞操的义务、专一的夫妻性生活义务、不为婚外性行为。夫妻忠实要求夫妻双方在婚姻关系存续期间只能以对方为唯一配偶，重婚、婚外同居、嫖娼、通奸等行为，都是违背夫妻忠实义务的行为。

（三）夫妻的人身自由权

　　人身自由权是公民享有并由自己完全支配的权利，是公民人格权的重要内容，不因结婚而受到限制或剥夺。夫妻有人身自由权是夫妻家庭地位平等的重要标志。在我国古代社会，妇女无人身自由权，在"男主外，女主内""女子无才便是德"等封建纲常礼教的束缚下，已婚妇女完全在夫权的统治之下，被剥夺了选择职业、从事社会活动的权利和机会，在家相夫教子成为其唯一选择。夫妻不平等的家庭地位，不仅阻碍了妇女自身的发展，也不利于社会经济的发展。

　　《民法典》第 1057 条规定："夫妻双方都有参加生产、工作、学习和社会活动的自由，一方不得对另一方加以限制或者干涉。"这是夫妻双方各自充分、自由发展的必要和先决条件。

　　让广大妇女掌握知识和劳动技能，参加社会活动，是妇女获得与男子平等的家庭地位的物质基础，有利于进一步破除封建思想的影响，保障妇女的人身自由，进而促进夫妻双方在家庭、社会中平等地位的真正实现。必须指出，夫妻一方行使人身自由权以合法、合理为限，并应互相尊重，反对各种干涉行为，不得滥用权利损害他方或家庭利益。任何一方在行使该项权利时，都必须同时履行法律规定的应对婚姻家庭承担的义务。

（四）夫妻的生育权

　　生育权是指合法的婚姻关系存续期间，夫妻双方享有的自主决定是否生育、以什么方式生育、生育子女的数量、时间以及间隔等方面的权利。其内容包括积极生育的自由和消极不生育的自由，以及对一些具体的生育事项享有的决定权、信息知情权、隐私和安全保障权等。

（五）抚养教育子女的权利和义务

　　《民法典》第 1058 条规定，夫妻双方平等享有对未成年子女抚养、教育和保护的权利,共同承担对未成年子女抚养、教育和保护的义务。

(六) 夫妻间的扶养义务

夫妻间的扶养是指夫妻之间互相扶助、互相供养的义务,该权利义务以经济上相互供养、生活上相互扶助为内容,包括物质和精神两个方面。夫妻双方的扶养义务和接受扶养的权利是平等的,夫妻双方应自觉履行扶养义务。因生病、丧失劳动能力等需要扶养的一方有权要求对方扶养,如果对方拒不履行扶养义务,可以通过调解或诉讼程序要求对方给付扶养费。

《民法典》第1059条规定:"夫妻有相互扶养的义务。需要扶养的一方,在另一方不履行扶养义务时,有要求其付给扶养费的权利。"夫妻间的扶养义务是为维持双方婚姻生活乃至家庭共同生活所必需的义务,是一种强制性义务,不可通过契约规避或免除。

具体说来,夫妻之间的扶养权利义务是夫妻身份所导致的必然结果;夫妻之间接受扶养的权利和履行扶养的义务是以夫妻合法身份关系的存在为前提条件的,这种扶养权利义务始于婚姻缔结之日,消灭于婚姻终止之时;夫妻之间的扶养义务包括夫妻之间相互为对方提供经济上的供养和生活上的扶助;夫妻之间的扶养义务属于民法上的强行性义务,夫妻之间不得以约定形式予以改变;夫妻之间扶养义务最终是一种金钱给付义务。违反扶养义务,可构成遗弃,可以成为离婚的法定事由之一,可以请求离婚损害赔偿,情节严重的,甚至可以构成遗弃罪。

小贴士

夫妻生育权的法律规定

《妇女权益保障法》第51条规定:"妇女有按照国家有关规定生育子女的权利,也有不生育的自由。"

《民法典婚姻家庭编解释(一)》第23条规定:"夫以妻擅自中止妊娠侵犯其生育权为由请求损害赔偿的,人民法院不予支持;夫妻双方因是否生育发生纠纷,致使感情确已破裂,一方请求离婚的,人民法院经调解无效,应依照《民法典》第1079条第3款第(5)项的规定处理。"即将夫妻行使生育权的冲突纳入判决离婚的理由中,以保护男性的生育权。

《中华人民共和国人口与计划生育法》第18条规定:"国家提倡适龄婚育、优生优育。一对夫妻可以生育三个子女。符合法律、法规规定条件的,可以要求安排再生育子女……夫妻双方户籍所在地的省、自治区、直辖市之间关于再生育子女的规定不一致的,按照有利于当事人的原则适用。"

(七) 日常家事代理权

夫妻日常家事代理权是配偶权的一项重要内容。夫妻在日常家庭事务范围内,与第三人发生民事交往时依法享有相互代理的权利;夫妻一方在日常家事范围内与第三人为法律行为时,不必明示其代理权,可直接以自己名义、双方名义或以对方名义为之;夫妻一方实施此类行为的后果,由夫妻双方共同承担,由此产生的债务是夫妻共同债务,由夫妻双方承担连带清偿责任。

《民法典》第 1060 条规定:"夫妻一方因家庭日常生活需要而实施的民事法律行为,对夫妻双方发生效力,但是夫妻一方与相对人另有约定的除外。""夫妻之间对一方可以实施的民事法律行为范围的限制,不得对抗善意相对人。"

(八) 夫妻同居义务(同居权)

夫妻同居义务是指男女双方以配偶身份共同生活的权利和义务。

三、夫妻的财产关系

根据《民法典》婚姻家庭编的规定,夫妻财产关系由三部分组成,分别是夫妻财产的所有权(包括夫妻一方的财产所有权和夫妻双方的共同财产所有权)、夫妻间互相扶养的义务和夫妻间相互继承遗产的权利。

(一) 夫妻财产制

我国《民法典》婚姻家庭编对夫妻财产制采取的是夫妻法定财产制和夫妻约定财产制相结合的模式,并做了详细的规定。

《民法典》第 1065 条规定:男女双方可以约定婚姻关系存续期间所得的财产以及婚前财产归各自所有、共同所有或者部分各自所有、部分共同所有。约定应当采用书面形式。没有约定或者约定不明确的,适用本法第 1062 条、第 1063 条的规定。夫妻对婚姻关系存续期间所得的财产以及婚前财产的约定,对双方具有法律约束力。

夫妻对婚姻关系存续期间所得的财产约定归各自所有,夫或者妻一方对外所负的债务,相对人知道该约定的,以夫或者妻一方的个人财产清偿。

1. 夫妻法定财产制

夫妻法定财产制是指夫妻双方在婚前、婚后都没有约定或者虽有约定但约定无效的情况下,直接适用有关法律规定的夫妻财产制度。

一是《民法典》明确了夫妻共同所有财产的范围。该法第 1062 条规定:"夫妻在婚姻关系存续期间所得的下列财产,为夫妻的共同财产,归夫妻共同所有:(1)工资、奖金、劳务报酬;(2)生产、经营、投资的收益;(3)知识产权的收益;(4)继承或者受赠的财产,但是本法第 1063 条第(3)项规定的除外;(5)其他应当归共同所有的财产。夫妻对共同财产,有平等的处理权。"

关于夫妻共同财产的范围,《民法典婚姻家庭编解释(一)》有以下规定。

(1)关于知识产权的收益,是指婚姻关系存续期间,实际取得或者已经明确可以取得的财产性收益。

(2)婚姻关系存续期间,下列财产属于《民法典》第 1062 条规定的"其他应当归共同所有的财产":一方以个人财产投资取得的收益;男女双方实际取得或者应当取得的住房补贴、住房公积金;男女双方实际取得或者应当取得的基本养老金、破产安置补偿费。

（3）夫妻一方个人财产在婚后产生的收益,除孳息和自然增值外,应认定为夫妻共同财产。

（4）由一方婚前承租、婚后用共同财产购买的房屋,登记在一方名下的,应当认定为夫妻共同财产。

（5）当事人结婚前,父母为双方购置房屋出资的,该出资应当认定为对自己子女个人的赠与,但父母明确表示赠与双方的除外。

当事人结婚后,父母为双方购置房屋出资的,依照约定处理;没有约定或者约定不明确的,按照民法典第 1062 条第 1 款第（4）项规定的原则处理。

二是《民法典》明确了夫妻个人财产的范围。《民法典》第 1063 条规定,下列财产为夫妻一方的个人财产:（1）一方的婚前财产;（2）一方因受到人身损害获得的赔偿或者补偿;（3）遗嘱或者赠与合同中确定只归一方的财产;（4）一方专用的生活用品;（5）其他应当归一方的财产。

关于夫妻个人财产的范围,《民法典婚姻家庭编解释（一）》有以下规定。

（1）军人的伤亡保险金、伤残补助金、医药生活补助费属于个人财产。

（2）《民法典》第 1063 条规定为夫妻一方的个人财产,不因婚姻关系的延续而转化为夫妻共同财产。但当事人另有约定的除外。

（3）婚前或者婚姻关系存续期间,当事人约定将一方所有的房产赠与另一方或者共有,赠与方在赠与房产变更登记之前撤销赠与,另一方请求判令继续履行的,人民法院可以按照《民法典》第 658 条的规定处理。

小贴士

法律对妇女权益的保护规定

《中华人民共和国农村土地承包法》（以下简称《农村土地承包法》）第 31 条规定,承包期内,妇女结婚,在新居住地未取得承包地的,发包方不得收回其原承包地;妇女离婚或者丧偶,仍在原居住地生活或者不在原居住地生活但在新居住地未取得承包地的,发包方不得收回其原承包地。

《妇女权益保障法》第 32 条规定,妇女在农村土地承包经营、集体经济组织收益分配、土地征收或者征用补偿费使用以及宅基地使用等方面,享有与男子平等的权利。第 33 条规定,任何组织和个人不得以妇女未婚、结婚、离婚、丧偶等为由,侵害妇女在农村集体经济组织中的各项权益。因结婚男方到女方住所落户的,男方和子女享有与所在地农村集体经济组织成员平等的权益。

《妇女权益保障法》第 34 条规定,妇女享有的与男子平等的财产继承权受法律保护。

在同一顺序法定继承人中,不得歧视妇女。丧偶妇女有权处分继承的财产,任何人不得干涉。

三是夫妻共同债务。夫妻财产除了积极财产外,还包括消极财产,即对外负担的债务。《民法典》第1064条明确,夫妻双方共同签名或者夫妻一方事后追认等共同意思表示所负的债务,以及夫妻一方在婚姻关系存续期间以个人名义为家庭日常生活需要所负的债务,属于夫妻共同债务。

夫妻一方在婚姻关系存续期间以个人名义超出家庭日常生活需要所负的债务,不属于夫妻共同债务;但是,债权人能够证明该债务用于夫妻共同生活、共同生产经营或者基于夫妻双方共同意思表示的除外。

婚前、婚后的时间分割点是婚姻登记之日,而同居、共同生活、举办传统或者宗教婚姻仪式之日都不是婚前、婚后划分的标准。

2. 夫妻约定财产制

(1)夫妻约定财产制的概念。

夫妻约定财产制是相对夫妻法定财产制而言的,是依据不同的发生原因作出的划分。它是指夫妻双方通过协商对婚前、婚后取得的财产的归属、处分以及在婚姻关系解除后的财产分割达成协议,并优先于夫妻法定财产制适用的夫妻财产制度,又称契约财产制度,是意思自治原则在婚姻家庭法中的贯彻和体现。

《民法典》婚姻家庭编明确了夫妻约定财产的内容和范围。《民法典》第1065条规定了男女双方可以约定婚姻关系存续期间所得的财产以及婚前财产归各自所有、共同所有或者部分各自所有、部分共同所有。

(2)夫妻约定财产制的条件。

上述约定首先必须具备民事法律行为的生效要件:合法、自愿、真实。其次应当符合特别法上的要求,如男女双方平等,保护妇女、未成年人、老年人、残疾人的合法权益等。

约定的内容在第三人知晓时,其对外具有对抗的效力;否则,无对抗的效力。对内则对夫妻处理财产的行为产生约束力。为逃避债务的虚假约定或者协议离婚分割财产行为,应被认定为无效行为。对债务人非法目的的认定,可结合夫妻财产约定或协议分割的时间、方式、当时背景等加以考察。

(3)夫妻约定财产应当采用书面形式。

没有约定或者约定不明确的,适用《民法典》第1062条、第1063条的规定,即法定夫妻财产制的有关内容。夫妻对婚姻关系存续期间所得的财产以及婚前财产的约定,对双方具有约束力。

夫妻对婚姻关系存续期间所得的财产约定归各自所有的,夫或者妻一方对外所负的债务,第三人知道该约定的,以夫或者妻一方所有的财产清偿。

🔖 **小贴士**

扶养的概念

扶养是指在一定范围内的亲属之间相互供养和扶助的行为。扶养是一个广义的概念,发生在血亲关系中,也发生在配偶关系中。换句话说,既包括长幼辈分之间的赡养和抚养,也包括同一辈分或夫妻间的狭义的扶养关系。

(二)夫妻间的遗产继承权利

《民法典》第1061条规定:"夫妻有相互继承遗产的权利。"第1127条规定了继承人的范围及继承顺序,夫妻互为第一顺序的法定继承人,可以互相继承对方的遗产。

根据《民法典》婚姻家庭编、继承编等的有关规定,夫妻遗产继承的内容主要有以下几方面。

1. 权利主体

(1)合法的配偶身份是夫妻享有遗产继承权的前提。已经领取结婚证尚未同居时一方死亡,或是已经提起离婚诉讼未获有有效离婚判决时一方死亡,生存方都可以以配偶身份享有遗产继承权。

(2)配偶一方死亡,另一方系无民事行为能力人或者限制民事行为能力人的,依然享有夫妻财产继承权。其继承权可由法定代表人代理行使或者征得法定代表人同意后行使。

(3)配偶一方作为另一方的遗产继承人时,如放弃继承,应在遗产处理前作出放弃继承的表示。没有表示的即视为接受继承。

2. 权利客体

夫妻相互继承遗产时,应先行分割夫妻共同财产和家庭成员共同财产,确定遗产范围。

3. 继承范围

我国实行限定继承制度,继承遗产应当清偿被继承人依法缴纳的税款和债务,缴纳的税款和债务以遗产的实际价值为限。超过遗产实际价值的死亡配偶个人债务,生存配偶自愿代为偿还的为法律所允许。

另外,配偶继承权不受婚姻存续时间长短的影响,也不受生存一方是否再婚的妨碍。在实践中必须注意防范和减少干涉"丧偶妇女带产再嫁"或干涉"上门女婿带产再婚"等侵犯配偶继承权的现象。

(三)婚内分割夫妻共同财产请求权

夫妻共同财产是共同共有的财产,在共同共有关系发生的原因没有消灭前,共同共有财产一般不能分割,目的在于保持共有关系的基础和稳定性,保护共有人的合法权益。

对于特别情形,法律准许在婚姻关系存续期间分割夫妻共同财产,以保护婚姻当事人的合法权益,明确有规定的重大理由且不损害债权人利益的,可以分割共有财产。依据《民法典》第 1066 条的规定:"婚姻关系存续期间,有下列情形之一的,夫妻一方可以向人民法院请求分割共同财产:(1)一方有隐藏、转移、变卖、毁损、挥霍夫妻共同财产或者伪造夫妻共同债务等严重损害夫妻共同财产利益的行为;(2)一方负有法定扶养义务的人患重大疾病需要医治,另一方不同意支付相关医疗费用。"

💬【案例 4－1】

张晓利与胡晓是一对夫妻,于 2015 年 8 月登记结婚。2022 年 3 月一天,胡晓接到娘家打来的电话,说胡晓母亲生病了,胡晓思母心切,未能与张晓利打招呼就回娘家探母,引起张晓利的不满,张晓利就对胡晓大肆谩骂,胡晓认为自己是有人身自由的,而且看望生病的母亲也没有不对的地方。张晓利见胡晓敢与自己顶嘴,感觉自尊心受到伤害,便将胡晓暴打一顿,导致胡晓住院半个月,花费住院及医药费 7000 余元。在此期间张晓利不仅不认错,还对胡晓置之不理。

为此,胡晓向人民法院提起诉讼,要求离婚并要求张晓利向其赔偿住院及医药费、护理费、误工费等 8000 元。在审理过程中,胡晓撤回离婚请求,只要求张晓利向其赔偿住院及医药费等 7000 元。

问:胡晓在婚姻关系存续期间能否要求损害赔偿?

【解析】

根据《民法典》第 1091 条的规定,离婚损害赔偿请求权的成立具有较为严格的条件。人民法院在确认胡晓不再离婚的情况下,依法驳回了胡晓的起诉。依据《民法典婚姻家庭编解释(一)》第 87 条第 3 款的规定,在婚姻关系存续期间,当事人不起诉离婚而单独依据《民法典》第 1091 条规定提起损害赔偿请求的,人民法院不予受理。

第二节　父母子女关系

一、父母子女的权利义务关系

父母子女关系是指父母子女间在法律上的权利义务关系,又称为亲子关系。根据血亲形成的性质,父母子女关系可分为自然血亲的父母子女关系和拟制血亲的父母子女关系。拟制血亲的父母子女关系包括再婚形成的继父母子女关系和收养形成的养父母子女关系。

《民法典》关于父母子女间权利和义务的规定,不仅适用于父母与婚生子女之间,同时也适用于父母与非婚生子女之间、养父母与养子女之间以及有抚养关系的继父母与继子女之间。

（一）父母抚养、教育和保护子女的义务

《民法典》第1067条规定,父母不履行抚养义务的,未成年子女或者不能独立生活的成年子女,有要求父母给付抚养费的权利。

1. 抚养的义务

抚养的义务,即父母哺育、照料未成年子女的生活,提供必要的生活条件,保障其健康成长的义务。抚养义务的行使有两种方式:一是直接与子女一起生活,二是间接地提供抚养费,部分履行照顾子女生活的义务,如提供抚养费、享有探望权。

2. 教育和保护的义务

父母应当关怀、照料子女,为子女提供安全、健康、幸福的生活条件和氛围。提供子女所必需的生活费用,为子女健康成长和发展提供经济保障;提高子女教育、学习费用,保证子女充分享受接受义务教育的权利,为培养和提高子女的文化素质和生活技能创造条件。

父母通过言传身教,身体力行,以健康的思想、品行和正确的方法教育子女。根据《未成年人保护法》《中华人民共和国义务教育法》(以下简称《义务教育法》)的规定,父母有预防、制止子女的各种不良行为的义务,以促进子女全面发展。

3. 法定代理义务

《民法典》规定父母为未成年子女的法定代理人,代理子女为各种行为,包括对子女财产进行管理的义务,对未成年子女给他人造成的损失进行赔偿的义务等。《民法典》第1068条规定:"父母有教育、保护未成年子女的权利和义务。未成年子女造成他人损害的,父母应当依法承担民事责任。"

4. 禁止溺婴、弃婴和其他残害婴儿的行为

父母杀死自己的婴儿的行为都属于溺婴。弃婴是指父母对自己的婴儿负有抚养义务而拒绝抚养的行为。父母不得虐待、遗弃未成年子女,不得歧视女性未成年人或者有残疾的未成年子女。

父母对子女的抚养义务从子女出生之时开始,不论男婴、女婴,不论是否患有重病、是否有残疾,父母都有义务予以抚养。溺婴、弃婴和其他残害婴儿的行为应当承担法律责任。按照《刑法》第232条的规定,溺婴属于杀人罪,应当判处3年以上10年以下的有期徒刑。弃婴构成遗弃罪的,按照《刑法》第261条的规定,处5年以下有期徒刑、拘役或者管制。其他残害婴儿的行为,如属于虐待,构成犯罪的,按照《刑法》第260条的规定,处2年以下有期徒刑、拘役或者管制,致使婴儿重伤、死亡的,处2年以上7年以下有期徒刑。

（二）子女赡养扶助父母的义务

赡养是指子女在物质上和经济上为父母提供必要的生活条件;扶助则是指子女对父母在精神上和生活上的关心、帮助和照料。

《民法典》第1069条规定,子女应当尊重父母的婚姻权利,不得干涉父母离婚、再婚

以及婚后的生活。子女对父母的赡养义务,不因父母的婚姻关系变化而终止。

子女对父母履行赡养扶助义务,是对家庭和社会应尽的责任。根据我国《宪法》第49条的规定,成年子女有赡养扶助父母的义务。《老年人权益保障法》第10条规定:"老年人养老主要依靠家庭,家庭成员应当关心和照料老人。"

子女作为赡养人,应当履行对老年人经济上供养、生活上照料和精神上慰藉的义务,照顾老年人的特殊需要。儿子和女儿都有义务赡养父母,已婚妇女也有赡养其父母的义务和权利。

有经济能力的子女,对丧失劳动能力、无法维持生活的父母,都应予以赡养。对不在一起生活的父母,应根据父母的实际生活需要和子女的负担能力,给付一定的赡养费用。赡养费用一般不低于子女本人或当地的普通生活水平,有两个以上子女的,可依据不同的经济条件,共同负担赡养费用。经济条件较好的子女应当自觉、主动地承担较大的责任。赡养人之间也可以就履行赡养义务签订协议,并征得老年人的同意。居民委员会、村民委员会或者赡养人所在单位监督协议的履行。

追究子女不履行赡养父母的法律责任。需要赡养的父母可以通过有关部门进行调解或者向人民法院提起诉讼。人民法院在处理赡养纠纷时,应当坚持保护老年人的合法权益的原则,通过调解或者判决使子女依法履行赡养义务。对负有赡养义务而拒绝赡养,情节恶劣构成遗弃罪的,应当承担刑事责任。

(三) 父母子女的继承权利

《民法典》第1070条规定:"父母和子女有相互继承遗产的权利。"《民法典》继承法编规定:"子女和父母均为第一顺序继承人,相互享有继承权。"

父母和子女是最近的直系血亲,因此,父母子女间的继承权是基于双方的特殊身份而产生的。法律所指的父母包括生父母、养父母和有抚养关系的继父母;子女包括婚生子女、非婚生子女、养子女和有抚养关系的继子女。父与母对子女遗产的继承权是平等的。子与女对父母遗产的继承权也是平等的,不受性别、年龄、已婚或未婚的影响。

父母子女的继承权利的具体内容包括以下几方面。

(1)父母与婚生子女有相互继承遗产的权利。

(2)养父母与养子女有相互继承遗产的权利;但养子女无权继承生父母的遗产,生父母也无权继承养子女的遗产。

(3)有抚养关系的继父母与继子女有相互继承遗产的权利;继父母继承了继子女遗产的,不影响其继承生子女的遗产;继子女继承了继父母遗产的,不影响其继承生父母的遗产。父母和子女的继承权是平等的,父母子女都是独立的继承主体,享有独立的继承份额。

另外,法律还特别规定了以下内容。

(1)对被继承人死亡时尚未出生的胎儿,也应依法保留其继承的份额。胎儿出生时是死体的,保留的份额由被继承人的继承人继承;胎儿出生后死亡的,由其继承人继承。

(2)子女先于父母死亡的,其晚辈直系血亲依法享有代位继承权。

(3)丧偶儿媳对公婆、丧偶女婿对岳父母尽了主要赡养义务的,也作为第一顺序继承人继承遗产。

二、子女的范围

(一) 婚生子女

1. 婚生子女概念

婚生子女是指在婚姻关系存续期间受胎或出生的子女。婚生子女应当符合下列条件。

(1)父母婚姻关系合法有效。

(2)该子女的血缘必须来自合法配偶身份的男女双方。

(3)该子女的受胎或者出生时间在法定时间内。在现代科技条件下,受孕既包括传统的自然受精,也包括人工授精(母体内授精)与试管婴儿(母体外授精)。《民法典婚姻家庭编解释(一)》第40条规定,婚姻关系存续期间,夫妻双方一致同意进行人工授精,所生子女应视为婚生子女,父母子女间的权利义务关系适用《民法典》的有关规定。

2. 婚生子女的推定

婚生子女的推定是指妻子在婚姻关系存续期间受胎或者所生子女推定为夫的婚生子女的制度。这种制度是对子女婚生性和合法性的法律认定。当今世界各国法律都规定了不同的推定标准,大致有三种推定方式。

一是在婚姻关系存续期间受胎所生的子女应推定为婚生子女。

二是以子女在婚姻存续期间出生为标准。

三是在婚姻关系存续期间出生或者在婚姻关系存续期间受胎且在婚姻关系解除之后300日内出生的,一律推定为婚生子女。

当今世界许多国家采用第三种方式来推定子女的婚生性。

3. 亲子关系的确认与否认之诉

《民法典》第1073条规定了父母或成年子女请求确认或者否认亲子关系的权利,"对亲子关系有异议且有正当理由的,父或者母可以向人民法院提起诉讼,请求确认或者否认亲子关系。对亲子关系有异议且有正当理由的,成年子女可以向人民法院提起诉讼,请求确认亲子关系"。

婚生子女的否认是指当事人享有否认婚生子女为自己亲生子女的诉讼请求权的制度。婚生子女的否认,又称否认权,是对婚生子女推定的一种限制,目的是保障当事人及其子女的权益,避免应尽义务的当事人规避抚养责任,体现了法律的公正性。

否认的事由,从世界各国的司法实践来看,具有法律效力的事实证据主要有三个:一是夫妻在妻受胎期间没有同居的事实;二是夫没有生育能力或具有生理缺陷,包括时间上的不能、空间上的不能及生理上的不能,等等;三是亲子鉴定。

《民法典婚姻家庭编解释(一)》第 39 条规定:父或者母向人民法院起诉请求否认亲子关系,并已提供必要证据予以证明,另一方没有相反证据又拒绝做亲子鉴定的,人民法院可以认定否认亲子关系一方的主张成立。

父或者母以及成年子女起诉请求确认亲子关系,并提供必要证据予以证明,另一方没有相反证据又拒绝做亲子鉴定的,人民法院可以认定确认亲子关系一方的主张成立。

关于否认之诉的时效,民法理论界认为,婚生子女否认权因除斥期间完成而消灭,但各国规定的时限不一。此外,子女已死亡是否认权消灭的原因。

(二) 非婚生子女

1. 非婚生子女的概念

非婚生子女,是指没有婚姻关系受胎所生的子女。非婚生子女包括未婚男女所生的子女、已婚男女与第三人所生子女、无效婚姻和可撤销婚姻当事人所生的子女,以及子女受胎或者出生时没有婚姻关系,之后取得婚姻关系的男女所生的子女等。非婚生子女历来受到社会歧视,直到 20 世纪初,各国才开始关注对非婚生子女的法律保护。

2. 非婚生子女的准正

非婚生子女的准正是指非婚生子女因生父母结婚或法院宣告而取得婚生子女资格的制度。这种制度将尊重婚姻制度与保护非婚生子女利益两种理念结合起来。

非婚生子女准正的要件。

(1)非婚生父母子女间须有其身份赖以确定的血缘关系。

(2)生父母须有结婚的事实或司法宣告。其依据是子女出生的客观事实,这是一种法律事件而非法律行为。

非婚生子女准正的形式。

(1)因生父母结婚而准正。包括以父母结婚为准正要件,不另设条件的情形及以结婚和认领为准正要件的情形(只结婚而不办认领手续的,不发生准正效力)。

(2)因法院宣告而准正。法院宣告的准正是指生父或者生母死亡,或者有婚姻障碍,致使婚姻准正不能时,得依一方或者子女的请求,依法宣告子女为婚生子女。

非婚生子女准正的效力是非婚生子女取得婚生子女的法律资格,但效力发生的时间,因各国法律规定不同而有差异,有的规定从父母结婚或者法院宣告之日起发生婚生的效力,有的规定从子女出生之日起发生婚生的效力。

3. 非婚生子女的认领

非婚生子女的认领是指非婚生子女的生父自愿承认或被法院强制其承认为该子女之父并领为自己子女,通过法律程序使非婚生子女婚生化的法律制度。认领的目的,主要是依法律程序确定非婚生子女的生父。

非婚生子女的认领分为任意认领和强制认领两种。

任意认领,又称"自愿认领",是指生父基于其自由意思而决定是否承认非婚生子女为自己子女的行为。认领效力的发生,必须同时具备生父承认其为非婚生子女之父的事实与领为自己子女的意思表示,二者缺一不可。

非婚生子女任意认领的有效要件主要有以下几方面。

(1)认领人要有意思能力。

(2)被认领人要为非婚生子女。

(3)认领人要为非婚生子女的生父。

(4)认领行为要征得生母或者成年非婚生子女同意。

通常情况下,生父认领非婚生子女之后,不得任意撤销认领。但是认领之后,如果发现父母子女关系并非事实或者认领人的意思表示存在错误、被欺诈、胁迫等瑕疵时,认领人可以向法院提起撤销之诉。各国法律一般还规定了不同的诉讼时效,赋予了有关当事人以否认权,使其可依有关程序申请撤销。

强制认领是指非婚生子女对于应当认领而不认领的生父,向法院提起诉讼请求确认亲子关系存在的行为。强制认领的事实依据,一般包括两个方面内容:一是未婚所生子女,经生母指认的生父不承认该子女与其具有血缘关系,二是已婚所生子女,经生母指认该子女的生父为其丈夫以外第三人而遭否认时,生母可向法院提起确认生父之诉。

强制认领的请求人,一般认为是非婚生子女本人、非婚生子女生母或者其他法定代理人。强制认领的诉讼对象,一般都是非婚生子女的生父。由于认领属于一种形成权,一经行使即在生父与非婚生子女之间构建了一种法律上的亲子关系。因此,强制认领的请求权应当受一定期间(除斥期间)的限制,同时其属于身份法上的权利,不应因时间的经过而消灭。

无论是非婚生子女的任意认领,还是强制认领,其法律后果都是一样的,主要有:一是认领的父母与被认领的子女产生父母子女关系,非婚生子女取得婚生子女的身份和资格,享有婚生子女的权利义务。二是关于认领后的姓氏,父母单方认领的,随认领方的姓;共同认领的或先后认领的,一般随父姓。三是生父的偿还责任,如生父对生母在妊娠、生育等费用的补偿责任等。

小贴士

不能独立生活的成年子女

《民法典婚姻家庭编解释(一)》第41条规定,尚在校接受高中及其以下学历教育,或者丧失、部分丧失劳动能力等非因主观原因而无法维持正常生活的成年子女,可以认定为《民法典》第1067条规定的"不能独立生活的成年子女"。

（三）养子女

1. 养子女的概念

养子女是指收养关系中的被收养人。通过收养关系的建立,养子女与养父母形成拟制血亲的父母子女关系。

2. 养子女的范围

(1)普通收养形成的养子女关系。

《民法典》婚姻家庭编第五章收养,明确规定了收养法律制度。《民法典》第1093条规定了被收养人的条件。

(2)收养三代以内同辈旁系血亲的子女形成的养子女关系。

《民法典》第1099条规定了三代以内同辈旁系血亲的收养要求。

(3)收养孤儿、残疾儿童或者社会福利机构抚养的查找不到生父母的弃婴和儿童形成的养子女关系。

《民法典》第1100条规定了收养孤儿、残疾未成年人或者儿童福利机构抚养的查找不到生父母的未成年人,可以不受收养人数限制。

(4)收养继子女而形成的养子女关系。

《民法典》第1103条规定了收养继子女的特别规定(详见本书第七章收养)。

3. 养子女的法律地位

收养关系一经成立,便在收养人与被收养人之间确立起养父母和养子女的身份关系,收养人是养父母,被收养人是养子女,他们彼此发生了与自然血亲的父母子女关系相同的法定的权利与义务。

收养关系成立之后,养子女即被收养人,与生父母之间彼此已不再是法律意义上的父母子女,他们原有的权利和义务,如抚养、教育、保护、赡养、扶助、相互继承等一律终止;养子女与生父母的其他近亲属之间的权利义务也不复存在。因收养成为养子女后,养子女与生父母的父母不再具有祖孙间的权利义务,与生父母的其他子女间不再具有兄弟姐妹间的权利义务关系。

 小贴士

收养的解消效力范围

收养的解消效力是指收养关系的成立导致被收养人与其生父母之间消除父母子女权利义务关系,以及被收养人与其生父母的其他近亲属之间权利义务关系随之消除等法律后果。收养关系的成立,只能消除养子女即被收养人与原亲属间的法律上的权利义务关系,而不能消除客观存在的自然血亲关系。《民法典》关于禁止直系血亲或者三代以内旁系血亲结婚的规定,对养子女即被收养人及其自然血亲仍然是完全适用的。

(四) 继子女

1. 继子女的概念

继子女是指夫与前妻或者妻与前夫所生的子女。继父母是指母之后夫或者夫之后妻。继父母与继子女关系产生原因:一是由于父母一方死亡,他方再行结婚;二是由于父母离婚,父或者母再行结婚。子女对父母的再婚配偶称为继父或者继母。夫或者妻对其再婚配偶的子女称为继子或继女。

在通常情况下,继父母子女关系是由于父或者母再婚而形成的姻亲关系。如果继父母与继子女形成抚养关系,或者继父母将继子女收养为养子女,他们才具有法律拟制的直系血亲的关系。

2. 继父母子女关系的类型

根据继父母子女之间的实际抚养状态,其关系可以分为如下几种。

(1)父或者母再婚时,继子女已经成年独立生活,或者虽未成年但仍由其生父母照料并提供生活教育费,没有受继父母的抚养教育。此类继父母子女关系为纯粹的直系姻亲关系,继子女对继父母没有赡养扶助的义务。

(2)父或者母再婚后,未成年的或者未独立生活的继子女与继父母长期共同生活,继父或者继母对其进行了抚养教育。此类继子女与继父母之间形成了抚养关系,继子女成年后对继父母有赡养的义务。若其生父母未死亡,则继子女与生父母、继父母之间形成了双重权利义务关系。

(3)继父或者继母经继子女的生父母同意,已正式收养该继子女为其养子女。

3. 继父母子女的法律地位

《民法典》第1072条规定:"继父母与继子女间,不得虐待或者歧视。继父或继母和受其抚养教育的继子女间的权利和义务关系,适用本法对父母子女关系的规定。"

继父母与继子女间不管是否形成抚养教育关系,应当平等对待,不得虐待或者歧视。未形成抚养教育关系的继子女与继父母之间无法定的权利义务。已形成抚养教育关系的继父母子女,双方享有父母子女间的各种权利,承担相应义务。

同时必须指出,已形成抚养教育关系的继父母子女之间的关系不同于养父母子女。一方面,继子女与其生父母之间的权利义务关系,并不因这种抚养关系的形成而终止。即该继子女既与其生父母继续保持父母子女间的权利义务关系,同时又与继父母发生父母子女间的权利义务关系。

《民法典继承编解释(一)》第11条规定,继子女继承了继父母遗产的,不影响其继承生父母的遗产。继父母继承了继子女遗产的,不影响其继承生子女的遗产。另一方面,继子女与继父母的近亲属之间、继父母与继子女的近亲属之间不因此当然产生近亲属之间的权利义务。《民法典继承编解释(一)》第13条规定,继兄弟姐妹之间的继承权,因继兄弟姐妹之间的扶养关系而发生。没有扶养关系的,不能互为第二顺序继承人。继兄弟姐妹之间相互继承了遗产的,不影响其继承亲兄弟姐妹的遗产。

可见,我国民法不承认拟制血亲的继父母子女关系的效力可及于其他近亲属。

 小贴士

继父母子女关系终止事由及效力

继父母子女关系终止事由有:(1)继父母子女一方死亡。(2)继父母离婚。(3)协议解除。(4)诉讼解除。继父母子女关系消灭的,双方之间的父母子女权利义务关系即行消灭。但是,若继子女是由继父母抚养成人的,继父母子女关系的消灭并不使其对继父母的赡养扶助义务消灭。

【案例4-2】

韩某(男)与孙某(女)于2015年4月登记结婚。2016年2月,孙某生下一男孩,取名韩东。2018年7月经法院判决,韩某与孙某离婚,韩东由孙某抚养,韩某每月支付韩东抚养费1000元至韩东能独立生活为止。2022年3月,韩某向人民法院提起诉讼,请求确认其与韩东之间不存在亲子关系,并提交了相关证据,及亲子鉴定申请。同时请求返还抚养费。法院受理该案后,孙某不同意进行亲子鉴定。

请问:韩某的请求能否得到法院支持?

【解析】

《民法典》第1073条规定了父母或成年子女请求确认或者否认亲子关系的权利,"对亲子关系有异议且有正当理由的,父或者母可以向人民法院提起诉讼,请求确认或者否认亲子关系……"

本案中,韩某有证据证明韩东并非其亲生,有权向人民法院提起婚生子女否认之诉,且提交了有关证据。但是证明韩某和韩东之间是否具有父子关系最为重要和有力的证据就是亲子鉴定,然而孙某作为韩东监护人却拒绝进行亲子鉴定。

依据《民法典婚姻家庭编解释(一)》第39条规定:"父或者母向人民法院起诉请求否认亲子关系,并已提供必要证据予以证明,另一方没有相反证据又拒绝做亲子鉴定的,人民法院可以认定否认亲子关系一方的主张成立。"据此,孙某拒绝亲子鉴定,法院可以判决确认韩某与韩东之间不存在父子关系。

本案中存在欺诈性抚养问题。欺诈性抚养是指在婚姻关系存续期间乃至离婚以后,妻子明知在婚姻关系存续期间所生子女为非婚生子女,而进行欺诈隐瞒,称其为婚生子女,使丈夫承担对该子女的抚养义务的,可称为欺诈性抚养关系。被欺诈人可以向欺诈人主张返抚养费。人民法院应当判决孙某返还韩某被欺诈支付的抚养费。

第三节　祖孙关系和兄弟姐妹关系

一、祖孙关系

祖孙关系是指祖父母、外祖父母和孙子女、外孙子女之间的关系,他们是二亲等直系血亲。祖孙关系包括自然血亲的祖孙关系和拟制血亲的养祖孙关系。祖孙间的抚养和赡养仅存在于特定的情形下,因为一般的抚养和赡养关系发生在父母子女之间。

《民法典》第 1074 条规定,有负担能力的祖父母、外祖父母,对于父母已经死亡或者父母无力抚养的未成年孙子女、外孙子女,有抚养的义务。有负担能力的孙子女、外孙子女,对于子女已经死亡或者子女无力赡养的祖父母、外祖父母,有赡养的义务。祖孙之间抚养义务和赡养义务的产生需要具备特定的条件,这是附条件的抚养义务和赡养义务。

(一) 祖(外)父母抚养孙(外)子女的条件

1. 抚养人有负担能力

祖父母、外祖父母在经济上、生活上、身体上有抚养孙子女、外孙子女的能力,在满足自己生活和第一顺序法定抚养义务人(配偶、子女、父母)的合理生活需要之后,还有负担的能力。

2. 被抚养人的父母无力抚养

被抚养人的父母已经死亡或者一方死亡、另一方确无抚养能力,或者父母均丧失抚养能力。父母丧失抚养能力的情形如父母患有严重疾病、生活不能自理,父母收入不足以维持其个人消费支出,父母为残疾人、缺乏劳动能力等。

3. 被抚养人为未成年人

被抚养人为未成年人且不能维持生活,如果孙子女、外孙子女虽然未成年,但是能够以自己财产维持生活的,不需要被抚养。已经成年的孙子女、外孙子女,无论其是否有独自生活能力,祖父母、外祖父母均无抚养义务。

在同时具备上述条件时,祖父母、外祖父母才承担对孙子女、外孙子女的抚养义务。祖父母、外祖父母均有抚养能力,且均愿意承担抚养义务的,需要在他们之间合理分配抚养责任,选择最有利于未成年人健康成长的抚养方式。适用上述规定时,不以是否同居一家、共同生活为限。

(二) 孙(外)子女抚养祖(外)父母的条件

1. 孙子女、外孙子女有赡养的能力,且为成年人

孙子女、外孙子女在经济、生活条件、工作、身体和精神状况等方面有能力承担赡养义务,即以自己的劳动收入或者其他收入满足自己生活需要和第一顺序法定扶养义务人

(配偶、子女、父母)生活需要之后,还有承担赡养祖父母、外祖父母的能力。若孙子女、外孙子女中有多人均有负担能力的,应当根据经济状况共同负担。

2.被赡养人的子女已经死亡或者子女无力赡养

被赡养人的子女死亡,则承担赡养义务的主体消灭,或者被赡养人的子女无力赡养的,均需要由其他人承担赡养义务。

3.被赡养人有赡养的需要

祖父母、外祖父母失去劳动能力、生活困难、没有经济来源,或者经济来源不足以能维持当地基本生活水平。

在同时具备上述条件时,孙子女、外孙子女才需要承担赡养义务。祖孙之间的赡养和抚养关系不以双方共同居住、共同生活为限。

二、兄弟姐妹关系

兄弟姐妹之间是同辈旁系血亲关系,兄弟姐妹包括全血缘兄弟姐妹、半血缘兄弟姐妹、有抚养关系的继兄弟姐妹和养兄弟姐妹。兄弟姐妹之间通常没有扶养义务,相互间没有权利义务关系。仅在特定条件下,兄弟姐妹之间才发生扶养关系,这是附条件的扶养义务。

《民法典》第1075条规定,有负担能力的兄、姐,对于父母已经死亡或者父母无力抚养的未成年弟、妹,有扶养的义务。由兄、姐扶养长大的有负担能力的弟、妹,对于缺乏劳动能力又缺乏生活来源的兄、姐,有扶养的义务。

(一)兄姐扶养弟妹的条件

1.兄姐有负担能力,且成年

兄姐需为有负担能力的成年人,在经济上、生活上、身体上均能够承担弟妹的扶养,即在兄姐以劳动收入和其他收入维持自己及其第一顺序的法定扶养义务人(配偶、子女、父母)的合理生活需要后,还有扶养弟妹的能力。

2.被抚养人的父母已经死亡或者父母确实无力抚养

父母死亡是扶养义务承担主体的消灭,父母无力抚养是父母的经济、身体等状况确实不能抚养子女。

兄姐对弟妹承担扶养义务不一定要同居一家、共同生活。当兄姐、祖父母、外祖父母均有负担能力时,需要在他们之间合理分配扶养责任,从而有利于被扶养人的健康成长。

3.弟妹为未成年人

弟妹为未成年人,体现了被扶养人需要扶养的现实需求。

(二)弟妹扶养兄姐的条件

1.弟妹有负担能力

弟妹以自己的劳动收入和其他收入在能够满足本人和第一顺序的法定扶养义务人

(配偶、子女、父母)的合理生活需要后,有扶养兄姐的能力。

2. 弟妹由兄姐扶养长大

弟妹曾长期依靠兄姐提供全部或者主要扶养费用,直到能够依靠自己的收入作为主要生活来源。

3. 兄姐缺乏劳动能力和生活来源

缺乏劳动能力是指缺乏或丧失一般正常的劳动能力。缺乏生活来源是指缺乏生存必需的生活费用和用品。

同时具备上述条件,弟妹才需要承担对兄姐的扶养义务。同样,此义务不以同居一家、共同生活为限。

祖孙之间、兄弟姐妹之间的扶养义务是对父母子女间扶养义务的补充,是第二位的。当条件具备时,权利人可以因义务人不履行扶养义务的行为向人民法院起诉,要求法院强制义务人履行扶养义务。

小贴士

扶养的程度和扶养方式的规定

我国《民法典》对扶养程度没有作出明确的规定。对祖孙之间、兄弟姐妹之间的扶养程度,应依扶养权利人需要和扶养义务人的能力,通过协商来确定;协商不成或者不能协商的,扶养权利人可要求人民法院考虑扶养权利人需要和扶养义务人的资力及其他有关情事决定。

我国《民法典》对扶养方式没有作出专门规定,只规定对不履行扶养义务的义务人,权利人有要求其履行义务的权利。对此,根据实践及相关立法例,扶养方式应有两种形式:第一种是将扶养权利人接回家,以共同生活方式进行扶养;第二种是以定期给付扶养费、探视、扶助等方式进行扶养,并以协议形式载明扶养费的数额、给付期限及给付方法。

当事人协商不成的,由法院根据当事人双方情况作出决定,并明确规定扶养费的追索办法。对不履行的,法院可根据申请责令义务人履行扶养义务。

【案例4-3】

侯某研究生毕业后在北京某大型企业集团公司工作,每月工资5万余元。其祖父母、父母均没有生活来源,其还有一个12岁的弟弟正在上中学。得知侯某每月经济收入后,其祖父母、父母及弟弟都想向其索要抚养费。

请问:侯某如何做才符合法律之规定?

【解析】

近亲属之间具有相互抚养义务(广义)。根据《民法典》第1067条第2款规定,成年子女不履行赡养义务的,缺乏劳动能力或者生活困难的父母,有要求成年子女给付赡养费的权利。侯某应当向其父母履行抚养义务。

又依据《民法典》第 1074 条第 2 款的规定,有负担能力的孙子女、外孙子女,对于子女已经死亡或者子女无力赡养的祖父母、外祖父母,有赡养的义务。《民法典》第 1075 条第 1 款还规定,有负担能力的兄、姐,对于父母已经死亡或者父母无力抚养的未成年弟、妹,有扶养的义务。在侯某承担父母生活费后仍然有余力的情况下,应当向其祖父母和弟弟支付必要的生活费。

【引导案例解析】

(1)2018 年 8 月双方离婚前财产,2018 年 3 月至 8 月,张某所得补发工资 6000 元,以及复婚后双方所得,属于夫妻共有财产。

(2)张某离婚后、复婚前个人经营所得属于个人所有财产,他使用个人所有财产购买汽车不属于擅自处分夫妻共有财产,买卖行为合法有效。

(3)张某用个人所有财产购买的汽车属于其个人所有。按照《民法典》婚姻家庭编的规定,经营收益应该属于夫妻共有。

【复习思考题】

一、简答题

1. 夫妻之间有哪些身份上的权利义务?
2. 简述我国现行法律对夫妻财产制的规定。
3. 我国现行法律中父母子女间有哪些权利义务?
4. 简述人工授精子女的法律地位。
5. 简述继父母子女的法律地位。
6. 简述祖孙扶养和兄弟姐妹扶养的条件。

二、不定项选择题

1. 刘谋、王瑶系老夫少妻,刘谋婚前个人名下拥有别墅一栋。关于婚后该别墅的归属,下列(　　)是正确的。
   A. 该别墅不可能转化为夫妻共同财产
   B. 婚后该别墅自动转化为夫妻共同财产
   C. 婚姻持续满 8 年后该别墅即依法转化为夫妻共同财产
   D. 刘、王可约定婚姻持续 8 年后该别墅转化为夫妻共同财产
2. 军人的(　　)等也属于个人财产。
   A. 复员费　　　B. 伤亡保险金　　　C. 伤残补助金　　　D. 医药生活补助费

3. 夫妻在婚姻关系存续期间所得的下列财产,归夫妻共同所有(   )。

A. 工资、奖金、劳务报酬

B. 生产、经营、投资的收益

C. 知识产权的收益

D. 继承或者受赠的财产(但是明确只归一方的财产除外)

4. 夫妻一方所有的财产范围,包括(   )。

A. 一方的婚前财产

B. 一方因受到人身损害获得的赔偿或者补偿

C. 遗嘱或者赠与合同中确定只归一方的财产

D. 一方专用的生活用品

5. 夫妻间的扶养是指夫妻之间(   )的义务。

A. 互相扶助　　　　B. 互相供养　　　　C. 相互帮助　　　　D. 相互抚养

6. 父母抚养教育子女的义务包括(   )。

A. 抚养的义务　　　　　　　　　　　B. 教育和保护的义务

C. 法定代理义务　　　　　　　　　　D. 禁止溺婴、弃婴和其他残害婴儿的行为

三、案例分析题

高某的丈夫因交通事故去世,留下一子5岁的梁小鹏。高某与其公公婆婆梁某、吴某经法院调解,达成"梁小鹏随梁某、吴某生活"的调解协议。后高某到法院起诉,要求变更抚养关系,由其自行抚养梁小鹏。梁某、吴某辩称:其身体健康,有经济能力抚养孙子,并经生效的法律文书确认,应予保护,拒不同意高某的诉讼请求。

试分析:

(1)母亲与祖父母因协议确定子女由祖父母抚养是否有效?

(2)协议确定抚养关系后能否变更?

第五章　离婚法律制度

【学习目标】

1. 掌握协议离婚的条件、程序及效力,诉讼离婚的法定条件,离婚时夫妻财产分割的范围和原则,探望权法律制度。

2. 理解离婚的法律后果,尤其是子女抚养、离婚经济补偿、离婚时经济帮助、离婚损害赔偿。

3. 了解离婚的概念和特征。

【引导案例】

甲男和乙女自由恋爱并于 2006 年结婚,婚后不久生下女儿。因为家庭琐事,夫妻时常发生矛盾争吵,甲男甚至殴打过乙女。2019 年,甲男的一套承租房动迁后,分得郊区安置房,产权证上登记了夫妻和女儿的名字,余下 100 多万动迁款由甲男保管。

此后,夫妻两人的争吵更加严重,甲男多次夜不归宿,"离婚"经常挂在夫妻双方的嘴边。乙女因此得了抑郁症,不得不放弃工作。2021 年 1 月 7 日,夫妻双方前往民政局办理离婚手续。2021 年 2 月 8 日,双方离婚冷静期已满 30 天,甲男提出与乙女一同去民政局申领离婚证,但乙女后悔离婚。

第一节　离婚的概念和特征

一、离婚的概念

离婚,又称离异、婚姻关系的解除,是配偶在生存期间依法解除婚姻关系的行为。

二、离婚的特征

(一)离婚主体限定性

离婚是夫妻双方的行为,必须由夫妻双方亲自进行。它包含两个方面内容:一是离婚当事人必须是合法的夫妻双方,没有婚姻关系的男女之间不存在离婚的问题。二是离婚行为必须由当事人亲自而为,其他任何人不能代为行使离婚的权利。

(二) 离婚条件法定性

离婚是以解除夫妻关系为目的的行为,往往涉及财产分割和子女抚养等诸多问题。因此,从性质上看,离婚不仅是当事人的个人行为,同时也是社会行为;从后果上看,无论在法律上还是事实上,离婚都会给当事人以及利害关系人带来重大影响。因此,各国法律在规制离婚行为的时候,都无一例外地为其规定了明确的条件。对不符合离婚条件的离婚申请,离婚管辖机关都不予准许。

(三) 离婚行为要式性

离婚行为是法律行为,必须遵守法律规定的程序和方式,否则不能发生解除婚姻关系的效力。离婚行为的要式性主要体现在:离婚管辖机关是专门机关,离婚行为属于专门管辖的行为;提起离婚的方式、手续和步骤要遵守法律规定,当事人不能任意进行;管辖机关对离婚与否的裁决必须符合法定条件和程序。离婚行为的要式性决定了离婚裁决的权威性,当事人必须遵守。

(四) 离婚后果多样性

离婚不仅解除夫妻的人身关系,而且还要解决夫妻共同生活期间形成的财产关系,并对子女的监护、抚养教育等问题一并作出处理。因此,离婚后果不是单一的,而是兼容的。当事人申请离婚时,不能只要求解除夫妻人身关系而保留夫妻共同财产。离婚管辖机关在准予离婚或裁决离婚的时候,一般也不能只准许解除夫妻人身关系而对财产关系不作处理。

🐭 **小贴士**

离婚与无效婚姻的区别

(1)离婚是解除合法婚姻关系的行为。无效婚姻是欠缺婚姻成立法定条件的违法结合。

(2)离婚原因发生于婚后。无效婚姻原因发生在婚前或结婚时。

(3)离婚自婚姻关系解除之日生效,是当事人的生前行为。无效婚姻自始无效,宣告婚姻无效可在当事人生存期间,也可在当事人死后。

(4)离婚请求权限于婚姻关系当事人本人行使。无效婚姻请求权可由当事人行使,也可由利害关系人行使。

(5)法院审理离婚案件应调解。婚姻无效案件不适用调解,法院直接作出婚姻无效判决。

(6)离婚解除当事人身份关系,分割夫妻共同财产(照顾女方)。无效婚姻男女无配偶权,不按夫妻关系处理同居财产(照顾无过错方)。

三、我国的离婚制度

(一) 古代的离婚制度

我国古代的离婚制度是与宗法家族制度相适应的,实行许可离婚、专权离婚、限制离婚制度。离婚方式上,以出妻为主,以和离、义绝和一定条件下的呈诉离婚为补充。我国古代的离婚主要有四种方式。

1. 出妻

出妻,即男子强制休妻。出妻是中国古代最主要的离婚方式,是以法律形式固定下来的休妻的法定理由。出妻的七种理由即"七出",包括不顺父母、无子、淫、妒、有恶疾、多言、窃盗。为维护封建道德,古代婚姻制度规定了三种丈夫不得休妻的法定事由,客观上取得了保护女性权利的效果。三不去包括有所娶无所归、与更三年丧、前贫贱后富贵。

2. 和离

和离是我国封建社会允许夫妻通过协议自愿解除婚姻的方式。但在男尊女卑的封建社会里,妇女受着三从四德和贞操观念的束缚,很难真正实现离婚的愿望。所谓和离,大多是协议休妻或放妻,往往成为男方为掩盖出妻原因,以避免家丑外扬而采取的变通形式。

3. 义绝

义绝不是独立的离婚制度,是刑事案件附带的民事法律后果。如果夫妻之间,夫妻一方与他方的一定亲属间,或者双方的一定亲属间发生了法律指明的相互侵害,如殴斗、相杀等犯罪事件,在追究犯罪人刑事责任的同时,夫妻关系必须解除。义绝具有强制性,合当义绝而不绝者要受到处罚。

4. 呈诉离婚

呈诉离婚,即发生特定事由时由官司处断的离婚。依封建法律规定,如果"妻背夫在逃""夫逃亡3年""夫逼妻为娼""翁欺奸男妇"等,男女双方都可以呈诉要求解除婚姻关系。

(二) 新中国成立后的离婚制度

新中国的离婚制度是在婚姻家庭制度改革的长期实践中形成的,主要包括协议离婚和诉讼离婚两种,当事人可以根据法律规定的条件和习惯程序,自行选择适合自己的离婚方式。

【案例5-1】

2020年12月,河北省石家庄市A区人民法院在审理有30多年婚龄的朱某(54岁,邯郸市B县人)和妻子刘某因离婚涉及房产分割案时,发现朱某在提交的证据当中,有一份判决书有问题,怀疑系伪造。于是该法院将案件移交给A区公安局刑警中队进行侦查。该中队通过侦查,在掌握了充分的证据后,认定朱某有伪造国家公文的重大作案嫌疑,并多次对朱某抓捕,抓捕未果后警方开始追逃。

2021年7月26日,办案民警在广州发现朱某踪迹,并在当地警方配合下,经过两天两夜的蹲守,于7月28日将嫌疑人朱某成功抓获。

经审讯,嫌疑人朱某称自己与妻子刘某结婚已有30余年,因家庭琐事争执不断,最终导致夫妻感情破裂,对簿公堂。为霸占财产,朱某找到假证贩子制作了一份有利于谋夺财产的假判决书。2021年8月2日,办案民警将嫌疑人朱某从广州押解回石家庄A区,并以涉嫌伪造国家机关公文罪对其刑事拘留。

问:因离婚诉讼财产纠纷案而引发的伪造国家机关公文是严重的犯罪行为吗?

【解析】

离婚必须依照法律规定的条件和程序办理,弄虚作假的行为不但没有任何法律效力,还会受到法律的制裁。本案丈夫朱某伪造假判决书被识破,案件从民事案件转为刑事案件。不但伪造的判决书不能作为离婚房产分割的依据,同时朱某还要承担刑事责任。人民法院刑事审判庭判决朱某触犯我国《刑法》第280条的规定,犯伪造国家机关公文罪,判处3年有期徒刑。

第二节　协议离婚和诉讼离婚

一、协议离婚的概念

协议离婚,又称两愿离婚、登记离婚,是指夫妻双方签订离婚协议,通过行政程序解除婚姻关系的一种离婚方式。

协议离婚有利于减少诉讼纠纷,有利于协议的执行。近年来协议离婚的数量逐年上升,反映了人们离婚观念的变化。

二、协议离婚的条件

《民法典》第1076条规定,夫妻双方自愿离婚的,应当签订书面离婚协议,并亲自到婚姻登记机关申请离婚登记。离婚协议应当载明双方自愿离婚的意思表示和对子女抚养、财产以及债务处理等事项协商一致的意见。

(一)男女双方自愿离婚

当事人双方必须具有离婚的合意,即当事人双方对离婚的意愿必须是一致和真实的,而不是虚假的;是出于完全自愿的,而不是受对方或第三方欺诈、胁迫的。

(二)男女双方办理过结婚登记

未办理结婚登记的非婚同居者,不予办理离婚登记。

(三)男女双方当事人有完全民事行为能力

无民事行为能力或限制民事行为能力者不适用协议离婚,因为只有完全民事行为能力人才能独立自主地处理自己的婚姻问题。如果一方或双方当事人为限制民事行为能力或无民事行为能力的,应依诉讼程序办理。

（四）男女双方对子女抚养和财产问题达成协议

双方离婚后对子女的监护、抚养、教育以及夫妻共同财产的分割、共同债务的清偿、一方是否需要对另一方予以经济帮助等事项应达成书面协议，协议的内容应当有利于保护妇女和子女的合法权益，不违背法律的规定。

《民法典》第 1078 条规定，婚姻登记机关查明双方确实是自愿离婚，并已经对子女抚养、财产以及债务处理等事项协商一致的，予以登记，发给离婚证。对协议离婚而言，"双方自愿"是基本条件，"对子女和财产问题已有适当处理"是必要条件，如果不具备必要条件，则不能通过行政登记程序，而只能通过诉讼程序离婚。

三、离婚冷静期

离婚冷静期是指夫妻离婚时，人民政府强制要求双方暂时分开，考虑清楚后再行决定是否继续离婚。"冷静期"只适用于夫妻双方自愿的协议离婚，对于有家暴情形的，当事人可以向法院提起诉讼，诉讼离婚没有"冷静期"的规定。

《民法典》第 1077 条规定："自婚姻登记机关收到离婚登记申请之日起 30 日内，任何一方不愿意离婚的，可以向婚姻登记机关撤回离婚登记申请。""前款规定期限届满后 30 日内，双方应当亲自到婚姻登记机关申请发给离婚证；未申请的，视为撤回离婚登记申请。"

由于离婚并不仅仅是夫妻两个人的事情，"离婚冷静期"的设置考虑到了冲动离婚的情况，不会使离婚手续变得复杂，而是让夫妻双方能够进一步对婚姻进行思考，理性、慎重对待离婚的问题。

离婚冷静期的法律特征如下。

1.离婚冷静期的前提是尊重离婚自由原则。即《民法典》第 1077 条的规定不是限制离婚自由，而是在离婚自由的前提下给予双方适当时间冷静思考。

2.离婚冷静期仅适用于登记离婚，不适用于诉讼离婚。

3.离婚冷静期的基本作用，是设置一个时间门槛。

4.离婚冷静期的结果，是确定当事人的离婚意愿是否真实，决定是否继续或者终结离婚登记程序。[1]

四、协议离婚的机关

协议离婚的管辖机关和结婚登记的管辖机关都是民政机关。离婚登记机关按地域行使管辖权。当事人双方须到一方户口所在地或者常住户口所在地的婚姻登记管理机关申请离婚登记。

---

[1] 杨立新、蒋晓华：《对民法典婚姻家庭编草案规定离婚冷静期的立法评估》，载《河南社会科学》，2019(6)。

五、离婚登记程序

根据民政部《关于贯彻落实〈中华人民共和国民法典〉中有关婚姻登记规定的通知》的规定,根据《民法典》第 1076 条、第 1077 条和第 1078 条规定,离婚登记按如下程序办理。

(一)申请

夫妻双方自愿离婚的,应当签订书面离婚协议,共同到有管辖权的婚姻登记机关提出申请,并提供以下证件和证明材料:(1)内地婚姻登记机关或者中国驻外使(领)馆颁发的结婚证;(2)符合《婚姻登记工作规范》第 29 条至第 35 条规定的有效身份证件;(3)在婚姻登记机关现场填写的《离婚登记申请书》。

(二)受理

婚姻登记员按照《婚姻登记工作规范》有关规定对当事人提交的上述材料进行初审。

申请办理离婚登记的当事人有一本结婚证丢失的,当事人应当书面声明遗失,婚姻登记员可以根据另一本结婚证受理离婚登记申请;申请办理离婚登记的当事人两本结婚证都丢失的,当事人应当书面声明结婚证遗失并提供加盖查档专用章的结婚登记档案复印件,婚姻登记员可根据当事人提供的上述材料受理离婚登记申请。

婚姻登记员对当事人提交的证件和证明材料初审无误后,发给《离婚登记申请受理回执单》。不符合离婚登记申请条件的,不予受理。当事人要求出具《不予受理离婚登记申请告知书》的,应当出具。

(三)冷静期

自婚姻登记机关收到离婚登记申请并向当事人发放《离婚登记申请受理回执单》之日起 30 日内,任何一方不愿意离婚的,可以持本人有效身份证件和《离婚登记申请受理回执单》(遗失的可不提供,但需书面说明情况),向受理离婚登记申请的婚姻登记机关撤回离婚登记申请,并亲自填写《撤回离婚登记申请书》。经婚姻登记机关核实无误后,发给《撤回离婚登记申请确认单》,并将《离婚登记申请书》《撤回离婚登记申请书》与《撤回离婚登记申请确认单(存根联)》一并存档。

自离婚冷静期届满后 30 日内,双方未共同到婚姻登记机关申请发给离婚证的,视为撤回离婚登记申请。

(四)审查

离婚冷静期届满后 30 日内(期间届满的最后一日是节假日的,以节假日后的第一日为期限届满的日期),双方当事人应当持《婚姻登记工作规范》第 55 条第(4)至第(7)项规定的证件和材料,共同到婚姻登记机关申请发给离婚证。

婚姻登记机关按照《婚姻登记工作规范》第 56 条和第 57 条规定的程序和条件执行和审查。婚姻登记机关对不符合离婚登记条件的,不予办理。当事人要求出具《不予办理离婚登记告知书》的,应当出具。

（五）登记（发证）

婚姻登记机关按照《婚姻登记工作规范》第 58 条至 60 条规定,予以登记,发给离婚证。离婚协议书一式三份,男女双方各一份并自行保存,婚姻登记处存档一份。

 小贴士

协议离婚后当事人又起诉的应如何处理?

根据《民法典婚姻家庭编解释(一)》第 69 条的规定,当事人达成的以协议离婚或者到人民法院调解离婚为条件的财产以及债务处理协议,如果双方离婚未成,一方在离婚诉讼中反悔的,人民法院应当认定该财产以及债务处理协议没有生效,并根据实际情况依照《民法典》第 1087 条和第 1089 条的规定判决。

当事人依照《民法典》第 1076 条签订的离婚协议中关于财产以及债务处理的条款,对男女双方具有法律约束力。登记离婚后当事人因履行上述协议发生纠纷提起诉讼的,人民法院应当受理。

《民法典婚姻家庭编解释(一)》第 70 条的规定,夫妻双方协议离婚后就财产分割问题反悔,请求撤销财产分割协议的,人民法院应当受理。人民法院审理后,未发现订立财产分割协议时存在欺诈、胁迫等情形的,应当依法驳回当事人的诉讼请求。

六、诉讼离婚的概念

诉讼离婚,又叫判决离婚,是由法院调解或判决解除婚姻关系的一种离婚方式。适用于一方要求离婚或双方对子女抚养及财产分割有争议的离婚。

诉讼程序对财产问题及子女抚养等问题审查得比较全面,有利于法律对婚姻进行必要的监督。

七、诉讼离婚的程序

（一）诉讼外的调解

《民法典》第 1079 条第 1 款规定了离婚的诉讼外调解程序。"夫妻一方要求离婚的,可以由有关组织进行调解……"诉讼外的调解不具有法律强制性,不是离婚的必经程序。可以进行诉讼外调解的部门包括当事人所在单位、群众团体、基层调解组织或者行政主管部门。诉讼外调解必须遵循自愿、合法原则。诉讼外调解程序有利于发挥基层组织化解纠纷的积极作用,有利于改善夫妻关系,减少诉讼。

(二) 诉讼中的调解

法院审理离婚案件必须进行调解,诉讼中的调解是诉讼离婚的必经程序。《民法典》第 1079 条第 2 款规定:"人民法院审理离婚案件,应当进行调解。"

1. 诉讼中调解的意义

(1)有利于对当事人进行法制教育,做好当事人的思想工作,使案件得到及时处理。

(2)调解达成协议的,当事人一般能够自觉履行,减少法院执行工作的压力。

2. 诉讼中调解的原则

诉讼中的调解要坚持合法、自愿原则,要在查清事实的基础上进行,要把握当事人的真实思想,做深入细致的思想工作。

小贴士

诉讼中的调解

诉讼中的调解是法院的职权,不是当事人的请求权。法院审理离婚案件,必须进行调解。

3. 调解的结果

调解的结果有两种,一是经调解达成协议,存在两种可能情况,经调解和好或者经调解达成离婚协议。另一种是调解无效,进入判决阶段。调解无效也有两种情况,第一种是经调解双方在是否离婚问题上没有达成一致意见;第二种是经调解发现双方感情确已破裂无法共同生活。

4. 离婚调解书的内容和效力

离婚调解书应该包含解除夫妻人身关系和处理离婚后果两部分内容。夫妻双方对子女抚养、财产分割和离婚补偿、赔偿全部达成协议后,才能制作离婚调解书。如果夫妻双方只同意离婚,但对离婚后果方面的问题达不成协议的,都只能判决结案,而不能调解结案。离婚调解书送达后,与离婚判决书有同等的法律效力,是婚姻关系合法解除的依据。但和离婚判决书不同的是,离婚调解书一经送达,即产生法律效力,当事人不能上诉。同时,对解除夫妻人身关系的调解内容而言,当事人也不能申诉。

(三) 判决

判决离婚在调解无效的基础上进行。需要注意的是调解无效的不同情况,产生的判决结果有差别。如经调解双方在是否离婚问题上没有达成一致意见,根据感情是否确已破裂的标准判决准予离婚或不准离婚。第二种是经调解发现双方感情确已破裂无法共同生活,判决准予离婚。因此不要把调解无效作为感情确已破裂的标志。

小贴士

凡属人民法院管辖和处理的离婚纠纷,无论是经过调解解决还是经过判决解决,都属于离婚的诉讼程序。因为在法院审理离婚案件的过程中,经过调解,当事人可能达成协议,因而不使用判决的结案方式,但这种调解协议的达成是司法行为的结果,且须经过法院确认,制作正式法律文书,具有裁判的效力。

(四) 判决准予离婚的法定条件

1. 夫妻感情破裂是判决准予离婚的法定条件

《民法典》第 1079 条第 2 款的规定是我国离婚制度中判决准予离婚的法定理由,也是人民法院处理离婚纠纷的基本原则和法定依据。根据这一规定,认定夫妻感情是否确已破裂就成为是否判决准予离婚的法定条件。

(1)将夫妻感情确已破裂作为准予离婚的法定条件的意义。

我国将"夫妻感情是否确已破裂"作为准予离婚或者不准予离婚的法定条件,反映了社会主义婚姻的本质。社会主义社会,爱情是婚姻的本质,是两性结合的基础。婚姻的成立和维系是以爱情为基础,当双方感情无法维持时,解除这种痛苦的婚姻关系,无论对双方还是对社会都是有好处的。

(2)夫妻感情确已破裂的含义。

正确理解夫妻感情确已破裂应注意以下三点。

第一,破裂的内容是夫妻感情而不是婚姻生活的其他方面。

第二,必须是婚姻当事人的感情破裂,而非其他人的感情破裂。不具有合法婚姻关系的男女,谈不上用感情破裂的标准裁决离婚的问题。

第三,必须是夫妻感情确实已经破裂,即无可挽回的破裂,不是可能破裂或者部分破裂。对于夫妻感情并未完全破裂的,司法机关首先要做的是修补当事人的感情裂痕,而不是准许其离婚。

(3)夫妻感情确已破裂和调解无效的关系。

从立法的本意看,为了简洁,将实质条件和程序条件置于一条之中处理;从规范的性质看,两者存在着明显的区别。调解无效是程序上的要求。调解无效,广义上应该包括调解和好无效和调解离婚无效两种可能,在许多情况下,调解无效并不意味着感情确已破裂。因此,只有夫妻感情确已破裂才是实质条件。

2. 认定夫妻感情确已破裂的方法

(1)认定夫妻感情确已破裂的具体标准。

根据《民法典》第 1079 条第 3 款的规定,认定夫妻感情确已破裂的标准如下。

①重婚或者与他人同居。这两种行为违背了夫妻应当相互忠实的原则,是对夫妻关系的重大破坏。如果夫妻一方有这两种行为之一,经调解无效,应准许离婚。

🧹 **小贴士**

"通奸或者有配偶者与他人同居"在外国法中的规定

通奸或者有配偶者与他人同居,是外国法律规定的准予离婚理由中最普遍的一种。

如《瑞士民法典》第137条规定:"配偶一方与他人通奸,他方可诉请离婚。""有诉权的配偶,在发生通奸的5年内,可提起诉讼,与其因时效而消灭。事前同意或者事后宽恕通奸的配偶,无诉权。"

②实施家庭暴力或者虐待、遗弃家庭成员。以此项为根据来判决离婚,需要把握两点:第一,这种行为应是程度、后果比较严重的。如果是偶尔实施的,且性质不严重,也未造成严重后果的,应当在批评教育加害人的同时,努力作好调解和好的工作。第二,家庭暴力、虐待、遗弃的受害者一般是夫妻中一方,但从法条规定来看,并不以此为限。实施这些行为,侵害其他家庭成员的,如无过错一方以此诉请离婚的,同样可以适用这条规定。

③有赌博、吸毒等恶习屡教不改。赌博、吸毒者往往置家庭生活、夫妻关系于不顾,既耗费家庭财产,又破坏夫妻感情。夫妻一方以此诉请离婚的,如调解无效,亦应予以支持。适用这条规定时应注意:第一,一方赌博、吸毒应当已经形成"恶习",即表现为是长期的、严重的,且属于"屡教不改"的。偶尔的赌博、吸毒行为,或者经教育已经改正的,不能构成判决离婚的理由。第二,此项规定是一种示例性的规定,除赌博、吸毒之外,其他方面屡教不改的恶习,如一贯的酗酒滋事等同样适用此项规定。

司法实践中,对于过错方起诉要求离婚的,不应当因当事人有过错而判决不准离婚。

④因感情不和分居满二年。

此项规定需要特别强调两点,一是双方分居的原因只能是"感情不和",不包括因为客观原因的分居,比如出差、出国、到外地学习或分别在两地工作等造成的分居;二是两年的分居时间应该是不间断的、持续的。我国《民法典》规定的分居时间虽然比其他一些国家的法律规定要短,但是从我国国情出发,两年的时间足以证明夫妻之间已经失去了共同生活的基础。

小贴士

外国法中关于"分居年限"作为准予离婚的条件的规定

许多国家都将分居年限作为准予离婚的法定条件之一。但对具体年限的规定不尽一致。英国1969年《离婚改革法》规定,对于被告不同意离婚判决的,双方只需连续分居2年,否则分居须连续达5年。美国有18个州准许配偶以分居达到一定期限的事实作为根据提出离婚,各州规定的分居期限从6个月到3年不等。《法国民法典》规定夫妻事实上分居已经达到6年,夫妻一方始得以共同生活长期中断为由诉请离婚。

⑤其他导致夫妻感情破裂的情形。

这是一条补充性的、富有弹性的规定,用以弥补前述规定的不足。基于婚姻生活的复杂性,夫妻感情破裂的原因多种多样,比如严重的精神疾病、生理缺陷,等等。这些情形在法律上不可能一一列举。作出这样的规定,既有利于从实际出发,正确处理离婚案件,又给了法官一定的自由裁量权,使法官可以根据具体情况作出独立的判断。当然,由于法官作出什么样的判断,极大地影响着当事人和有关第三人的权益和幸福,行使这种自由裁量权要慎之又慎。

总之,这五种情形可以分为两类,一类是一方有严重过错,另一类是因分居和其他原因证明夫妻感情确已破裂。该条款将法定离婚条件予以具体化,从而使人民法院有了明确的认定夫妻感情确已破裂的统一标准。该条款概括性规定与列举性规定兼收并蓄,结合运用,显示出法律规范的科学合理的技术性和操作性。这是我国离婚标准立法的一大发展和进步。

(2)评判夫妻感情是否确已破裂的综合标准。

认定夫妻感情是否破裂,是一件既重要又复杂细致的工作。夫妻感情包含多方面内容,感情又有可变性的特点。司法实践中应综合考虑双方的婚姻基础、婚后感情、离婚的原因、夫妻关系的现状及有无和好可能等各种因素。

①婚姻基础可以从双方恋爱时间的长短、结婚的动机和目的等反映出来。

这主要是看双方结婚是自主自愿的,还是父母或他人包办强迫的;是以爱情为基础的,还是以金钱、地位和才貌为目的而结合的;双方是通过恋爱充分了解而结合的,还是一见钟情的草率婚姻;是出于真心相爱,还是为了其他目的的权宜之计,或是出于同情、怜悯、感恩、虚荣心而结合的;是经过慎重考虑的,还是意外怀孕、迫不得已的情况下结合的等等。这些因素对婚后感情和离婚纠纷产生的原因都会有直接或间接的影响。当然,我们应持辩证观点,不可一概而论。

②婚后感情是指男女结婚以后的相互关切、忠诚、敬重、喜爱之情。

这主要是指从分析婚后感情发展变化,看婚后感情的发展趋势:首先,夫妻感情的发展变化,是由好变坏,还是由坏变好,或是时好时坏。要根据具体情况作全面的分析判断。其次,产生纠纷的具体情况,如发生纠纷的次数、程度、后果,等等。再次,各自的政治思想、工作态度、生活作风、性格爱好,以及家庭关系、经济状况,等等。

③离婚原因主要看引起夫妻纠纷的主要矛盾或夫妻双方争执的焦点与核心问题。

实践中,离婚的原因非常复杂,有的可能是多种因素交错在一起;有的是主观上的,有的是客观上的;有的是外部原因,有的是内部原因;有思想意识和道德品质问题,也有实际生活问题或生活琐事的影响;有第三者的干涉,也有当事人双方或一方为达到自己目的而制造虚假现象,等等。因此,只有去伪存真,查清离婚的事实原因,才能确定婚姻纠纷的性质并正确估量夫妻感情状况。

④有无和好的因素是指有没有争取夫妻和好的条件。

如夫妻双方对立情绪的大小、是否分居、夫妻间权利义务是否停止、对子女是否牵挂、坚持不离的一方有无和好的行动、有过错一方有无悔改表现,等等。对有和好可能的婚姻,法院应尽力做调解和好工作,尽量使这种可能变成现实。反之,则应依法准予离婚,不应永调不决。

此外,处理离婚案件时,还应适当考虑子女利益和社会影响。家庭是社会的细胞,一对夫妇的离散必然关系到子女利益和社会的利益。如果夫妻感情尚未完全破裂,应多劝导他们从子女的利益着想,不要离婚,以有利女子健康成长。如果夫妻感情确已破裂,但对子女的抚养未安排好或社会影响极坏,则应该缓期判离,可以等双方安排好子女生活或挽回了社会影响再判决离婚。

3. 准予离婚的补充性规定

《民法典》第 1079 条第 4 款规定:"一方被宣告失踪,另一方提起离婚诉讼的,应当准予离婚。"这一条款是对感情破裂作为诉讼离婚法定条件的补充性规定。

《民法典》第 40 条规定:"自然人下落不明满二年的,利害关系人可以向人民法院申请宣告该自然人为失踪人。"可见,从配偶一方离开家庭住所且与家庭无通讯联系之时起算,下落不明满两年的,人民法院依其利害关系人的申请,经公告查找 3 个月确无下落,即可宣告该公民失踪。宣告某公民失踪之后,说明婚姻关系已名存实亡,其配偶提出离婚诉讼的,人民法院应判决准予离婚。

此条款不以夫妻感情是否确已破裂作为判决离婚的标准,而是以配偶一方失踪、夫妻关系名存实亡的客观事实来推定婚姻已无存在的意义。如果能证明下落不明人已经死亡,或婚姻另一方当事人已经依《民法典》的规定经人民法院宣告该失踪人死亡的,则婚姻关系自然终止,无须提出离婚。

《民法典》第 1079 条第 5 款规定,经人民法院判决不准离婚后,双方又分居满一年,一方再次提起离婚诉讼的,应当准予离婚。

4. 婚姻关系的解除

《民法典》第 1080 条规定,完成离婚登记,或者离婚判决书、调解书生效,即解除婚姻关系。

八、诉讼离婚的特别规定

(一) 保护军婚

《民法典》第 1081 条规定:"现役军人的配偶要求离婚,应当征得军人同意,但是军人一方有重大过错的除外。"这一规定是对现役军人配偶的离婚请求权的一种限制,旨在从实体法角度对现役军人的婚姻关系进行特殊保护,有利于现役军人安心服役,增强部队战斗力,体现了国家对人民子弟兵的关怀和爱护。关于这一规定,应明确以下几点。

(1)现役军人的范围。现役军人是指正在人民解放军或武装警察部队服役,具有军籍的军官、士兵,不包括退役军人、复员军人、转业军人和军事单位中不具有军籍的职工。

(2)适用条件。只能是夫妻一方是军人,另一方是非军人的离婚案件,如果双方都是军人或双方都不是军人的,不适用此条规定。同时,适用这一条只能是非军人提出离婚,如果是军人提出离婚,也不适用此条的规定。

(3)《民法典婚姻家庭编解释(一)》第 64 条规定:《民法典》第 1081 条所称的"军人一

方有重大过错",可以依据《民法典》第 1079 条第 3 款前 3 项规定及军人有其他重大过错导致夫妻感情破裂的情形予以判断。军人一方有重大过错,一般是指军人一方的重大违法行为或其他严重破坏夫妻感情的行为,比如,重婚或者与他人同居;实施家庭暴力或者虐待、遗弃家庭成员的;有赌博、吸毒等恶习屡教不改的;以及军人有其他重大过错导致夫妻感情破裂的情形等。

(4)执行《民法典》第 1081 条规定应贯彻实事求是的精神。即在离婚问题上既要依法保护现役军人的婚姻,同时也要根据具体情况保护军人配偶的合法权益。具体说来,现役军人的配偶提出离婚,军人不同意离婚时,如果其婚姻基础和婚后感情都比较好,非军人一方没有特别重要原因提出离婚的,人民法院应与有关部门配合,对原告进行说服教育,劝其珍惜与军人的婚姻关系,尽量调解和好或判决不准离婚。如果夫妻关系恶化,感情已经破裂,确实不能继续维持的,人民法院认为确有离婚必要的,应通过军人所在部队团以上的政治机关,对军人做好思想工作,经其同意后可准予离婚。

(二) 保护妇女

《民法典》第 1082 条规定:"女方在怀孕期间、分娩后 1 年内或者终止妊娠后 6 个月内,男方不得提出离婚;但是,女方提出离婚的或者人民法院认为确有必要受理男方离婚请求的除外。"这是我国民法保护妇女、未成年人的合法权益原则的具体体现,也体现了在离婚问题上对妇女的特殊保护。

(1)这一特别规定仅是一种程序性的规定,并不涉及准予离婚或者不准予离婚的实质性问题。

(2)这一特别规定的例外。

①女方在此期间内提出离婚,不受这一规定的限制。在上述期间内,男女双方自愿离婚也应准许,只有这样解释才符合《民法典》第 1082 条规定的本意。

②法院认为确有必要受理男方离婚请求的,不受这一规定的限制。

"确有必要",根据审判实践经验包括:第一,双方确有不能继续共同生活的重大急迫的事由,如一方对另一方有危及生命、人身安全的可能,应视其迫切性及时受理离婚请求。第二,女方婚后与人通奸以致怀孕,男方提出离婚请求的。人民法院为防止矛盾更加激化,防止意外事故的发生,可以受理男方的离婚请求,即使如此也要强调对妇女和婴儿的保护。

【案例 5-2】

2021 年 9 月 17 日,四川省 A 县人民法院南溪法庭调解一起离婚案件,原告女方张某的离婚诉状洋洋洒洒写了 3 万多字,关于要求离婚的理由,张某在诉状中列举了不少离婚理由,比如:丈夫还跟小孩一样,不出去挣钱,整天在家上网,打游戏,生活上靠公婆给钱,婚后丈夫继续和别的女孩子网聊,等等。

除了上述理由之外,张某在诉状中还写道:"孩子有黄疸,婆婆总是抱着他晒太阳,晒太阳就能晒好吗?""他们抱孩子,竟然不停地晃悠,讨厌死了!""小姑子也不小了,总是不停地相亲,受不了!"等等。人民法院的法官要求原告张某明确离婚的诉讼请求。

问:离婚的诉讼理由可以随意列举吗?

【解析】

《民法典》第1079条规定,"夫妻感情确已破裂"是我国离婚制度中判决准予离婚的法定理由,也是人民法院处理离婚纠纷的基本原则和法定依据。人民法院判决离婚的主要依据是夫妻感情确已破裂。离婚理由不是随意编造的,只有符合诉讼离婚判决准予离婚的法定情形,经调解无效,法院才会作出准予离婚的判决。

出现了《民法典》第1079条第3款规定的五种情之一的,人民法院审理离婚案件,应当进行调解;如果感情确已破裂,调解无效,应准予离婚。

第三节　离婚的效力

一、离婚的夫妻身份效力

(一) 恢复再婚自由

婚姻关系解除后,男女双方都享有再婚自由,彼此无权干涉。

(二) 终止扶养义务

夫妻离婚后,随着夫妻身份关系的解除,夫妻互相扶养的义务也同时解除,任何一方不再有要求对方扶养的权利,任何一方也不再承担扶养对方的义务。

(三) 丧失继承资格

离婚后,夫妻双方失去了法定继承人的身份,彼此无权再以配偶身份继承对方遗产。

(四) 消灭姻亲关系

多数国家法律规定婚姻产生的姻亲关系,因离婚而归于消灭。我国法律对此没有规定,现实中多由当事人协商解决是否解除姻亲关系。

二、离婚的夫妻财产效力

(一) 夫妻共同财产的分割

1. 准确界定夫妻共同财产的范围

离婚对财产分割的范围仅限于夫妻共同财产。夫妻一方的个人财产、子女的财产、其他家庭成员的财产不属于分割的范围。

根据《民法典》第 1062 条的规定和《民法典婚姻家庭编解释(一)》的规定,夫妻共同财产包括以下内容。

(1)夫妻在婚姻关系存续期间的法定共同财产有:工资、奖金、劳务报酬;生产、经营、投资的收益;知识产权的收益;继承或者受赠的财产,但是本法第 1063 条第(3)项规定的除外;其他应当归共同所有的财产。

(2)婚姻关系存续期间,其他应当归共同所有的财产:一方以个人财产投资取得的收益;男女双方实际取得或者应当取得的住房补贴、住房公积金;男女双方实际取得或者应当取得的基本养老金、破产安置补偿费。

(3)夫妻一方个人财产在婚后产生的收益,除孳息和自然增值外,应认定为夫妻共同财产。

(4)由一方婚前承租、婚后用共同财产购买的房屋,登记在一方名下的,应当认定为夫妻共同财产。

(5)当事人结婚前,父母为双方购置房屋出资的,父母明确表示赠与双方的,为夫妻共同财产。

(6)婚后双方对婚前一方所有的房屋进行扩建的,扩建部分的房屋按夫妻共同财产处理。

(7)人民法院审理离婚案件,涉及分割发放到军人名下的复员费、自主择业费等一次性费用的,以夫妻婚姻关系存续年限乘以年平均值,所得数额为夫妻共同财产。

年平均值,是指将发放到军人名下的上述费用总额按具体年限均分得出的数额。其具体年限为人均寿命 70 岁与军人入伍时实际年龄的差额。

2. 分割夫妻共同财产的原则

(1)男女平等原则。

夫妻对共同财产有平等的所有权,离婚时,任何一方对共同财产都享有平等的分割权利。

(2)照顾子女、女方和无过错方权益的原则。

目前我国妇女的经济条件和男子仍有一定的差距,在分割财产时照顾子女、女方和无过错方的利益,避免子女、女方和无过错方在离婚后因分割财产造成生活水准下降或生活困难,这种表面上不平等的分割是为了达到实质上的男女平等。

(3)有利于生产和生活的原则。

分割夫妻共同财产时,应当注意有利于生产和生活需要,不损害财产的效用和经济价值。对生产资料或一方从事职业所必需的工具、图书资料等,应当分给需要的一方;对特定物,包括有经济价值的纪念物,不宜分割的,可根据财产的来源,分给获得者一方;对当年无收益的种植业、养殖业,应当分给继续经营的一方;对未分割上述财产的一方,可分给其他财产或作价补偿;对生活必需品,要考虑双方和子女生活需要,实事求是地合理分割。

(4)不得损害国家、集体和他人利益的原则。

离婚案件中处理财产分割时,不能把属于国家、集体和他人所有的财产当作夫妻共同财产分割。贪污、受贿、盗窃等非法所得,必须依法追缴。夫妻财产置于其他合伙人共有财产之中的,应从中分出夫妻共有份额予以分割,不得借分割夫妻财产而损害他人的利益。

(5)对夫或者妻在家庭土地承包经营中享有的权益等,应当依法予以保护的原则。

法律作此规定有利于保护作为农村集体经济组织成员的夫或者妻的合法权益。

🎖 小贴士

有限责任公司的出资额的处理

根据《民法典婚姻家庭编解释(一)》第 73 条的规定,人民法院审理离婚案件,涉及分割夫妻共同财产中以一方名义在有限责任公司的出资额,另一方不是该公司股东的,按以下情形分别处理:(1)夫妻双方协商一致将出资额部分或者全部转让给该股东的配偶,其他股东过半数同意,并且其他股东均明确表示放弃优先购买权的,该股东的配偶可以成为该公司股东;(2)夫妻双方就出资额转让份额和转让价格等事项协商一致后,其他股东半数以上不同意转让,但愿意以同等条件购买该出资额的,人民法院可以对转让出资所得财产进行分割。

其他股东半数以上不同意转让,也不愿意以同等条件购买该出资额的,视为其同意转让,该股东的配偶可以成为该公司股东。用于证明前款规定的股东同意的证据,可以是股东会议材料,也可以是当事人通过其他合法途径取得的股东的书面声明材料。

(二) 离婚时的债务清偿

《民法典》第 1089 条规定:"离婚时,夫妻共同债务应当共同偿还。共同财产不足清偿或者财产归各自所有的,由双方协议清偿;协议不成的,由人民法院判决。"从本条款规定可以看出,分清债务的性质是正确处理离婚时债务清偿的关键。

1. 夫妻共同债务的清偿

夫妻共同债务主要有以下几方面。

(1)夫妻为共同生活或者为履行抚养、扶养、赡养义务所负的债务。

(2)个体工商户、农村承包经营户夫妻双方共同经营所欠的债务及一方从事经营,其收入主要用于家庭共同生活所欠的债务。

(3)婚姻关系存续期间,一方因分家析产所得的债务。

(4)夫妻一方受另一方虐待,无法共同生活离家出走,出走方为日常生活所需开支及治疗疾病所欠的费用。

(5)抚养子女所欠债务。

夫妻共同生活所负的债务,应当共同偿还,主要分三种情况,一是财产归夫妻共同所有的,由夫妻以共同财产来清偿。二是双方虽有共同财产,但不足以清偿共同债务,由双方协议清偿,协议不成,由人民法院判决。三是财产归各自所有的,由双方协议清偿,协议不成,由人民法院判决。

2. 夫妻个人债务的清偿

夫妻个人债务应由个人偿还。夫妻的个人债务主要包括以下几方面。

(1)夫妻双方约定由个人负担的债务,但以逃避债务、规避法律为目的的除外。

(2)一方未经对方同意,擅自资助没有扶养义务的亲朋所负的债务。

(3)一方未经对方同意,独自筹资从事经营活动,收入未用于共同生活所负的债务。

(4)一方因个人实施违法行为所负的债务。

(5)一方为满足私欲而挥霍所负的债务。

(6)婚姻关系存续期间,双方因关系恶化而分居,一方从事经营所负的债务,其收入也未用于家庭共同生活的,属个人债务。

3. 债务清偿的原则

审理离婚案件时,对夫妻债权债务问题的处理,应注意符合婚姻家庭法的立法本意:既要保护夫妻的共同财产,也要保护债权人的合法权益;既要保护夫妻的共同利益,也要维护男女双方的个人利益。

(三) 离婚时的经济补偿请求权

离婚时的经济补偿,体现了法律对家务劳动价值的肯定。依据《民法典》第 1088 条的规定:"夫妻一方因抚育子女、照料老年人、协助另一方工作等负担较多义务的,离婚时有权向另一方请求补偿,另一方应当给予补偿。具体办法由双方协议;协议不成的,由人民法院判决。"

行使经济补偿请求权时应注意以下几个问题。

第一,离婚时的经济补偿仅适用于婚姻关系存续期间采用约定财产制的当事人。如果采用法定财产制即婚后所得共同制,可在分割夫妻共同财产时,对付出较多义务的一方予以照顾,没有适用经济补偿的必要。

第二,经济补偿关系上,付出较多义务的一方,是补偿请求权人,因补偿请求权人付出较多义务而受益的另一方,是补偿义务人。

第三,请求补偿权是一项民事权利,当事人有权利行使也有权放弃。

第四,如果付出较多义务的一方请求补偿,另一方应当予以补偿。

 小贴士

家务劳动的价值

家务劳动不直接创造经济价值,但可以节约家庭的支出成本,协助另一方创造更多价值从而间接地增加家庭财富。

(四) 离婚时的经济帮助

离婚虽终止了夫妻间的扶养义务,但离婚时一方生活困难,另一方仍有给予经济帮助的责任,这样既可以解决困难一方的实际需要,也有助于消除其在离婚问题上的经济顾虑,保障离婚自由得以实现。《民法典》第1090条规定,离婚时,如果一方生活困难,有负担能力的另一方应当给予适当帮助。具体办法由双方协议;协议不成的,由人民法院判决。

 小贴士

离婚时的经济帮助

离婚时的经济帮助仅仅是由于原婚姻关系派生出来的法律责任,不应将其视为夫妻双方抚养义务的延续。不能将一方对另一方的经济帮助与夫妻共同财产的分割相混淆。经济帮助是一方对另一方所做的有条件的帮助,而共同财产分割是夫妻双方对共同财产依法享有的权利。

离婚时,一方对另一方的经济帮助应符合以下条件。

(1)被帮助的一方必须生活确有困难,且自己无力解决。

一方生活困难,是指依靠个人财产和离婚时分得的财产无法维持当地基本生活水平。如一方离婚后没有住处的,即属于生活困难。

(2)经济帮助具有严格的时限性。

一方生活困难,是指离婚时已经存在困难,而不是离婚后生活困难。如果一方年轻有劳动能力,生活暂时困难,另一方可给予短期的或一次性的经济帮助。结婚多年,一方年老或病残,失去劳动能力又无生活来源,另一方应在居住或生活方面给予妥善安排。

(3)提供帮助的一方必须有经济能力。

这一方面体现了经济帮助的现实可能性;另一方面也表明了经济帮助的平衡价值取向。

(4)经济帮助是适当的。

如果一方所得财产足以维持生活,他方可不予经济帮助。执行帮助期间,受帮助一方另行结婚或者另有经济收入足够维持生活的,帮助方可终止给付。原经济帮助执行完毕后,一方又要求继续给予经济帮助的,人民法院不予支持。

 小贴士

外国法中关于扶养费的规定

国外一些国家法律中亦有关于离婚后一方应支付给对方一定数额扶养费的规定,同时均限定了相应的条件,如《美国统一结婚离婚法》规定,离婚后一方索取扶养费的条件是:本人无工作,或因监护子女无法工作,且个人财产及离婚后分得的财产不足以满足其合理生活需要。《法国民法典》第281条至第283条、《德国民法典》第1570条至第1579

条均有类似规定。

（五）离婚损害赔偿

1. 无过错方请求离婚损害赔偿的情形

根据《民法典》第 1091 条规定,有下列情形之一,导致离婚的,无过错方有权请求损害赔偿:(1)重婚;(2)与他人同居;(3)实施家庭暴力;(4)虐待、遗弃家庭成员;(5)有其他重大过错。

2. 离婚损害赔偿的提出时间

离婚损害赔偿,仅仅发生在夫妻双方离婚之时或离婚之后。

(1)婚姻关系存续期间不得提出损害赔偿。

《民法典婚姻家庭编解释(一)》第 87 条第 3 款规定,在婚姻关系存续期间,当事人不起诉离婚而单独依据《民法典》第 1091 条提起损害赔偿请求的,人民法院不予受理。

(2)只有判决离婚的案件才适用损害赔偿的规定。

人民法院判决不准离婚的案件,对于当事人基于《民法典》第 1091 条提出的损害赔偿请求,不予支持。

(3)提起离婚损害赔偿的时间,应当区分三种情况。

第一种情况是无过错方作为原告基于该条规定向人民法院提起损害赔偿请求的,必须在离婚诉讼的同时提出。

第二种情况是无过错方作为被告的离婚诉讼案件,如果被告不同意离婚也不基于该条规定提起损害赔偿请求的,可以就此单独提起诉讼。

第三种情况是无过错方作为被告的离婚诉讼案件,一审时被告未基于《民法典》第 1091 条规定提出损害赔偿请求,二审期间提出的,人民法院应当进行调解;调解不成的,告知当事人另行起诉。双方当事人同意由第二审人民法院一并审理的,第二审人民法院可以一并裁判。

当事人在婚姻登记机关办理了离婚手续后,向人民法院提出损害赔偿请求的,人民法院应当受理。但当事人在协议离婚时已经明确表示放弃该项请求的,人民法院不予支持。

3. 离婚损害赔偿的归责原则

(1)离婚损害赔偿的归责原则是过错原则,不适用民法中的无过错原则或公平原则。离婚损害赔偿采用过错原则,也是它和离婚补偿的重大区别所在。

(2)离婚损害赔偿中的过错是该条所指的重大过错,不是一般的过错,更不是任何过错。

(3)离婚损害赔偿中的过错只包括法条中明确列举的情形。过错本属于主观范畴,但离婚损害赔偿责任中的过错不是一般的过错,而是法律规定的特定的形式表现出来的。《民法典》采用的是完全列举的立法方式,司法实践中不能做扩大化的适用。

4. 离婚损害赔偿责任的主体

(1)损害赔偿的权利人。权利人为离婚诉讼当事人中无过错方。由此,损害赔偿的权利人是无这些重大过错的一方,至于其有无其他过错,不影响其要求赔偿的权利。如双方都有法条所指的重大过错的,适用"过错相抵"原则,都不能要求损害赔偿。

(2)离婚损害赔偿责任的主体。该主体是离婚诉讼当事人中无过错方的配偶。

5. 离婚损害赔偿的内容

依据《民法典婚姻家庭编解释(一)》第86条的规定,《民法典》第1091条规定的"损害赔偿",包括物质损害赔偿和精神损害赔偿。涉及精神损害赔偿的,适用《最高人民法院关于确定民事侵权精神损害赔偿责任若干问题的解释》的有关规定。

依据《民法典婚姻家庭编解释(一)》第84条的规定,当事人依据《民法典》第1092条的规定向人民法院提起诉讼,请求再次分割夫妻共同财产的诉讼时效为3年,从当事人发现之次日起计算。

《民法典》第1092条规定:"夫妻一方隐藏、转移、变卖、毁损夫妻共同财产,或者伪造夫妻共同债务企图侵占另一方财产的,在离婚分割夫妻共同财产时,对该方可以少分或者不分。离婚后,另一方发现有上述行为的,可以向人民法院提起诉讼,请求再次分割夫妻共同财产。"

小贴士

外国法关于离婚时对另一方损害赔偿的规定

许多国家的立法例均有关于离婚时对另一方损害赔偿的规定。如《法国民法典》第266条规定:"如离婚被判决为过错全在夫或妻一方,则该方得被判赔偿损害,以补偿他方因解除婚姻而遭受的物质或精神损失。"

三、离婚后的子女抚养

(一)离婚后的父母子女关系

《民法典》第1084条第1款规定:"父母与子女间的关系,不因父母离婚而消除。离婚后,子女无论由父或者母直接抚养,仍是父母双方的子女。"这是离婚后父母子女身份关系在法律上的基本界定。

(二)离婚后子女的抚养方式

《民法典》第1084条第2款规定,离婚后,父母对于子女仍有抚养、教育、保护的权利和义务。有利于子女身心健康,保障子女合法权益是确定子女直接抚养人应坚持的基本原则。

(1)《民法典》第1084条第3款规定,离婚后,不满两周岁的子女,以由母亲直接抚养为原则。已满两周岁的子女,父母双方对抚养问题协议不成的,由人民法院根据双方的具体情况,按照最有利于未成年子女的原则判决。子女已满 8 周岁的,应当尊重其真实意愿。

(2)《民法典》第 1085 条规定,离婚后,子女由一方直接抚养的,另一方应当负担部分或者全部抚养费。负担费用的多少和期限的长短,由双方协议;协议不成的,由人民法院判决。

上述规定的协议或者判决,不妨碍子女在必要时向父母任何一方提出超过协议或者判决原定数额的合理要求。

🏵 小贴士

离婚后子女抚养费的负担

离婚时,应将子女抚养费的数额,给付期限和办法,明确具体地载入离婚调解协议书或者判决书中。《民法典婚姻家庭编解释(一)》规定,"抚养费"包括子女生活费、教育费、医疗费等费用。抚养费的数额,可以根据子女的实际需要、父母双方的负担能力和当地的实际生活水平确定。

有固定收入的,抚养费一般可以按其月总收入的 20% 至 30% 的比例给付。负担两个以上子女抚养费的,比例可以适当提高,但一般不得超过月总收入的 50%。

无固定收入的,抚养费的数额可以依据当年总收入或者同行业平均收入,参照上述比例确定。

有特殊情况的,可以适当提高或者降低上述比例。

抚养费应当定期给付,有条件的可以一次性给付。父母一方无经济收入或者下落不明的,可以用其财物折抵抚养费。

父母双方可以协议由一方直接抚养子女并由直接抚养方负担子女全部抚养费。但是,直接抚养方的抚养能力明显不能保障子女所需费用,影响子女健康成长的,人民法院不予支持。

抚养费的给付期限,一般至子女 18 周岁为止。16 周岁以上不满 18 周岁,以其劳动收入为主要生活来源,并能维持当地一般生活水平的,父母可以停止给付抚养费。

具有下列情形之一,子女要求有负担能力的父或者母增加抚养费的,人民法院应予支持:原定抚养费数额不足以维持当地实际生活水平;因子女患病、上学,实际需要已超过原定数额;有其他正当理由应当增加。

父母不得因子女变更姓氏而拒付子女抚养费。父或者母擅自将子女姓氏改为继母或继父姓氏而引起纠纷的,应当责令恢复原姓氏。

在离婚诉讼期间,双方均拒绝抚养子女的,可以先行裁定暂由一方抚养。

对拒不履行或者妨害他人履行生效判决、裁定、调解书中有关子女抚养义务的当事人或者其他人,人民法院可依照《民事诉讼法》第 111 条的规定采取强制措施。

根据《民法典婚姻家庭编解释(一)》明确规定了涉及未成年子女抚养的问题,应当如何处理。

(1)婚姻关系存续期间,父母双方或者一方拒不履行抚养子女义务,未成年子女或者不能独立生活的成年子女请求支付抚养费的,人民法院应予支持。

(2)离婚案件涉及未成年子女抚养的,对不满两周岁的子女,按照《民法典》第 1084 条第 3 款规定的原则处理。母亲有下列情形之一,父亲请求直接抚养的,人民法院应予支持:①患有久治不愈的传染性疾病或者其他严重疾病,子女不宜与其共同生活;②有抚养条件不尽抚养义务,而父亲要求子女随其生活;③因其他原因,子女确不宜随母亲生活。

(3)父母双方协议不满两周岁子女由父亲直接抚养,并对子女健康成长无不利影响的,人民法院应予支持。

(4)对已满两周岁的未成年子女,父母均要求直接抚养,一方有下列情形之一的,可予优先考虑:

①已做绝育手术或者因其他原因丧失生育能力;

②子女随其生活时间较长,改变生活环境对子女健康成长明显不利;

③无其他子女,而另一方有其他子女;

④子女随其生活,对子女成长有利,而另一方患有久治不愈的传染性疾病或者其他严重疾病,或者有其他不利于子女身心健康的情形,不宜与子女共同生活。

(5)在有利于保护子女利益的前提下,父母双方协议轮流直接抚养子女的,人民法院应予支持。

《民法典》第 27 条第 1 款规定:"父母是未成年子女的监护人。"

(三) 离婚后子女抚养关系的变更

子女抚养关系确定后,如果父母的抚养条件发生了重大变化,或者子女要求改变抚养归属,可由双方协议变更抚养关系;协议不成时,人民法院可根据子女利益和双方的具体情况判决。

《民法典婚姻家庭编解释(一)》第 56 条规定,具有下列情形之一,父母一方要求变更子女抚养关系的,人民法院应予支持。

(1)与子女共同生活的一方因患严重疾病或者因伤残无力继续抚养子女。

(2)与子女共同生活的一方不尽抚养义务或有虐待子女行为,或者其与子女共同生活对子女身心健康确有不利影响。

(3)已满 8 周岁的子女,愿随另一方生活,该方又有抚养能力。

(4)有其他正当理由需要变更。

父母双方协议变更子女抚养关系的,人民法院应予支持。

(四) 离婚后父或者母的探望权

父母子女之间的血缘关系并不因父母离婚而改变,父母子女之间的权利义务关系也不因父母离婚而改变。离婚后，不直接抚养子女的父或母，有探望子女的权利，另一方有协助的义务。《民法典》第1086条第1款规定，离婚后，不直接抚养子女的父或者母，有探望子女的权利，另一方有协助的义务。

（1）行使探望权的主体是离婚后不直接抚养子女的父或者母。

（2）行使探望权利的方式、时间由当事人协议；协议不成的，由人民法院判决。人民法院作出的生效的离婚判决中未涉及探望权，当事人就探望权问题单独提起诉讼的，人民法院应予受理。父母一方行使探望权，应于另一方以及子女工作、学习、生活方便时进行，不能借行使探望权之机妨碍另一方及子女的生活、学习、工作。否则，另一方有权要求协商变更探望时间或方式，协商不成的可以向人民法院起诉予以变更。

（3）探望权的行使，应当有利于子女的身体、精神、心理的健康成长。

法律规定，对于拒不协助另一方行使探望权的有关个人或者组织，可以由人民法院依法采取拘留、罚款等强制措施，但是不能对子女的人身、探望行为进行强制执行。

（4）对子女探望权的中止与恢复。

①中止对子女探望权的性质。对子女探望权的中止，是基于法定事由、通过法定程序，暂时停止探望权人行使探望子女的权利。它不同于探望权的消灭、放弃和探望权行使不能。探望权的消灭是基于一定的法律事由而终止的，其中最主要的事实就是探望权人死亡；探望权的放弃是探望权人自愿、主动抛弃探望子女的权利；而探望权行使不能是指出于特别的原因而导致权利人无法依照约定或者判决行使对子女的探望权，比如被限制人身自由、因患病、外出等原因无法正常探望子女等。探望权终止以后无从恢复，探望权放弃则必须有明确的意思表示，而探望权行使不能无需用法律程序确定，其原因消失后应当自然恢复。

②中止对子女探望权的条件。中止不直接抚养子女一方对子女的探望权，无论该项权利是协议确定的还是法院判决的，其原因只能是探望权的行使不利于子女的身心健康。比如拥有探望权的一方染有吸毒恶习，患有严重传染性疾病，等等。任何其他原因，比如直接抚养人再婚、迁徙，其他亲属的抵制等，都不能作为中止另一方行使对子女探望权的理由。《民法典》第1086条第3款规定，父或者母探望子女，不利于子女身心健康的，由人民法院依法中止探望。

③中止探望权的程序。中止探望权是司法行为，非经人民法院依法裁定，任何人不得擅自中止离异父母探望子女的权利。司法解释明确了中止探望权的请求权人，根据《民法典婚姻家庭编解释（一）》第67条的规定，未成年子女、直接抚养子女的父或者母以及其他对未成年子女负担抚养、教育、保护义务的法定监护人，有权向人民法院提出中止探望的请求。

根据《民法典婚姻家庭编解释（一）》第66条的规定："当事人在履行生效判决、裁定或者调解书的过程中，一方请求中止探望的，人民法院在征询双方当事人意见后，认为需要中止探望的，依法作出裁定。"

④探望权的恢复。探望权的中止仅是因某种原因暂时停止行使权利,而不是对当事人探望权的剥夺。《民法典》第1086条第3款规定,探望权中止的事由消失后,应当恢复探望。《民法典婚姻家庭编解释(一)》也明确,中止探望的情形消失后,人民法院应当根据当事人的请求书面通知其恢复探望。

【案例5-3】

2015年,成都市A区的陈某(男方)和吴某(女方)结婚。2018年,女儿小小出生。2021年10月,吴某起诉至A区人民法院,要求与陈某离婚,并请求法院判决女儿小小归自己抚养。陈某在法庭上辩称,小小出生以来,一直由陈某和爷爷奶奶共同抚养。陈某在一家大型国有企业担任高管,有较好的收入,能为女儿提供良好的居住和学习环境。吴某是乙肝病毒携带者,且喜好打麻将,生活习惯很差,不宜抚养小小。A区法院作出一审判决,同意双方离婚,小小的抚养权归陈某。

判决作出后,吴某不服,向成都市中级人民法院提起上诉。二审中,吴某辩称,自己虽然是乙肝病毒携带者,但是根据医院诊断,并无证据可以认定其不能再生育或不宜与子女共同生活。吴某系当地小学老师,希望女儿能上其所在的小学,亲自教育女儿并为其创造最好的学习环境。希望法院能支持父母双方轮流抚养小小。

问:夫妻离异,能否轮流抚养孩子?

【解析】

成都市中级人民法院家事审判合议庭对案件审理认为,根据《民法典婚姻家庭编解释(一)》第48条规定,在有利于保护子女利益的前提下,父母双方协议轮流直接抚养子女的,人民法院应予支持。本案从有利于小小成长的原则出发,在法官的调解下双方达成协议,确定在女儿小小上小学期间,由担任小学老师的母亲吴某抚养,其他时间则由父亲陈某抚养。

本着保护未成年人利益的原则,在父母双方均具有抚养子女的意愿、能力与条件的情况下,如双方能协商一致,合理安排轮流抚养相关事宜,法院可以准许离婚双方轮流抚养子女。在儿童成长过程中,如能尽量使其同时享受到父爱和母爱,对其健康成长具有很大帮助。

采取协议轮流抚养子女方式,能够保障子女所期望的与父母双方接触,使子女得到相对完整的父爱和母爱,最大限度地减少因父母离婚对子女的伤害;能够充分发挥父母二人的长处,提高抚养的质量;有利于子女在身体、智力、情感等方面得到健康发展,以适应现代社会的要求。

【引导案例解析】

离婚冷静期是我国《民法典》的新规定。男女双方意见不一致,可以寻求所在街道社区法治专员的帮助。在调解过程中甲男提出,"当初说好的离婚,现在又反悔,是她故意刁难我,我对她已没有感情。"乙女说:"是他逼我离婚的,如果我不去他就不停地指责我,我没办法才去的,但我并不想离婚。"法治专员从双方多年感情出发进行劝导,让甲男认识到夫妻之间有矛盾很正常,并劝导他多关心和包容患病妻子,做到患难与共。

对于乙女不想离婚的状态,法治专员给予了更多的安抚,同时让她多理解丈夫在外打拼的不易,多包容、多理解、多学习、多沟通,慢慢接受新的事物和环境。在法治专员的调解劝说下,夫妻双方表示维持现状,回去好好审视一下这段婚姻,不离婚了。

依照《民法典》的规定,自离婚冷静期届满后 30 日内,双方未共同到婚姻登记机关申请发给离婚证的,视为撤回离婚登记申请。

离婚冷静期,主要是针对轻率离婚的现象而规定的,这可以给轻率离婚的夫妻一个挽回婚姻或者反悔的机会。

【复习思考题】

一、简答题

1. 协议离婚应符合哪些条件?
2. 认定夫妻感情确已破裂的具体标准是什么?
3. 简述离婚的夫妻身份效力。
4. 离婚时分割夫妻共同财产应遵循哪些原则?
5. 离婚后什么情况下可以变更子女抚养关系?
6. 简述探望权制度。

二、不定项选择题

1. 甲、乙结婚多年,因甲沉迷于网络游戏,双方协议离婚,甲同意家庭的主要财产由乙取得。离婚后不久,乙发现甲曾在婚姻存续期间私自购买了两处房产并登记在自己名下,于是起诉甲,要求再次分割房产并要求甲承担损害赔偿责任。

下列(　　)选项是正确的。

A. 乙无权要求甲承担损害赔偿责任

B. 法院应当将两处房产都判给乙

C. 请求分割房产的诉讼时效,为乙发现或者应当发现甲的隐藏财产行为之次日起两年

D. 若法院判决乙分得房产,则乙在判决生效之日即取得房屋所有权

2. 甲与乙离婚并达成协议:婚生男孩丙(3岁)由乙(女方)抚养,如双方中一方再婚,丙则由另一方抚养。后乙在丙6岁时再婚,甲去乙家接丙回去抚养,乙不允。甲即从幼

儿园将丙接回,并电话告知乙。为此,双方发生争执,诉至法院。

下列正确的有(　　)。

A. 甲、乙均为丙的监护人

B. 乙的行为是违约行为,受合同法调整

C. 甲欲行使对丙的抚养权,应通过诉讼程序解决

D. 甲、乙的协议违反了法律

3. 当事人双方须到(　　)所在地或者(　　)所在地的婚姻登记管理机关申请离婚登记。

A. 一方户口　　　　B. 常住户口　　　　C. 女方父母　　　　D. 男方父母

4. 根据《民法典》第 1079 条第 3 款的规定,认定夫妻感情确已破裂的具体标准有:(　　)。

A. 重婚或者与他人同居

B. 实施家庭暴力或者虐待、遗弃家庭成员

C. 有赌博、吸毒等恶习屡教不改

D. 因感情不和分居满 2 年

5.《民法典》第 1082 条规定:"女方在怀孕期间,分娩后(　　)内或者终止妊娠后(　　)内,男方不得提出离婚;但是,女方提出离婚或者人民法院认为确有必要受理男方离婚请求的除外。"

A. 1 年　　　　B. 6 个月　　　　C. 2 年　　　　D. 3 个月

6. 下列财产属于共同所有的财产:一方以个人财产投资取得的收益;男女双方实际取得或者应当取得的(　　);男女双方实际取得或者应当取得的(　　)。

A. 住房补贴　　　　　　　　　　B. 住房公积金

C. 基本养老金　　　　　　　　　D. 破产安置补偿费

三、案例分析题

李女士与张先生自由恋爱结婚后,辞职在家当全职太太,不久育有一子。起初两人关系和睦,家庭幸福。近年来,由于双方沟通逐渐变少,矛盾日益显现,3 年前开始分居。

去年,李女士起诉至法院要求离婚,法院认为,双方因家庭琐事产生矛盾后,未能积极交流与沟通感情,不准许两人离婚。

不久,李女士再次到法院起诉要求离婚,张先生也同意了,但双方无法就二人的婚后共同财产认定与分配达成一致。经法院查实,张先生名下有一笔 100 余万元的存款,但张先生辩称,这是他所在公司的资金,他只是代为保管。李女士名下有一笔 30 万元的存款,是两年前从双方共同的存折中转出的,张先生认为,这属于共同财产,应该分割。

试分析:两笔存款是否是夫妻共同财产?在离婚时应当如何分割?

第六章　与《民法典》婚姻家庭编相关的法律制度

【学习目标】

1. 掌握家庭暴力的概念,法律适用范围,《反家庭暴力法》的基本原则,强制报告制度,告诫制度,撤销监护制度,紧急庇护制度,人身安全保护令制度,救助措施和法律责任的含义。

2. 理解《反家庭暴力法》的立法宗旨和作用,家庭暴力的法律责任。

3. 了解家庭暴力的特征,家庭暴力的预防,不同救助机关的救助责任。

【引导案例】

王某(男)与李某(女)经过5年自由恋爱,于2020年6月8日登记结婚,婚后感情较好。因王某思想比较保守,婚后不久就限制李某的社交活动,引起李某强烈不满,双方矛盾不断。2020年9月6日,李某参加大学同学聚会,王某担心李某与其大学时的恋人旧情复燃,坚决反对李某参加,争吵中王某一拳将李某打倒在地。

从此以后,王某开始频繁对李某施暴。李某无奈之下请求居委会劝阻,但没有效果。2022年3月,王某又因生活琐事对李某动手,李某立即打电话向派出所求助。

第一节　《反家庭暴力法》概述

一、立法宗旨

目前,全世界已经有80多个国家和地区对家庭暴力问题专门立法。家庭暴力不仅发生在夫妻之间,还多发于父母与未成年子女、成年子女与年迈父母之间。

受传统家庭的观念影响,很多人还抱有男尊女卑的看法,一些人错误地认为,打老婆、打小孩都是家务事,不违法。而受害者觉得家庭暴力是家丑,"不可外扬",所以很多人选择默默忍受。家庭暴力成为影响和破坏婚姻家庭幸福的重要因素,影响了社会的稳定与和谐,成为亟待解决的问题。

为了预防和制止家庭暴力,保护家庭成员的合法权益,维护平等、和睦、文明的家庭关系,促进家庭和谐、社会稳定,国家制定了《反家庭暴力法》。2016年3月1日,我国首部《反家庭暴力法》开始实施。截至2016年11月底,全国共有17个省(区市),共计出台了110份贯彻实施《反家庭暴力法》的配套文件。

小贴士

白丝带运动

白丝带运动是为消除针对妇女的暴力而开展的,以男士为主要对象的宣传活动。佩戴白丝带是一种个人宣言,表示佩戴者本人决不对妇女施暴,面对针对妇女的暴力决不保持缄默。此运动最早是由一群在加拿大的男性所发起的。1989年年底,加拿大一名男子因认为发展机会都被女性夺走了,于是在蒙特娄一所大学内,枪杀了14名年轻女子后自杀。两年后,一群男性期望社会大众应该从这场悲剧中进行反省,男性不该再对男人加诸女人的暴力保持沉默,所以发起了这场运动。

目前,白丝带运动已扩展到美国、欧洲各国、澳大利亚以及南非等地,加拿大每年几乎有50万人佩带白丝带。白丝带运动的发起组织鼓励男士在每年11月25日"国际消除对妇女的暴力日"到12月6日加拿大"对妇女的暴力国家纪念行动日"期间佩戴白丝带。

中国第一次"白丝带"活动在2001年"三八国际妇女节"前举办。

二、家庭暴力的概念、《反家庭暴力法》的适用范围和家庭暴力的特征

(一) 家庭暴力的概念和《反家庭暴力法》的适用范围

《反家庭暴力法》第2条和第37条规定了家庭暴力的定义和适用范围。

1. 家庭暴力是指家庭成员之间以殴打、捆绑、残害、限制人身自由以及经常性谩骂、恐吓等方式实施的身体、精神等侵害行为。

2. 家庭成员以外共同生活的人之间实施的暴力行为,参照《反家庭暴力法》规定执行。

在附则中增加准用条款,扩大了家庭暴力法的主体适用范围,这意味着同居关系、抚养照料关系、家庭雇佣关系等共同生活的人之间实施的暴力行为都可以参照《反家庭暴力法》作出处理。

《反家庭暴力法》适用的家庭暴力是指没有达到《刑法》中的虐待罪、遗弃罪;甚至没有达到《中华人民共和国治安管理处罚法》(以下简称《治安管理处罚法》)规定的行政处罚的、轻微的家庭暴力行为。家庭暴力的行为类型不仅包括殴打、捆绑、残害、限制人身自由等形式的身体暴力,还明确包含了精神暴力,法律规定了加害人经常性谩骂、恐吓等方式给受害人造成精神伤害的行为也构成家庭暴力。

《反家庭暴力法》就家庭暴力定义中"等侵害行为"的规定,给了法官根据具体情况进行自由裁量的空间,为日后制定实施细则或司法解释留有空间,可以把性暴力纳入"等"的行为类型之中。

(二) 家庭暴力的特征

1. 隐蔽性

家庭暴力多发生在家庭内部或私密空间,外界不容易看到,受害者往往出于隐私,碍

于面子或者害怕带来更坏的处境等原因,不愿曝光或不敢曝光。由于人际交往的相对简单,使得城市的家庭暴力比农村更为隐蔽,甚至家庭成员的受教育程度和社会地位越高,家庭暴力的隐蔽性越强。

2. 习得性

实施家庭暴力并非男性(多数情况下)与生俱来的天性和本能,而是在成长过程中耳濡目染、逐渐被教化出来的结果。不平等的性别意识在家庭暴力中起到了至关重要的作用。此外,对已发生的暴力行为的纵容,则进一步助长了施暴者的暴力倾向。

一般来说,从小目睹或遭受家庭暴力,使一些男性更倾向于使用暴力处理与伴侣及其他家庭成员的关系。同时,也使一些女性对家庭暴力习以为常,甚至更能忍受暴力。

3. 周期性、反复性

家庭暴力的发生,是有周期性的。它通常分三个阶段。

第一阶段是紧张情绪的积累阶段。在这一阶段中,两人关系开始紧张,口角、谩骂和轻微家庭暴力时有发生。受害人为了避免挨打,设法迎合施暴人的意思,甚至逆来顺受。受害人的种种努力,虽然能延长这一阶段的时间,但家庭暴力按照其内在的发展规律,注定要进入第二阶段。

第二阶段是家庭暴力的爆发阶段。在这一阶段中,严重的家庭暴力不可避免地发生。施暴人的怒气完全失控,动辄打人,打人的力度无法控制,受害者通常会受伤或致残。极端情况下,当受害人意识到家庭暴力不可避免时,甚至会有意识地提前"引爆",以便尽快过这一关从而进入双方关系的平静期。

第三阶段是施暴人道歉和两人重归于好阶段。施暴人施暴后,由于紧张情绪得到释放,加之看到受害人身上的伤痕,通常会感到后悔,也会向受害人道歉,请求原谅,并保证永远不再动粗。施暴人在这一阶段表现出的真诚道歉和爱意,使受害人产生家庭暴力能够停止的幻想。因而对这种时好时坏的暴力婚姻保有希望。但是,两人重归于好,度过相对平静的一段时间后,随之而来的一切又会重新开始,且暴力的程度越来越严重。

4. 控制性

很多时候,一旦加害人认为受害人违背了他的意志,加害人就会采取暴力手段迫使受害人服从,而不是采取其他有效的人际沟通方式来实现自己的目的。

5. 后果严重性

家庭暴力本身就是针对特定主体的暴力性犯罪,法律责任严重。有些受虐者报警或者寻求妇联帮助以后,反而会招来更严重的家庭暴力,导致那些受虐者对生活无望,甚至选择自杀。还有一些受虐者因自卫而杀人,这是家庭暴力恶性循环的恶果。除了给直接受害人带来伤害,家庭暴力也会给其他家庭成员在心理、精神上带来多种不利影响。

6. 举证难

由于家庭暴力具有隐蔽性的特征,受虐者也有隐瞒伤情的倾向,外界难以看到施暴场面,难以提取证据。

三、《反家庭暴力法》的作用

1.《反家庭暴力法》包括了预防、制止、救助、教育与矫治措施在内的反家庭暴力的专门规定,既完善了国家社会领域的立法,也为相关部门有效开展工作提供了法律依据。《反家庭暴力法》的实施,能够促使职能部门及时发现并制止家庭暴力,有效震慑违法行为;有利于预防和打击暴力行为,为受害人权益提供有效的法律保障。

2.《反家庭暴力法》可以引导家庭成员正确处理家庭问题,从源头上杜绝家庭暴力案件的发生,有利于促进家庭稳定、社会和谐。

3.《反家庭暴力法》完善了社会主义法律体系,有利于推进社会主义核心价值体系建设。历史经验表明,社会的道德理念需要通过法律加以强化,法律也会随着时间的推移内化为人们的品质和道德。制定《反家庭暴力法》,规范社会成员的家庭行为,在全社会倡导儿童优先、男女平等、敬老扶弱的价值理念,对于弘扬中华民族传统美德,塑造健康文明的家庭文化具有十分积极的意义。

4.《反家庭暴力法》是履行国际义务,提升负责任大国形象的需要。国家和政府有责任采取一切措施预防和制止家庭暴力的观念,已经成为国际社会的共识和共同遵守的基本准则。中国作为联合国《消除对妇女一切形式歧视公约》的签署国,《反家庭暴力法》的制定和实施,有利于中国履行国际责任,兑现对国际社会的承诺,提升中国作为一个负责任大国的形象。

四、国家、社会和每个家庭都应负起责任

(一) 家庭成员之间建立和睦关系

家庭成员之间应当互相帮助,互相关爱,和睦相处,履行家庭义务。反家庭暴力是国家、社会和每个家庭的共同责任。

(二) 坚持"零容忍"的态度

法律明确规定禁止任何形式的家庭暴力。家庭暴力不仅是个人、家庭的私事,还是社会公害;不仅是家庭纠纷,还是违法、犯罪行为;不仅是对家庭成员人权的侵犯,还是对"清官难断家务事"的传统观念的突破。《反家庭暴力法》的制定和实施也充分体现了尊重和保障人权的宪法精神。

 小贴士

零忍耐运动

反对家庭暴力"零忍耐运动"于1992年由英国爱丁堡市地方议会妇女委员会发起,其口号是"任何形式的暴力都是犯罪""妇女不应忍受任何暴力""社会不能容忍暴力""男

人没有权力施暴""每个人都不应遭受暴力"等。随后,该委员会还成立了零忍耐慈善基金会这一独立的全国性组织,致力于防止男人对女孩和儿童的暴力行为。在英国最初侧重普及性宣传运动并取得成功之后,随之开展了"反借口"运动,意在直接挑战男性为逃避暴力行为的责任而使用的各种借口,口号是"永远没有借口"。

"零忍耐运动"现已波及英国各地及很多国家,其中也包括中国。"零忍耐运动"与"零忍耐策略"遵循的指导原则主要包括:重视各种不同针对妇女的暴力形式的相互联系,这些暴力形式包括强制、性攻击、家庭暴力、儿童虐待等;开展的活动以所有人为对象,而不仅仅针对施暴者和受害人;妇女和儿童常常是暴力伤害的对象,而男人和男孩往往是暴力的施予者;活动以根除社会成见和挑战习俗态度为宗旨;注重持久的宣传教育工作,并把它作为任何预防男人暴力伤害妇女儿童的策略的关键。

在中国,与国情结合,长沙市芙蓉区、大连市中山区、青岛市、西安市、南京市等先后创建了"零家庭暴力社区""无家暴社区",提出"干预家庭暴力盲区为零"的理念。

(三) 人民政府、社会组织担负的反家庭暴力工作

县级以上人民政府负责妇女儿童工作的机构,负责组织、协调、指导、督促有关部门做好反家庭暴力工作。县级以上人民政府有关部门、司法机关、人民团体、社会组织、居民委员会、村民委员会、企业事业单位,应当依照《反家庭暴力法》和有关法律规定,做好反家庭暴力工作。各级人民政府应当对反家庭暴力工作给予必要的经费保障。

反家庭暴力工作不是某个组织的事情,而是全社会的共同责任。其中,各级人民政府对反家庭暴力工作给予经费保障,奠定了反家庭暴力工作的坚实基础。

五、《反家庭暴力法》遵循的基本的原则

保护公民的生存权和发展权,维护家庭和社会的和谐稳定,倡导男女平等、儿童优先、敬老扶幼的家庭文化是以人为本的社会主义核心价值观的重要内容,是社会主义法律体系的重要组成部分。

法律明确规定,反家庭暴力工作遵循预防为主,教育、矫治与惩处相结合原则。反家庭暴力工作应当尊重受害人真实意愿,保护当事人隐私。未成年人、老年人、残疾人、孕期和哺乳期的妇女、重病患者遭受家庭暴力的,应当给予特殊保护。

1. 对家庭暴力零容忍的原则

对家庭暴力坚持"零容忍"的原则,是指反对和禁止一切形式的家庭暴力。

2. 共同责任原则

尊重和保护人权、保护婚姻家庭是宪法规定的国家的重要职能之一,国家及其各职能机构负有维护宪法尊严、保证宪法实施的职责。同时,国家采取必要措施,努力消除一切形式家庭暴力,也是履行国际义务的需要。

3. 预防为主,教育、矫治和惩处相结合的原则

预防为主是通过宣传、倡导,采取反对家庭暴力的各种措施,增强公民反对家庭暴力、禁止一切形式家庭暴力的自觉意识,在城乡社区中形成对家庭暴力的抵制,努力营造对家庭暴力"零容忍"的良好社会氛围。从而防患于未然,从根本上达到立法的目的。

教育、矫治与惩处相结合原则。家庭暴力行为严重侵犯受害人的人格尊严和身心健康,是道德和法律所禁止的。坚持制止暴力行为,使施暴人受到应有的惩罚是严格适用法律的要求。但是,严惩施暴人不是最终的目的,最终的目的是保护受害人的合法权益,消除家庭暴力,是改变人们的传统观念,铲除家庭暴力的根本原因,即根植于人们头脑中的歧视、不平等的传统思想,建立平等和谐的家庭关系。

在对施暴人课以法律责任的同时,还须进行必要的教育,依法进行行为矫治、心理治疗,使更多的施暴人能认识到家庭暴力的危害性,改变思想,成为反对家庭暴力的支持者。

4. 特殊保护的原则

未成年人、老年人、残疾人、孕期和哺乳期的妇女、重病患者遭受家庭暴力的,应当给予特殊保护。法律的这些规定考虑了家庭暴力受害在维护自身利益时的弱势群体地位,有利于实现实质正义。

5. 尊重受害人意愿,保护当事人隐私的原则

反家庭暴力工作应当尊重受害人真实意愿,同时应根据家庭暴力的不同程度而有所区别,对于轻微家暴行为,尊重受害人真实意愿有利于婚姻关系的稳定;如果施暴人的行为恶劣,甚至涉嫌犯罪,公权力则应及时干预。

 小贴士

外国法对家庭暴力的定义

国外关于防治家庭暴力的立法大多对家庭暴力采广义的概念,即家庭暴力是发生在家庭成员之间并造成其中一方生理或心理上伤害的暴力行为。

所谓家庭成员包括配偶、前配偶、子女、父母,兄弟姐妹、共同生活的旁系血亲,以及同居伴侣或前同居伴侣。

家庭暴力的形式及限制行为包括:殴打、推搡、禁闭、使用工具攻击等。精神暴力是以语言威胁恐吓、恶意诽谤、辱骂、使用伤害自尊的言语,或采取长期不理睬等冷暴力的行为。

家庭暴力的程度可分为轻度、中度、重度,任何对家庭成员造成损害和伤害的行为都可列入家庭暴力的范畴,如一次或数次殴打即可构成家庭暴力。

第二节　家庭暴力的预防

做好预防工作是有效减少家庭暴力的重要手段。我国法律明确规定了对于家庭暴力可以采取的预防措施。

一、加强宣传教育，提高全社会反家庭暴力意识

（1）反家庭暴力是全社会的共同责任，国家开展家庭美德宣传教育，普及反家庭暴力知识，增强公民反家庭暴力意识。

（2）工会、共产主义青年团、妇女联合会、残疾人联合会应当在各自工作范围内，组织开展家庭美德和反家庭暴力宣传教育。

（3）广播、电视、报刊、网络等应当开展家庭美德和反家庭暴力宣传。

（4）学校、幼儿园应当开展家庭美德和反家庭暴力宣传教育。

二、加大业务培训，提高有关工作人员反家庭暴力职业技能

（1）县级以上人民政府有关部门、司法机关、妇女联合会应当将预防和制止家庭暴力纳入业务培训和统计工作。

医疗机构应当做好家庭暴力受害人的诊疗记录。

（2）乡镇人民政府、街道办事处应当组织开展家庭暴力预防工作，居民委员会、村民委员会、社会工作服务机构应当予以配合协助。

（3）各级人民政府应当支持社会工作服务机构等社会组织开展心理健康咨询、家庭关系指导、家庭暴力预防知识教育等服务。

三、多渠道化解家庭矛盾，以减少家庭暴力的发生

（1）人民调解组织应当依法调解家庭纠纷，预防和减少家庭暴力的发生。

（2）用人单位发现本单位人员有家庭暴力情况的，应当给予批评教育，并做好家庭矛盾的调解、化解工作。

四、强化监护人的监护职责，提高监护人的依法监护水平

未成年人的监护人应当以文明的方式进行家庭教育，依法履行监护和教育职责，不得实施家庭暴力。

第三节　家庭暴力的处置

家庭暴力具有社会危害性，但毕竟发生在家庭成员之间，因此也具有特殊性，需要明确公权力干预的边界和方式。我国法律创设了强制报告制度、告诫制度、撤销监护制度、紧急庇护制度。这些制度的设立构建了处置家庭暴力的措施体系。

一、强制报告制度

(一) 受害人的救济途径

《反家庭暴力法》为家庭暴力受害人设立了较为充分的救济途径,包括家庭纠纷的调解、报警求助、申请庇护、申请人身安全保护令,起诉追究法律责任,等等。

家庭暴力受害人及其法定代理人、近亲属可以向加害人或者受害人所在单位、居民委员会、村民委员会、妇女联合会等单位投诉、反映或者求助。有关单位接到家庭暴力投诉、反映或者求助后,应当给予帮助、处理。

家庭暴力受害人及其法定代理人、近亲属也可以向公安机关报案或者依法向人民法院起诉。单位、个人发现正在发生的家庭暴力行为,有权及时劝阻。

(二) 强制报告义务

为了更好地保护未成年人、老年人等特殊群体,《反家庭暴力法》第 14 条规定,学校、幼儿园、医疗机构、居民委员会、村民委员会、社会工作服务机构、救助管理机构、福利机构及其工作人员在工作中发现无民事行为能力人、限制民事行为能力人遭受或者疑似遭受家庭暴力的,应当及时向公安机关报案。公安机关应当对报案人的信息予以保密。

强制报告义务可以帮助及时发现家庭暴力,最大限度保护未成年人、精神病人、失智老人、残障人士等没有行为能力或者限制行为能力的弱势群体。

强制报告义务是对"特殊保护"原则的具体化。《反家庭暴力法》第 35 条明确了不履行强制报告义务的法律责任,增强了该项特别保护措施的强制力。

小贴士

《长沙市岳麓区未成年人家庭暴力强制报告和处置办法》

2016 年 9 月,湖南省长沙市岳麓区妇联制定了《长沙市岳麓区未成年人家庭暴力强制报告和处置办法》。该办法是全国第一个关于家庭暴力强制报告制度的地方性政策。

该办法规定,学校(含幼儿园)、村(居)民委员会及其工作人员,发现 16 周岁以下未成年人疑似或确认遭受家庭暴力以及需要保护时,应立即报告 110 或 12338 妇女儿童维权公益热线;最迟不超过案发或发现 24 小时;如报告时暴力行为正在发生,应立即报告给 110,110 在派警处置的同时,将信息报送 12338。鼓励其他单位或个人及时举报未成年人家庭暴力。需要报告的具体情形包括:身体暴力、性侵害、疏忽或照料不周、遗弃、虐待以及其他不利于未成年人身心健康的行为。

学校强制报告流程为:学校教师及其他工作人员发现有疑似或确认受暴未成年人后,应立即向 110 报告,同时报告 12338、告知学校负责人。对于即时暴力,应立即向 110 报告,同时报告 12338,如学校负责人是施暴者,发现者应同时告知学校上一级主管部门负责人。

社区强制报告流程为：社区（村）网格员、居（村）委会工作人员等发现网格内和本辖区内有疑似或确认受暴未成年人后，应立即向 110 报告，同时报告 12338、告知社区负责人。对于即时暴力，应同时报告 110 和 12338。如社区负责人是施暴者，发现者应同时告知社区上一级主管部门负责人。

处置工作明确，接报员接到报告后，视紧急情况予以应急反应，并立即通知案件所在区妇儿工委办，区妇儿工委办对案件进行评估，联合商定未成年人专业支援服务计划，对施暴者处以相关处置，转介服务及处理最迟不超过案发或发现后 7 个工作日。

二、紧急庇护制度

《反家庭暴力法》第 15 条规定，公安机关接到家庭暴力报案后应当及时出警，制止家庭暴力，按照有关规定调查取证，协助受害人就医、鉴定伤情。无民事行为能力人、限制民事行为能力人因家庭暴力身体受到严重伤害、面临人身安全威胁或者处于无人照料等危险状态的，公安机关应当通知并协助民政部门将其安置到临时庇护场所、救助管理机构或者福利机构。

《反家庭暴力法》中的紧急庇护制度可以通过两种方式实施。

1. 公安机关为具有完全民事行为能力的受害人提供协助，与民政部门配合，为无民事行为能力和限制民事行为能力的更加弱势的受害者提供临时救助服务。

2. 县级或者设区的市级人民政府可以单独或者依托救助管理机构设立临时庇护场所，为家庭暴力受害人提供临时生活帮助。

这两种方式相辅相成，及时对受害人起到保护作用，避免受害人再次被施暴者恐吓而遭受精神及身体创伤，为举报施暴人而脱离家庭后无法独立生活的受害人提供生活保障，也鼓励了受害人主动向公安机关举报家庭暴力行为。

三、告诫制度

（一）告诫的概念

告诫是指公安机关对违反法律、法规的轻微家庭暴力行为或不宜直接作出行政处罚的家庭暴力行为，教育、督促加害人改正而作出的行政指导。

（二）告诫书的内容

家庭暴力情节较轻，依法不给予治安管理处罚的，由公安机关对加害人给予批评教育或者出具告诫书。

告诫书应当包括加害人的身份信息、家庭暴力的事实陈述、禁止加害人实施家庭暴力等内容。

(三)告诫书的送交

公安机关应当将告诫书送交加害人、受害人,并通知居民委员会、村民委员会。居民委员会、村民委员会、公安派出所应当对收到告诫书的加害人、受害人进行查访,监督加害人不再实施家庭暴力。

公安告诫制度为警察及时干预家庭暴力提供了利器。书面告诫可以警告施暴者不得施暴,对不构成治安管理处罚的家庭暴力,警察可以通过出具书面告诫书的形式予以及时帮助,是公安机关及时介入家庭暴力的中国经验。同时,书面告诫书具有证据的作用,书面告诫可以作为人民法院认定家庭暴力的证据。根据这一证据,法院可以裁定人身安全保护令,或者判决准予离婚,对受害者给予损害赔偿。

除了上述救济措施,法律援助机构也应当依法为家庭暴力受害人提供法律援助。

【案例6-1】

2022年3月,江苏省南京市A区花园路社区,9岁男童施某的养母李某对其长期打骂,用抓痒耙、跳绳抽打施某身体及脚踩,致施某双手、双脚、背部大面积红肿。经鉴定,施某身体挫伤面积超过体表面积的10%,属轻伤一级。施某所居住的花园路社区居民委员会向当地派出所报警。李某被警方刑事拘留。施某被花园路社区居民委员会人员送往医院救治。

问:本案如何裁决?

【解析】

南京市A区人民法院刑事审判庭通过对案件的审理,判定李某的行为触犯我国《刑法》第234条,构成故意伤害罪,判处李某有期徒刑6个月。

人民法院根据花园路社区居民委员会的申请,依法撤销李某的监护人资格,另行指定福利院为施某的监护人。

人民法院应当依法对家庭暴力受害人缓收、减收或者免收诉讼费用。

人民法院审理涉及家庭暴力的案件,可以根据公安机关的出警记录、告诫书、伤情鉴定意见等证据,认定家庭暴力事实。

四、撤销监护制度

(一)《反家庭暴力法》关于撤销监护权的规定

监护人实施家庭暴力严重侵害被监护人合法权益的,人民法院可以根据被监护人的近亲属、居民委员会、村民委员会、县级人民政府民政部门等有关人员或者单位的申请,依法撤销其监护人资格,另行指定监护人。

被撤销监护人资格的加害人,应当继续负担相应的赡养、扶养、抚养费用。

【案例6-2】

2022年,居住在江苏省徐州市A区的10岁女孩小玲,经常遭到父亲邵某严重的殴打、虐待等行为,小玲母亲也对其不闻不问。后小玲所在地A区民政局向江苏省徐州市A区人民法院起诉,要求撤销小玲父母的监护权,由民政局享有监护权。

问:A区民政局作为原告提出"撤销监护人资格之诉",有法律依据吗?

【解析】

A区人民法院支持了A区民政局的诉讼请求。依据《反家庭暴力法》第21条和《民法典》第32条的规定,没有依法具有监护资格的人的,监护人由民政部门担任,也可以由具备履行监护职责条件的被监护人住所地的居民委员会、村民委员会担任。撤销小玲父母的监护权,由A区民政局享有监护权。被撤销监护人资格的加害人,即小玲父母,应当继续负担相应的抚养费用。

(二)《民法典》关于监护人资格的撤销与恢复的规定

《民法典》完善了我国监护人制度的体系设计,对监护人资格的取得、丧失、有条件地再次取得等方面均做了具体规定。有关司法解释使监护权内容丰富完整,真正做到有法可依,也让撤销监护权资格诉讼在法院审理过程中更容易落到实处。

1. 监护人被撤销监护人资格的情形

根据《民法典》第36条第1款的规定,监护人有下列情形之一的,人民法院有权根据有关个人或者组织的申请,撤销其监护人资格:(1)实施严重损害被监护人身心健康的行为;(2)怠于履行监护职责,或者无法履行监护职责且拒绝将监护职责部分或者全部委托给他人,导致被监护人处于危困状态;(3)实施严重侵害被监护人合法权益的其他行为。

2. 有权提出"撤销监护人资格之诉"的个人、组织

根据《民法典》第36条第2款的规定,有权提出"撤销监护人资格之诉"的个人、组织包括:其他依法具有监护资格的人,居民委员会、村民委员会、学校、医疗机构、妇女联合会、残疾人联合会、未成年人保护组织、依法设立的老年人组织、民政部门等。

个人和民政部门以外的组织未及时向人民法院申请撤销监护人资格的,民政部门应当向人民法院申请。

小贴士

近年来,虐待未成年人的事件屡见不鲜,《民法典》规定,出现第36条规定的情形,由人民法院指定新的"父母"。同时也可以给不合格的"父母"改正的机会,如果原来的父母被"解雇"后,确有悔改情形的,经其申请,法院可视情况恢复其"父母"的身份。但是"悔改权"仅限孩子的亲生父母,且是否能恢复,还要看孩子的父母是否确有悔改以及孩子是否接受。

3. 监护人资格的恢复

《民法典》第38条规定:"被监护人的父母或者子女被人民法院撤销监护人资格后,

除对被监护人实施故意犯罪的外,确有悔改表现的,经其申请,人民法院可以在尊重被监护人真实意愿的前提下,视情况恢复其监护人资格,人民法院指定的监护人与被监护人的监护关系同时终止。"

五、社会组织的法治教育义务

工会、共产主义青年团、妇女联合会、残疾人联合会、居民委员会、村民委员会等应当对实施家庭暴力的加害人进行法治教育,必要时可以对加害人、受害人进行心理辅导。

未成年人并不是父母的私有财产,可以任凭父母处置,他们是祖国的希望,是社会成员的一分子,也享有家庭生活中最基本的民事权利保障。如果他们的父母不履行或无法正确履行监护职责,那么国家机关在追究其父母法律责任的同时,也可以根据最有利于被监护人的原则将对未成年人的监护义务交由民政局或其他组织来承担,进而保护未成年人的合法权益。

第四节　人身安全保护令

一、人身安全保护令的概念

人身安全保护令,在法律规定中体现为人身安全保护裁定,是一种民事强制措施,即法院为了保护家庭暴力受害人及其子女和特定亲属的人身安全、确保婚姻案件诉讼程序的正常进行而作出的民事裁定。

长期以来,人身安全保护令需要依附其他案由,《反家庭暴力法》规定了申请人身安全保护令不依附于其他诉讼,将人身安全保护令规定为独立案由是立法上的突破,家庭暴力受害者可以独立申请人身安全保护令,有利于及时保护家庭暴力受害人。《反家庭暴力法》明确规定:"当事人因遭受家庭暴力或者面临家庭暴力的现实危险,向人民法院申请人身安全保护令的,人民法院应当受理。"

截至2019年12月底,全国法院共签发人身安全保护令5749份,在施暴者和受害者之间设立了"法律保护伞"和"隔离墙"。

二、申请

(一) 人身安全保护令案件的管辖

人身安全保护令案件由申请人或者被申请人居住地、家庭暴力发生地的基层人民法院管辖。

(二) 人身安全保护令的申请

申请人身安全保护令应当以书面方式提出;书面申请确有困难的,可以口头申请,由人民法院记入笔录。

当事人是无民事行为能力人、限制民事行为能力人，或者因受到强制、威吓等原因无法申请人身安全保护令的，其近亲属、公安机关、妇女联合会、居民委员会、村民委员会、救助管理机构可以代为申请。

（三）作出人身安全保护令应当具备的条件

人身安全保护令由人民法院以裁定形式作出。作出人身安全保护令，应当具备下列条件。

（1）有明确的被申请人。

（2）有具体的请求。

（3）有遭受家庭暴力或者面临家庭暴力现实危险的情形。

申请人身安全保护令的证据，可以是伤照、报警证明、证人证言、社会机构的相关记录或证明、加害人保证书、加害人带有威胁内容的短信、微信等。

三、审查

人民法院收到人身安全保护措施的申请后，应当迅速对申请的形式要件及是否存在家庭暴力及危险的证据进行审查。人民法院受理申请后，应当在 72 小时内作出人身安全保护令或者驳回申请；情况紧急的，应当在 24 小时内作出。

《反家庭暴力法》将法院受理的保护令申请分为一般保护令申请和紧急保护令申请，情况紧急的，应当在 24 小时内签发保护令。保护令的签发有利于及时阻断家庭暴力，隔离施暴者，避免暴力升级，以最大限度保护家暴受害者。

四、人身安全保护令可以包括的措施

（1）禁止被申请人实施家庭暴力。

（2）禁止被申请人骚扰、跟踪、接触申请人及其相关近亲属。

（3）责令被申请人迁出申请人住所。

（4）保护申请人人身安全的其他措施。

【案例6-3】

内蒙古自治区赤峰市的赵阿兰和丈夫离婚 12 年了，但无论她带着孩子搬到哪里，前夫总能千方百计打听到她的落脚处，跟过去，和赵阿兰同吃同住，甚至时不时对她实施殴打。她被菜刀顶过脖子，被灌满开水的暖壶砸过头，被胶带缠过手脚。她随手指出身上的伤口，有的缝过针，有的没有。她感慨自己命大，"老天爷照顾"。她真的担心，总有一天不是前夫打死了她，就是她杀死前夫。

问：《反家庭暴力法》施行后，哪一种救济制度能最及时帮助赵阿兰这样的受害者？

【解析】

赵阿兰前夫对她的伤害属于家庭暴力实施者进行的延续性伤害。2016年4月,赵阿兰向内蒙古自治区赤峰市A区人民法院申请了人身安全保护令,这份"非家庭成员关系人"人身安全保护令,在当时的整个内蒙古自治区,都没有先例可循。A区人民法院下达民事裁定书,禁止赵阿兰的前夫"骚扰、跟踪、接触申请人及其亲属",同时责令他搬走。前夫起初不配合,拒绝在人身安全保护令上签字。

法官对他进行了教育。保护令绝不是一纸空文,根据《反家庭暴力法》,如果被申请人违反人身安全保护令,构成犯罪的,依法追究刑事责任;尚不构成犯罪的,人民法院应当给予训诫,可以根据情节轻重处以1000元以下罚款、15日以下拘留。前夫这才"怕了",在人身安全保护令上签了字,从赵阿兰的生活中撤出。

五、人身安全保护令的有效期

人身安全保护令的有效期不超过6个月,自作出之日起生效。人身安全保护令失效前,人民法院可以根据申请人的申请撤销、变更或者延长。

【案例6-4】

原告张某某(男)与被告胡某某(女)于2016年3月登记结婚,婚后无子女。婚姻初期二人感情尚好,后因胡某某流产及琐事,双方经常争吵、打架。胡某某曾因遭受家庭暴力报警,张某某被公安机关拘留、罚款。

2017年5月6日,胡某某向其所在地A区人民法院申请取得了人身安全保护令,A区人民法院依据《反家庭暴力法》作出裁定,发放了人身安全保护令,此后双方再未打架。2017年8月,张某某起诉要求离婚。胡某某要求张某某支付伤残补助金,并提供病历证明自己患有抑郁症、双肾挫裂伤等病症,并申请司法鉴定,被评定为八级伤残。

问:人身安全保护令是否依然有效?人民法院应如何审理此案?

【解析】

A区人民法院法官审理判定,张某某家庭暴力行为属实,准许离婚。人身安全保护令的有效期不超过6个月,自作出之日起生效。5月6日发出的人身安全保护令依然有效,判决张某某补偿胡某某伤残金13万元,另支付经济帮助费2万元。

六、驳回申请及不服裁定的复议

人民法院经审查认为人身安全保护措施申请不符合申请条件的,驳回申请,并告知申请人申请复议的权利。申请人对驳回申请不服或者被申请人对人身安全保护令不服的,可以自裁定生效之日起5日内向作出裁定的人民法院申请复议一次。人民法院依法作出人身安全保护令的,复议期间不停止人身安全保护令的执行。

七、人身安全保护令的送达

人身安全保护裁定自送达之日起生效。

人民法院作出人身安全保护令后,应当送达申请人、被申请人、公安机关以及居民委员会、村民委员会等有关组织。人身安全保护令由人民法院执行,公安机关以及居民委员会、村民委员会等应当协助执行。

【案例6-5】

小青遭遇家庭暴力,被丈夫殴打后,用手机对伤情拍照,想以此为证据主张权益。

问:手机拍照下来的证据能作为遭受家庭暴力的证据?

【解析】

不少家庭暴力受害者能够在遭遇家庭暴力后对伤情进行拍照,但仅有这些是不够的,因为照片只能证明受伤害的事实,不能证明所受伤害由谁造成。从有利于举证的角度,家庭暴力受害者可以在第一时间报警,由警方出具"指定医院函",再由医院提供诊断证明,这样才能形成完整的证据链条。

第五节　法　律　责　任

一、加害人的法律责任

《反家庭暴力法》规定,加害人实施家庭暴力,构成违反治安管理行为的,依法给予治安管理处罚;构成犯罪的,依法追究刑事责任。

【案例6-6】

李某(男)与张某(女)于2011年结婚,2012年生育一女。孩子出生后,李某就感觉孩子不像自己,又听邻居说闲话,更加怀疑孩子不是自己亲生的,也因此影响了夫妻感情。2022年2月,双方发生争吵,在争吵中李某将张某打伤,经法医鉴定构成轻伤。

2022年3月,张某向法院起诉离婚,并要求抚养孩子,同时要求李某赔偿精神损害抚慰金2万元。李某答辩称同意离婚,但也要求抚养孩子。在诉讼中,张某承认孩子并非李某亲生,李某遂提出反诉,请求张某赔偿其精神损害抚慰金10万元。

问:人民法院依法应如何处理?

【解析】

人民法院应准予双方离婚。从本案来看,李某怀疑孩子非自己新生,且与张某发生争吵并将张某打伤,可推定夫妻感情确已破裂;诉讼中李某也表示同意离婚,因此,依据我国《民法典》第1079条的规定,人民法院应准予双方离婚。

孩子应由张某抚养。本案中该未成年子女系非婚生子女,是张某婚姻关系外受胎所生,与李某没有血缘关系。按照父母对子女有抚养义务的法律规定,该未成年子女应由张某抚养。

人民法院对张某、李某精神损害赔偿的请求应予驳回。本案中,李某对张某有家庭暴力的行为,李某虽然具备了离婚损害赔偿的法定事由,但因张某非无过错方,自己在婚姻关系存续期间与婚外异性有两性关系并生有子女,故而无权请求李某的精神损害赔偿。同理,李某也因为自己有实施家庭暴力行为的过错而无权请求张某精神损害赔偿。

二、被申请人的法律责任

《反家庭暴力法》规定,被申请人违反人身安全保护令,构成犯罪的,依法追究刑事责任;尚不构成犯罪的,人民法院应当给予训诫,可以根据情节轻重处以1000元以下罚款、15日以下拘留。

三、社会组织及其工作人员的法律责任

《反家庭暴力法》规定,学校、幼儿园、医疗机构、居民委员会、村民委员会、社会工作服务机构、救助管理机构、福利机构及其工作人员未依照《反家庭暴力法》第14条规定向公安机关报案,造成严重后果的,由上级主管部门或者本单位对直接负责的主管人员和其他直接责任人员依法给予处分。

四、国家工作人员的法律责任

《反家庭暴力法》规定,负有反家庭暴力职责的国家工作人员玩忽职守、滥用职权、徇私舞弊的,依法给予处分;构成犯罪的,依法追究刑事责任。

【引导案例解析】

本案中,李某在遭到王某暴力行为时,立即打电话向派出所求助,公安机关接到李某要求其制止正在实施的家族暴力行为后,履行救助职责,并对王某处以5日以下的行政拘留。

根据《反家庭暴力法》的规定,李某还选择向所在地人民法院申请人身保护令,人民法院受理李某申请后的第3天作出人身安全保护令。

【复习思考题】

一、简答题

1. 简述家庭暴力的概念、《反家庭暴力法》的适用范围和家庭暴力的特征。

2. 简述人身安全保护令制度。

3.《反家庭暴力法》遵循的基本的原则有哪些？

4. 简述告诫制度。

5. 简述监护人被撤销监护人资格的要求。

6.《反家庭暴力法》规定的法律责任有哪些？

二、不定项选择题

1. 王某与周某结婚时签订书面协议,约定婚后所得财产归各自所有。周某婚后即辞去工作在家奉养公婆,照顾小孩。王某长期在外地工作,后与李某同居,周某得知后向法院起诉要求离婚。周某的下列( )请求可以得到法院的支持。

A. 由于自己为家庭生活付出较多义务,请求王某予以补偿

B. 由于自己专门为家庭生活操持,未参加工作,请求法院判决确认双方约定婚后所得归各自所有的协议显失公平,归于无效

C. 由于离婚后生活困难,请求王某给予适当帮助

D. 由于王某与他人同居导致双方离婚,请求王某给予离婚损害赔偿

2. 周某与妻子庞某发生争执,周某一记耳光导致庞某右耳失聪。庞某起诉周某赔偿医药费 10000 元、精神损害赔偿费 2000 元,但未提出离婚请求。下列( )是正确的。

A. 周某应当赔偿庞某医疗费和精神损害

B. 周某应当赔偿庞某医疗费而不应赔偿精神损害

C. 周某应当赔偿庞某精神损害而不应赔偿医疗费

D. 法院应当不予受理

3.《反家庭暴力法》第 14 条规定,( )、村民委员会、社会工作服务机构、救助管理机构、福利机构及其工作人员在工作中发现无民事行为能力人、限制民事行为能力人遭受或者疑似遭受家庭暴力的,应当及时向公安机关报案。

A. 学校　　　　　B. 幼儿园　　　　　C. 医疗机构　　　　　D. 居民委员会

4. 人身安全保护令的有效期不超过( ),自作出之日起生效。

A. 2 个月　　　　B. 3 个月　　　　C. 1 年　　　　　D. 6 个月

5. 有配偶而重婚的,或者明知他人有配偶而与之结婚的,处( )以下有期徒刑或者拘役。

A. 1 年　　　　　B. 2 年　　　　　C. 3 年　　　　　D. 4 年

6.《反家庭暴力法》规定,被申请人违反人身安全保护令,构成( )的,依法追究刑事责任;尚不构成犯罪的,人民法院应当给予( ),可以根据情节轻重处以 1000 元以下( )、15 日以下。

A. 犯罪　　　　　B. 训诫　　　　　C. 罚款　　　　　D. 拘留

三、案例分析题

王某(女方)与江某(男方)同为天津市静海区人,2020 年 5 月,经人介绍相识并登记结婚,婚后无子女。由于双方相识时间短,相互了解较少,结婚较为仓促,感情基础薄弱。婚后由于江某酗酒,经常因为生活琐事对王某拳脚相加。2021 年 9 月,江某无缘无故将王某毒打一顿并致其离家出走。

2021 年 10 月,王某向静海区人民法院提起离婚诉讼,要求判决:

(1)解除双方的婚姻关系;

(2)江某给付精神损失费 5 万元;

(3)依法分割共同财产;

(4)该案诉讼费由江某承担。

王某提供了江某书写的协议书,相关证人可以证明在婚姻存续期间江某对其施加家庭暴力,经医院鉴定为轻伤,8 级伤残,面部受损。

试分析:静海区人民法院依法应如何处理?王某在婚姻存续期间可以采取什么保护自己的措施?

第七章 收 养

【学习目标】

1. 掌握收养的概念和特征,收养成立和解除的法定条件及法定程序。

2. 理解收养的基本原则。

3. 了解依法成立的收养在被收养人与收养人及其近亲属之间、被收养人与亲生父母之间的法律后果。

【引导案例】

李某(男)与史某(女)于 2019 年结婚,2020 年育有一子李云。婚后李某赌博屡教不改,史某与李某于 2021 年 3 月离婚,李云由史某抚养。史某的姐姐见史某带着李云生活困难,李某又不支付李云的生活费,也很少探视李云,于是提出收养李云。

2021 年 9 月,史某与其姐姐及姐夫签订了收养协议,并就收养协议进行了公证。李某父母知道后,立即让李某找到史某的姐姐及姐夫,提出李云是李家的独苗,要把李云领回家由李某自己抚养。史某的姐姐与姐夫以签订了收养协议和办理了收养公证为由予以拒绝。

第一节　收养制度概述

一、收养的概念及特征

(一) 收养的概念

收养是指公民依照法定的条件和程序,将本属他人的子女作为自己的子女领养,从而使原本没有父母子女关系的当事人产生父母子女权利义务关系的民事法律行为。因该种民事法律行为而成立的法律关系称收养关系。领养他人子女的人为收养人,即养父母;被他人收养的人为被收养人,即养子女;将子女或儿童送给他人收养的父母、其他监护人和社会福利机构为送养人。

小贴士

亲属法学中的"收养"的含义

在亲属法学中,往往从两种不同意义上使用收养一词。一是指收养行为,这是就拟制血亲的亲子关系发生的法律事实而言的;二是指收养关系,即养父母子女关系,这是就拟制血亲的亲子关系本身而言的。收养行为的当事人是收养人、被收养人和送养人。

需要说明的是,被收养人也是收养行为的主体,而不是收养行为的标的。基于收养制度的宗旨,只能将设定拟制血亲的亲子关系作为收养行为的标的。至于送养人,则是作为被收养的未成年人的法定代理人参与收养行为的。收养关系是基于收养行为的法律效力而发生的。在收养关系中,只有养父母和养子女才是互享权利、互负义务的主体。送养人虽然是收养行为不可或缺的参与者,但不是收养关系中的一方主体。[1]

(二) 收养的法律特征

1. 收养须符合法定的条件和程序才能成立

由于收养不仅涉及收养人、送养人以及被收养人的利益,而且关乎社会公共利益及善良风俗,因此,法律对收养行为会进行较多的干预。《民法典》婚姻家庭编对收养制度作出了完备的规定,除对收养人、送养人及被收养人应具备的法定条件作出规定外,还对收养成立的程序作出了要求,即收养的成立须采取法定的形式,只有符合了这些条件收养才能成立,因此,收养为要式法律行为。

 小贴士

收养与寄养的区别

寄养是父母基于某些特殊情形,无法或不能直接抚养子女,委托他人代其抚养子女,受托人与被寄养人之间不产生拟制血亲的亲子关系。寄养情况下,抚养子女的形式虽有所变化,但被寄养的子女与其亲生父母之间的身份关系并未变更,父母子女之间的权利义务亦未发生转移。因此,无论寄养时间有多长,养育子女的一方和被寄养人之间都不会产生父母子女之间的关系,被寄养人随时可以被其父母领回。

2. 收养属于民事法律行为

公民依照民事法律规范进行收养行为,从而在收养人与被收养人之间确立与父母子女关系相同的民事权利义务关系,该行为在性质上属于民事法律行为。这是收养行为与国家设立的社会福利机构对孤儿、遗弃儿的收容和抚育行为的本质区别。

首先,社会福利机构对孤儿、遗弃儿的收容和抚育是国家采取的一种社会救济措施,而收养行为是一种民事法律行为。其次,对孤儿、遗弃儿的收容和抚育是由社会福利机构自行决定的,而收养是由有关当事人协议成立的。最后,社会福利机构与被收容和抚育的孤儿、遗弃儿并不发生父母子女间的权利义务关系,而收养行为成立后收养人与被收养人之间发生父母子女的权利义务关系。

3. 收养只能发生在非直系血亲之间

法律上设立收养制度的目的,是使原本没有父母子女关系的当事人发生法律拟制的

---

[1] 杨大文,曹诗权:《婚姻家庭法》,186页,北京,中国人民大学出版社,2015。

父母子女关系,由此决定了收养只能发生在非直系血亲之间。如果允许在具有直系血亲关系的亲属之间成立以父母子女的权利义务为内容的收养关系,必然会使亲属身份发生重叠,甚至发生相互排斥和冲突。

二、我国的收养立法及其基本原则

(一) 我国的收养立法

我国的收养法律制度是以《宪法》为立法根据的。《民法典》婚姻家庭编中的有关规定等,是收养制度的重要的法律渊源。

作为收养制度主要法律渊源的《民法典》婚姻家庭编第五章收养,从第 1093 条至第 1118 条规定了收养关系的成立、收养的效力、收养关系的解除。国务院所属有关部门针对收养问题所制定的规范性文件和我国缔结或参加的有关解决收养关系法律冲突的国际条约等,也是我国收养制度的法律渊源。

(二) 我国收养制度的基本原则

《民法典》第 1044 条规定:"收养应当遵循最有利于被收养人的原则,保障被收养人和收养人的合法权益。禁止借收养名义买卖未成年人。"依据这两条规定,收养制度的基本原则可归纳为以下几点。

1. 最有利于被收养人的原则

保障被收养的未成年人的健康成长是实行收养制度的首要目的。由于未成年人的身心发育尚不成熟,缺乏独立的生活能力和辨认自己行为的社会后果的能力,属于无民事行为能力人或限制民事行为能力人。他们需要家庭和社会的悉心抚养、关怀爱护、培养教育和监督保护。尤其是对那些丧失父母的孤儿、查找不到生父母的未成年人和生父母有特殊困难无力抚养的子女,通过收养的成立,可以使他们在温暖的家庭中生活,得到养父母的抚养教育,健康成长。

《民法典》中有关收养条件特别是被收养人的条件和收养人的能力的规定,以及有关解除收养关系的规定等,都是以这一原则为依据的。

2. 保障被收养人和收养人合法权益的原则

由于收养在收养人与被收养人之间产生拟制的血亲关系,关乎被收养人和收养人双方的利益,因此法律的相关规定有利于保障双方的利益。

3. 平等自愿的原则

收养是法律行为,必须在平等的基础上进行。任何一方的合法权益受到侵害时,都有权请求法律保护。收养是身份法律行为,具有浓厚的感情色彩,须各方在自愿的基础上进行协商,任何一方不得将自己的意志强加于他人。《民法典》第 1104 条规定,收养人收养与送养人送养,应当双方自愿。收养 8 周岁以上未成年人的,应当征得被收养人的同意。

4. 不得违背社会公德的原则

收养行为是重要的身份法律行为，不仅关系到当事人的权益，而且还直接涉及社会公共利益，所以，有必要从维护社会公德的角度，对收养子女的行为加以必要的约束，其目的在于保护公序良俗。我国《民法典》对无配偶者收养异性子女的情形规定了法定年龄差的要求，以虐待、遗弃为解除收养关系的法定理由的规定等，都是以这一原则为依据。

【案例7-1】

2019年7月9日，李某夫妻生育一对儿女（双胞胎），由于生活困难，无力抚养，经人介绍将双胞胎中的儿子送于陈某、张某夫妻抚养，收养时陈某、张某二人已生育两女。刚开始，两家协商按亲戚往来，李某可以随时看望孩子。在儿子送养期间，李某也多次到陈某处看望儿子。2022年2月，双方因探视问题发生争执，李某作为原告诉至人民法院要求解除收养关系。

问：被告陈某、张某与李某之子的收养关系可否解除？

【解析】

本案中，被告收养原告儿子时只有双方协议但未到民政部门办理登记。人民法院审理后认为，陈某、张某收养时已生育两女，不具备法律规定的收养人的条件，且双方在送养、收养时没有到县以上民政部门登记，因此，原被告双方的收养行为无效。鉴于被告陈某、张某夫妻将原告的儿子抱回家实际抚养1年半，为抚养幼小的孩子付出了较多的精力和财力，原告应对被告给予一定的补偿。

人民法院判决被告陈某、张某收养原告李某之子的收养行为无效。被告陈某、张某于本判决生效后3日内将李某之子送还原告，原告李某于本判决生效后3日内补偿被告15000元。

第二节　收养的成立

收养的成立，即收养关系的成立，是指收养当事人按照《民法典》规定的条件和程序设立收养关系。收养只有符合法律规定的条件，履行一定的程序才能发生法律效力。

一、收养成立的条件

收养关系成立的条件，是指法律规定成立收养关系必须具备的实质要件。各国对收养关系成立的条件要求不尽相同。我国《民法典》关于收养关系成立的法定条件的规定有两类：一类是普通收养关系成立的条件，另一类是特殊收养关系成立的条件。

（一）普通收养关系成立的条件

《民法典》规定，普通收养关系的成立必须符合以下四个方面的条件。

1．被收养人须为未成年人

《民法典》第 1093 条规定："下列未成年人，可以被收养：(1)丧失父母的孤儿；(2)查找不到生父母的未成年人；(3)生父母有特殊困难无力抚养的子女。"

2．送养人须为法律所认可的个人、组织

(1) 孤儿的监护人。

《民法典》第 1094 条规定，下列个人、组织可以作送养人：①孤儿的监护人；②儿童福利机构；③有特殊困难无力抚养子女的生父母。

按照《民法典》第 27 条的规定：未成年人的父母是未成年人的监护人。未成年人的父母已经死亡或者没有监护能力的，由下列人员中有监护能力的人按顺序担任监护人：

①祖父母、外祖父母；②兄、姐；③其他愿意担任监护人的个人或者组织，但是须经未成年人住所地的居民委员会、村民委员会或者民政部门同意。

《民法典》规定，未成年人的父母均不具备完全民事行为能力且可能严重危害该未成年人的，该未成年人的监护人可以将其送养。

为了保护孤儿的合法权益，《民法典》第 1096 条对监护人送养孤儿作了必要的限制性规定："监护人送养孤儿的，应当征得有抚养义务的人同意。有抚养义务的人不同意送养、监护人不愿意继续履行监护职责的，应当依照本法第一编的规定另行确定监护人。"

🌸 **小贴士**

有抚养义务的人的定义

"有抚养义务的人"是指孤儿的有监护能力和抚养能力的祖父母、外祖父母、兄、姐。

(2)儿童福利机构。

儿童福利机构是各级人民政府的民政部门兴办的慈善机构，如社会福利院等。对生父母死亡、其他亲属无力抚养的孤儿以及查找不到生父母的弃婴和儿童，由民政部门将其收入儿童福利机构，接受儿童福利机构的养育和监护。在符合收养条件时，儿童福利机构可以将所监护的孤儿和查找不到生父母的弃婴、儿童送养于合格的收养人。

(3)有特殊困难无力抚养子女的生父母。

有特殊困难无力抚养子女的生父母是指其生父母双方因身体健康方面的原因或者家庭经济方面的原因，遭遇到特殊的困难，丧失了抚养子女的能力，致使其陷于得不到生父母抚养的境地。生父母作为送养人，除了必须具备"有特殊困难无力抚养子女"这一条件外，还须符合以下条件。

其一，生父母送养子女，须双方共同送养。因子女是生父母双方的子女，应当取得双方的同意，即使父母离婚，子女随一方生活，也须征得另一方的同意。只有在客观上无法共同送养的，即生父母一方不明或查找不到的，才可以单方送养。

其二，生父母一方死亡，另一方送养未成年子女的，死亡一方的父母有优先抚养的权利。如果死亡一方的父母，即未成年子女的祖父母、外祖父母，有抚养孙子女、外孙子女的能力和意愿,法律自然赋予其优先抚养的权利。在这种情况下,"死亡一方的父母有优先抚养的权利"构成送养的法定障碍,生父母另一方不得将未成年子女送养。此外,未成年人的父母均不具备完全民事行为能力的,该未成年人的监护人不得将其送养,但父母对该未成年人有严重危害可能的,则监护人可以将该未成年人送养。

3. 收养人必须具有抚养教育被抚养人的条件

作为收养人应当同时符合下列要求。

(1)无子女或者只有一名子女。

无子女包括未婚者无子女、已婚者尚无子女以及因欠缺生育能力而不可能有子女等情况。在法律解释上,子女既包括婚生子女,也包括非婚生子女和养子女。只有一名子女中的子女,既包括婚生子女,也包括非婚生子女和养子女。

(2)有抚养、教育和保护被收养人的能力。

该能力是指的综合能力。一是收养人具有良好的健康状况,道德品质方面有抚养教育和保护被收养人的能力;二是收养人有保证被收养人成长的经济负担能力。

(3)未患有医学上认为不应当收养子女的疾病。

即收养人没有影响被收养人健康成长的精神病或其他严重疾病。

(4)无不利于被收养人健康成长的违法犯罪记录。

如果收养人有虐待、遗弃未成年人等违法犯罪记录,则不适合再收养未成年人。

(5)收养人年满30周岁。

这是对有配偶者双方和无配偶者的共同要求。

除上述规定外,我国《民法典》还对收养人的条件作了特殊规定:

第一,基于伦理道德的考虑,《民法典》第1102条规定:"无配偶者收养异性子女的,收养人与被收养人的年龄应当相差40周岁以上。"

第二,为了有利于夫妻和睦和对被收养人的抚养教育及收养关系的稳定,《民法典》第1101条规定:"有配偶者收养子女,应当夫妻共同收养。"

第三,为了保障收养人有足够的经济来源和精力抚养教育被抚养人,《民法典》第1100条第1款规定:"无子女的收养人可以收养两名子女;有子女的收养人只能收养一名子女。"

【案例7-2】

2001年张某(男)与郑某(女)结婚,2003年生育一子,2006年生育一女。2022年3月,两人协商准备收养一个女儿,刚好同村的王某生下了一个女儿,准备送养。于是张某与郑某就将该女婴收养。

问:张某与郑某收养女婴的行为合法吗?

【解析】

根据《民法典》的规定,收养人、送养人以及被收养人都必须满足一定的条件才能建立收养关系。张某和郑某已经有一儿一女,不符合《民法典》关于收养人无子女或只有一名子女的要求。《民法典》第 1100 条第 1 款规定:"无子女的收养人可以收养两名子女;有子女的收养人只能收养一名子女。"王某也不符合《收养法》关于送养人没有能力抚养子女的要求。因此,张某和郑某不能收养王某的女儿。

小贴士

外国法关于收养制度的规定

《德国民法典》规定,夫妻双方共同收养子女的,一方应满 25 岁,另一方应满 21 岁;夫妻一方单独收养子女的,应满 25 岁。《日本民法典》规定,已达成年者可以收养子女。《秘鲁家庭法》规定,收养人应在 50 岁以上,并享有良好的名誉。《智利收养法》规定,收养人年龄的下限为 40 岁,上限为 70 岁。

关于收养人与被收养人的年龄差距,《法国民法典》要求收养人必须较其拟收养的儿童大 15 岁;如被收养人为其配偶原有的(与前夫或前妻所生的)子女,收养人和被收养人的年龄差可以降低至 10 岁。《荷兰民法典》规定收养人与被收养人的年龄差至少为 18岁,最多不得超过 50 岁。

4. 必须有成立收养的合意

(1)收养人收养与送养人送养,必须双方自愿。收养人一方自愿,在无配偶者收养子女时,为无配偶者自愿。有配偶者收养子女时,须配偶双方自愿;送养人一方自愿,是指孤儿的监护人、儿童福利机构及送养子女的生父母双方自愿。生父母一方不明或查找不到的,可以单方送养。收养人收养与送养人送养,须双方在自愿的基础上达成合意。

(2)收养年满 8 周岁以上未成年人的,应当征得被收养人的同意。年满 8 周岁以上的未成年人是限制民事行为能力人,具有一定的识别能力或行为能力,可以进行与智力、年龄相适应的活动。收养是确定身份关系的法律行为,其法律后果直接发生在被收养人身上。因此,是否愿意被收养,应当征求被收养人意见。若被收养人不同意,则会构成收养合意的法律障碍,即使收养人与送养人双方同意,收养仍不能成立。

(二) 特殊收养关系成立的条件

我国《民法典》针对某些特殊的收养关系,作了适当放宽收养条件的规定。

1. 收养三代以内同辈旁系血亲的子女

《民法典》第 1099 条规定:"收养三代以内旁系同辈血亲的子女,可以不受本法第1093 条第(3)项、第 1094 条第(3)项和第 1102 条规定的限制。"

2. 华侨收养三代以内旁系同辈血亲的子女

《民法典》规定,华侨收养三代以内旁系同辈血亲的子女,还可以不受本法第 1098 条第(1)项规定的限制。收养人如为华侨,则即使本人已有子女,甚至子女不止一人,也不妨碍其收养兄弟姐妹、堂兄弟姐妹、表兄弟姐妹的子女。收养人不受无子女或者只有一名子女的收养人数限制。

3. 收养孤儿、残疾未成年人或者儿童福利机构的未成年人

《民法典》第 1100 条第 2 款规定:"收养孤儿、残疾未成年人或者儿童福利机构抚养的查找不到生父母的未成年人,可以不受前款和本法第 1098 条第(1)项规定的限制。"

有子女的收养人亦可收养本条规定的被收养人,收养两名或数名均可。孤儿、残疾未成年人或者儿童福利机构抚养的查找不到生父母的未成年人被他人收养,有利于其在养父母的抚育下健康成长。放宽收养条件,有鼓励此类收养行为之意。但是在实践中,还应考虑收养人的能力和抚育条件。

4. 继父母收养继子女

《民法典》第 1103 条规定:"继父或者继母经继子女的生父母同意,可以收养继子女,并可以不受本法第 1093 条第(3)项、第 1094 条第(3)项、第 1098 条和第 1100 条第 1 款规定的限制。"

收养继子女以其生父母同意为必要前提,按本条规定,收养条件放宽之处有以下几点。

(1)继子女的生父母即使无特殊困难,有抚养能力,其亦可由其继父或继母收养。

(2)继父母即使不符合《民法典》对收养人的要求,也不妨碍其收养继子女。

(3)作为被收养人的继子女,年龄满足未成年的要求即可。作为收养人的继父母,不受收养人数的限制。这些规定符合此类收养的实际情况,有其必要性和合理性。

对继父母收养继子女适用放宽条件的规定,鼓励变继父母继子女关系为养父母养子女关系,有利于保障当事人各方的权益,有利于家庭关系的和睦。

其他人的保密义务。《民法典》明确规定,收养人、送养人要求保守收养秘密的,其他人应当尊重其意愿,不得泄露。

二、收养成立的程序

收养成立的程序,即收养关系成立的程序,是指为确保收养关系的合法性和稳定性,收养成立必须履行一定的法律手续,此为收养成立的形式要件。

《民法典》规定的收养程序为收养登记。收养登记是收养成立的法定程序,也是唯一程序。1999 年 5 月 25 日,民政部颁布实施《中国公民收养子女登记办法》,就收养登记的具体程序作出了专门规定。收养协议和收养公证,是出于当事人的意愿和要求进行的程序,不具有强制性。

(一)收养登记

1. 收养登记机关

《民法典》第 1105 条第 1 款规定,收养应当向县级以上人民政府民政部门登记。收养关系自登记之日起成立。

(1)收养儿童福利机构抚养的查找不到生父母的弃婴、孤儿和未成年人的,在儿童福利机构所在地的收养登记机关办理登记。

（2）收养非儿童福利机构抚养的查找不到生父母的弃婴和未成年人的，在弃婴和未成年人发现地的收养登记机关办理登记。

（3）收养生父母有特殊困难无力抚养的子女或者由监护人监护的孤儿的，在被收养人生父母或者监护人常住户口所在地（组织作监护人的，在该组织所在地）的收养登记机关办理登记。

（4）收养三代以内同辈旁系血亲的子女，以及继父母收养继子女的，在被收养人生父或者生母常住户口所在地的收养登记机关办理登记。

2．收养登记的程序

收养登记在程序包括申请、审查和登记三个步骤。

（1）申请。收养关系当事人应当亲自到收养登记机关办理成立收养关系的登记手续。夫妻共同收养子女的，应当共同到收养登记机关办理登记手续；一方因故不能亲自前往的，应当书面委托另一方办理登记手续，委托书应当经过村民委员会或者居民委员会证明或者经过公证。

（2）审查。收养登记机关收到收养登记申请书及有关材料后，应当自次日起 30 日内进行审查。对符合法律规定条件的，为当事人办理收养登记，发给收养登记证，收养关系自登记之日起成立；对不符合收养法规定条件的，不予登记，并对当事人说明理由。收养查找不到生父母的弃婴、未成年人的，收养登记机关应当在登记前公告查找其生父母；自公告之日起满 60 日，弃婴、未成年人的生父母或者其他监护人未认领的，视为查找不到生父母的弃婴、未成年人。公告期间不计算在登记办理期限内。

（3）登记。经审查，收养登记机关对符合《民法典》规定条件的，应为当事人办理收养登记，发给收养登记证，收养关系自登记之日起成立；对不符合《民法典》规定条件的，不予登记，并对当事人说明理由。《民法典》第 1105 条规定，收养关系成立后，公安机关应当按照国家有关规定为被收养人办理户口登记。

收养关系成立后，需要为被收养人办理户口登记或者迁移手续的，由收养人持收养登记证到户口登记机关按照国家有关规定办理。

（二）收养协议与收养公证

1．收养协议

签订收养协议不是收养成立的必经程序。收养协议是当事人自愿订立的，自收养当事人签订之日起生效。《民法典》第 1105 条规定，收养关系当事人愿意签订收养协议的，可以签订收养协议。

2．收养公证

《民法典》第 1105 条规定，收养关系当事人各方或者一方要求办理收养公证的，应当办理收养公证。收养公证属于可选择性程序，只有在收养关系当事人各方或一方要求办理时,才应当办理。收养公证也不是收养成立的必经程序。

(三)收养评估

根据《民法典》的规定,县级以上人民政府民政部门应当依《收养评估办法》(试行)进行收养评估。

1. 收养评估的概念

收养评估是指民政部门对收养申请人是否具备抚养、教育和保护被收养人的能力进行调查、评估,并出具评估报告的专业服务行为。中国内地居民在中国境内收养子女的,按照《收养评估办法》进行收养评估。但是,收养继子女的除外。

2. 遵循的原则

收养评估应当遵循最有利于被收养人的原则,独立、客观、公正地对收养申请人进行评估,依法保护个人信息和隐私。

3. 收养评估的机构

民政部门进行收养评估,可以自行组织,也可以委托第三方机构开展。委托第三方机构开展收养评估的,民政部门应当与受委托的第三方机构签订委托协议。

民政部门自行组织开展收养评估的,应当组建收养评估小组。收养评估小组应由2名以上熟悉收养相关法律法规和政策的在编人员组成。

4. 收养评估内容

收养评估内容包括收养申请人的以下情况:收养动机、道德品行、受教育程度、健康状况、经济及住房条件、婚姻家庭关系、共同生活家庭成员意见、抚育计划、邻里关系、社区环境、与被收养人的融合情况等。

收养申请人与被收养人融合的时间不少于30日。

5. 收养评估流程

收养评估流程包括书面告知、评估准备、实施评估、出具评估报告等环节。

6. 报告制度

收养评估期间,收养评估小组或者受委托的第三方机构发现收养申请人及其共同生活家庭成员有下列情形之一的,应当向民政部门报告:

(1)弄虚作假,伪造、变造相关材料或者隐瞒相关事实的;

(2)参加非法组织、邪教组织的;

(3)买卖、性侵、虐待或者遗弃、非法送养未成年人,及其他侵犯未成年人身心健康的;

(4)有持续性、经常性的家庭暴力的;

(5)有故意犯罪行为,判处或者可能判处有期徒刑以上刑罚的;

(6)患有精神类疾病、传染性疾病、重度残疾或者智力残疾、重大疾病的;

(7)存在吸毒、酗酒、赌博、嫖娼等恶习的;

(8)故意或者过失导致正与其进行融合的未成年人受到侵害或者面临其他危险情形的;

(9)有其他不利于未成年人身心健康行为的。

存在前款规定第(8)项规定情形的,民政部门应当立即向公安机关报案。

第三节 收养的效力

收养作为民事法律行为,它的成立将产生一系列的法律后果。因收养民事法律行为的成立而导致的相应法律后果,就是收养的效力。按照我国《民法典》的规定,可将收养的效力分为收养的拟制效力与收养的解消效力。同时《民法典》还对无效收养行为及其法律后果也作了规定。

一、收养的拟制效力

收养的拟制效力是指收养关系的成立导致收养人与被收养人之间发生父母子女的权利义务关系,以及被收养人与收养人的近亲属发生相应的亲属关系等法律后果。

收养关系一经成立,便在收养人与被收养人之间确立起养父母和养子女的身份关系:收养人是养父母,被收养人是养子女,他们彼此发生了与自然血亲的父母子女关系相同的法定的权利与义务关系。

收养关系成立的拟制效力主要包括如下几个方面的内容。

(一)养父母与养子女之间产生拟制直系血亲关系

自收养关系成立之日起,收养人与被收养人之间便形成了法律拟制的直系血亲关系,即形成了与父母子女相同的权利义务关系,养子女取得了与婚生子女相同的法律地位。养父母对养子女有抚养教育的义务;养子女对养父母有赡养扶助的义务。养父母与养子女之间互为第一顺序法定继承人,有相互继承遗产的权利。

关于养子女的姓氏问题,我国《民法典》第 1112 条规定:"养子女可以随养父或者养母的姓氏,经当事人协商一致,也可以保留原姓氏。"

收养成立后,为了实现抚育子女和共同生活的目的,必然产生养子女户口迁移问题。但是,收养行为与户口迁移的性质截然不同。收养关系属于民事法律关系,它是亲属关系的转移和变更。户口迁移产生的是行政法律关系,它是国家对社会实行人口管理的手段。关于被收养人的户口迁移,《中国公民收养子女登记办法》第 8 条规定:"收养关系成立后,需要为被收养人办理户口登记或者迁移手续的,由收养人持收养登记证到户口登记机关按照国家有关规定办理。"

(二)养子女与养父母的近亲属间形成拟制直系或旁系血亲关系

《民法典》规定,自收养关系成立之日起,养父母与养子女间的权利义务关系,适用本法关于父母子女关系的规定;养子女与养父母的近亲属间的权利义务关系,适用本法关于子女与父母的近亲属关系的规定。

1. 养子女与养父母的父母之间形成法律拟制的(外)祖孙关系,产生了附条件的抚养或赡养义务。养孙子女取得了代位继承养(外)祖父母遗产的权利,养(外)祖父母成了养(外)孙子女的第二顺序法定继承人。

2. 养子女与养父母的婚生子女及其他养子女之间形成法律拟制的兄弟姐妹关系,分别产生了附条件的赡养或扶养义务,同时也互为第二顺序法定继承人。

二、收养的解消效力

收养的解消效力是指收养依法消灭被收养人与生父母及其近亲属之间的身份关系及其权利义务关系的效力。《民法典》第1111条第2款规定:"养子女与生父母以及其他近亲属间的权利义务关系,因收养关系的成立而消除。"

收养的解消效力主要表现在如下两个方面。

(一) 被收养人与其生父母的关系

收养关系成立后,养子女与其生父母之间不仅消灭身份关系,而且他们之间的权利义务关系同时消除。

(二) 对养子女与生父母近亲属间的解消效力

养子女与生父母近亲属间的权利义务关系,因收养关系的成立而消除。养子女被收养后,与生父母的父母不再具有祖孙之间的权利义务关系;与生父母其他子女之间,亦不再具有兄弟姐妹之间的权利义务关系。

需要指出的是,收养的解消效力是不及于《民法典》有关禁止直系血亲或者三代以内的旁系血亲结婚的规定的。收养关系的成立,只能消除被收养人与原有亲属间的权利义务关系,而不能消除客观存在的自然血亲关系。

三、无效收养

为了确保法律的严肃性及权威性,我国《民法典》在肯定合法有效收养行为的同时,设立了确认收养无效的制度。

(一) 无效收养的概念和原因

无效收养是指已经发生的收养行为因违反法律关于收养关系成立的条件和程序而不具有收养的法律效力。

《民法典》第1113条规定,有本法第一编关于民事法律行为无效规定情形或者违反本编规定的收养行为无效。

无效的收养行为自始没有法律约束力。

小贴士

民事法律行为无效的情形

(1)根据《民法典》第一编第144条的规定,无民事行为能力人实施的民事法律行为无效。

(2)根据《民法典》第146条的规定,行为人与相对人以虚假的意思表示实施的民事法律行为无效。以虚假的意思表示隐藏的民事法律行为的效力,依照有关法律规定处理。

(3)依据《民法典》第153条的规定,违反法律、行政法规的强制性规定的民事法律行为无效。但是,该强制性规定不导致该民事法律行为无效的除外。违背公序良俗的民事法律行为无效。

(4)依据《民法典》第154条的规定,行为人与相对人恶意串通,损害他人合法权益的民事法律行为无效。

【案例7-3】

2019年,家住辽宁的王某随父母去北京旅游途中被人贩子宋某拐走,王某此时6岁。宋某伪造了证明其与王某父母关系的户籍材料和无力抚养子女家庭困难证明,借此将王某以5万元的价格送养给了广州市民张某,并办理了收养登记。

王某的亲生父母丢失孩子后一直多方寻找,最终于2022年3月通过微博信息在广州找到了王某,并要求带回王某。张某对此予以拒绝,主张其已经与王某建立了合法的收养关系,王某亲生父母无权带走王某。

问:王某的亲生父母通过何种法律途径才能要回王某?

【解析】

虽然王某已经与张某建立了收养关系,但是这种收养关系的建立是通过伪造的送养材料实现的,其本质是拐卖儿童。

《民法典》第1044条第2款规定:"禁止借收养名义买卖未成年人。"因此,张某与王某的收养关系是无效的。王某的亲生父母可以向人民法院提出确认收养关系无效之诉。收养行为被人民法院确认无效的,从行为开始时起就没有法律效力。

因此,张某与王某的收养关系被人民法院宣告无效后,张某与王某之间的养父子关系即不存在,王某的亲生父母可以要回王某。

(二) 收养无效的确认及其法律后果

根据我国《民法典》和《中国公民收养子女登记办法》的相关规定,收养无效的确认有两种程序:第一,由人民法院通过诉讼程序确认某一收养行为无效。第二,由收养登记机关通过行政程序确认某一收养行为无效。

收养行为被人民法院确认无效的,从该行为开始时起就没有法律效力。收养行为被收养登记机关确认无效的,收养登记机关应当撤销登记,收缴收养登记证,因而收养也是自始无效的。

无效的收养行为并不是不产生任何法律后果,如果当事人实施的无效收养行为侵害了他人合法权益或社会利益,也要依法承担相应的民事责任、行政责任,构成犯罪的还要承担刑事责任。

第四节 收养关系的解除

收养关系是一种民事法律关系,可以因一定的法律事实而产生,也可因一定的法律事实而终止。收养终止,即合法有效的收养关系因发生一定的法律事实,无法继续亲子关系而使该收养关系归消灭。引起收养关系终止的法律事实有两种:一是因收养关系一方当事人死亡而终止;二是因收养当事人依法办理了解除收养的手续而终止。我国《民法典》就收养关系解除的原因、形式、法律效力等问题作了规定。

一、协议解除收养关系

(一)协议解除收养关系的条件

协议解除收养关系必须符合下列要求。

1.收养人在被收养人成年以前,不得解除收养关系,但是收养人、送养人双方协议解除的除外。养子女8周岁以上的,应当征得本人同意。

2.在养子女成年后,协议解除收养须得到收养人、被收养人同意。成年人具有完全民事行为能力,送养人的同意不是协议解除的必要条件。

此外,当事人还应根据具体情况就与解除收养有关的财产和生活等问题达成协议。

(二)协议解除收养关系的程序

《民法典》规定,当事人协议解除收养关系的,应当到民政部门办理解除收养关系登记。

适用这一规定办理解除收养关系的登记时,当事人应当到被收养人常住户口所在地县级以上人民政府民政部门提出解除收养关系的申请,须向收养登记机关提交居民户口簿、居民身份证、收养登记证、解除收养关系的书面协议。

二、诉讼解除收养关系

(一)诉讼解除收养关系的条件

1. 送养人因收养人的特定过错行为要求解除收养关系的

我国《民法典》第1114条第2款规定:"收养人不履行抚养义务,有虐待、遗弃等侵害未成年养子女合法权益行为的,送养人有权要求解除养父母与养子女间的收养关系。送养人、收养人不能达成解除收养关系协议的,可以向人民法院起诉。"

收养关系成立后,养父母与养子女间形成拟制直系血亲关系,养父母即须依法承担抚养教育、保护养子女的义务。如果养父母对未成年养子女经常以打骂、捆绑、冻饿、限制自由、凌辱人格、不给治病或者强迫过度劳动等方法进行虐待,或者有能力抚养而拒绝抚养、遗弃养子女的,会直接损害养子女的身心健康。这种情况下,被收养人的权利受到了严重侵犯,收养的目的也难以实现,因此,法律规定送养人有权要求解除养父母与养子女间的收养关系。

2. 养父母与成年养子女关系恶化,无法共同生活的

我国《民法典》第1115条规定:"养父母与成年养子女关系恶化、无法共同生活的,可以协议解除收养关系。不能达成协议的,可以向人民法院提起诉讼。"

在养子女成年以后,由于某种原因导致养父母子女之间关系恶化,双方无法再继续共同生活时,养父母或者成年养子女中的任何一方,都可以要求解除彼此间的收养关系。

【案例7-4】

1998年6月,已经53岁尚未结婚的张某甲收养了其弟弟张某乙的儿子张某某,张某某时为11岁。收养关系确立后,张某某跟随张某甲共同生活。从2017年开始,张某某赴广州打工一去不回,也不向张某甲提供任何生活费,张某甲生活困难。为了享受五保户待遇,解决生活困难,张某甲于2021年9月向人民法院提出解除与张某某收养关系的诉讼请求。

问:张某甲可否解除与张某某的收养关系?

【解析】

根据《民法典》第1115条的规定,本案中,已经成年的张某某不履行赡养义务,时间较长,情节比较严重,属于遗弃养父母的情形。张某甲可以向人民法院提出解除收养关系的诉讼请求,人民法院应当判决解除收养关系。

又依据《民法典》第1118条的规定,本案中,张某某遗弃养父张某甲,因此,张某甲还可以要求张某某补偿收养期间支出的生活费和教育费。

（二）诉讼解除收养关系的程序

通过诉讼程序解除收养,即收养当事人通过向人民法院起诉来解除收养关系的程序。它适用于一方要求解除收养,但收养双方当事人不能达成协议,或者虽然双方同意解除收养关系,但对财产等问题有争议的情况。

人民法院审理解除收养关系的案件,应当查明当事人要求解除收养关系的真实原因及养父母与养子女间的生活实际情况,听取年满10周岁以上的被收养人的意见,依照解除收养的法定条件,合法合理地正确处理。

一般来说,人民法院审理此类案件,应首先对当事人进行调解,帮助他们达成解除收养的协议;在诉讼程序中以调解方式解除收养关系的,由于法院已经将解除收养协议内容载入了调解书,该调解书与判决具有同等的效力,因此,当事人无须另行签订书面协议,也无须再办现解除收养的登记。人民法院调解无效时,可依法作出准予或不准解除收养关系的判决。依诉讼程序解除收养关系的,收养关系自准予解除收养关系的调解书或判决书生效之日起解除。

【案例 7-5】

　　1999 年,李某夫妇收养一女(4 岁),取名为李兰。后李兰从邻居口中得知自己不是李某夫妻的亲生女儿,就心存芥蒂,与养父母感情冷淡,工作后基本不回家。2020 年,李某的妻子因病去世,李兰与养父李某的关系日趋恶化。后李某多种疾病缠身,李兰都不闻不问。2021 年 5 月,李某向法院起诉,坚决要求与李兰解除收养关系,同时要求李兰支付多年来的抚养费用。

　　问:法院是否应当支持李某的诉讼请求?

【解析】

　　李某夫妻与李兰关系恶化,无法共同生活,法院可以判决解决收养关系。收养关系解除后,经李某夫妻抚养的成年养子女李兰,对缺乏劳动能力又缺乏生活来源的养父李某,应当给付生活费。

三、收养解除的效力

(一) 对养子女与养父母及其他近亲属间的后果

　　我国《民法典》第 1117 条规定,收养关系解除后,养子女与养父母以及其他近亲属间的权利义务关系即行消除,与生父母以及其他近亲属间的权利义务关系自行恢复。但是,成年养子女与生父母以及其他近亲属间的权利义务关系是否恢复,可以协商确定。

　　收养关系解除后,养子女与养父母之间的身份和权利义务即行消除,彼此不再具有抚养教育、保护、赡养扶助和继承遗产等关系。与此同时,养子女与养父母的其他近亲属间的权利义务关系也随之消除。

　　收养关系解除后,未成年的养子女与生父母及其他近亲属的权利义务自行恢复。但成年养子女与生父母及其他近亲属的权利义务是否恢复,可以由成年养子女与生父母协商确定。

　　养子女与养父母死亡虽然也会产生终止收养的后果,但与收养解除还有所不同。养子女或养父母死亡,只终止死者与养父母或养子女之间的亲属关系,其他亲属关系并不当然终止,特别是养子女与尚在的养父或养母之间、死者的父母与养孙子女之间、养子女与养(外)祖父母之间、养兄弟姐妹之间的亲属关系并不当然终止。

（二）对生活抚育费的追偿及后期给付的后果

《民法典》第 1118 条规定,收养关系解除后,经养父母抚养的成年养子女,对缺乏劳动能力又缺乏生活来源的养父母,应当给付生活费。因养子女成年后虐待、遗弃养父母而解除收养关系的,养父母可以要求养子女补偿收养期间支出的抚养费。生父母要求解除收养关系的,养父母可以要求生父母适当补偿收养期间支出的抚养费;但是,因养父母虐待、遗弃养子女而解除收养关系的除外。

经养父母抚养的成年养子女,对缺乏劳动能力又缺乏生活来源的养父母,应当给付生活费。对于生活费的数额,可先由双方协议;协议不成时,由人民法院根据当时当地一般生活水平需要及养子女的实际负担能力来判决。

因养子女成年后虐待、遗弃养父母而解除收养关系的,养父母可以要求养子女补偿收养期间支出的生活费和教育费。养父母行使这一权利,不受其是否存在"缺乏劳动能力又缺乏生活来源"的限制。

此外,解除收养后,对于不满 18 周岁的被收养人,送养人应当凭《解除收养关系证》《解除收养调解协议书》或《解除收养判决书》,将被收养人的户口迁至送养人户口所在地,恢复原户口关系性质。

（三）其他财产关系的处理

收养关系解除时,养子女在收养期间因继承、遗赠、赠与等所取得的财产,仍属于养子女个人财产,应由养子女带走。在与养父母共同生活期间,因养子女的劳动收入所形成的共同财产,在解除收养关系时应进行分割。无法分割的,由养父母给予适当补偿。

【引导案例解析】

收养的成立须符合《民法典》规定的实质要件和形式要件。本案中史某未征得李某同意,单方将李云送养,违反父母送养子女,须双方共同送养的规定;史某的姐姐和姐夫虽与史某签订了收养协议,并就收养协议进行了收养公证,但收养协议、收养公证并不具有强制性,也不是收养成立的法定程序,因而本案中的收养关系不成立。

【复习思考题】

一、简答题

1. 收养的法律特征有哪些?
2. 如何理解我国收养的基本原则?
3. 如何理解收养的拟制效力和解消效力?
4. 简述收养评估中的报告制度。
5. 收养解除的法定条件和程序是什么?

6. 收养解除后的法律后果是什么?

二、不定项选择题

1. 依照我国《民法典》的规定,收养关系的成立时间为( )。

A. 收养协议签订之间　　　　　　B. 收养登记之日

C. 被收养人送养之日　　　　　　D. 根据具体情况而定

2. 吴某(女)16岁,父母去世后无其他近亲,吴某的舅舅孙某(50岁,离异,有一个19岁的儿子)提出愿将吴某收养。下列( )符合法律规定。

A. 吴某已满16岁,可以被收养

B. 孙某与吴某年龄相差未超过40岁,不能收养吴某

C. 孙某已有子女,不能收养吴某

D. 孙某可以收养吴某

3. 收养人必须年满( )。

A. 20周岁　　　B. 30周岁　　　C. 40周岁　　　D. 50周岁

4. 送养人须为法律所认可的( )。

A. 孤儿的监护人　　　　　　B. 儿童福利机构

C. 有特殊困难无力抚养子女的生父母　　D. 公安机关

5. 收养行为被人民法院确认无效的,从( )就没有法律效力。

A. 行为开始时起　　　　　　B. 被宣告时起

C. 被送养时起　　　　　　　D. 被抱养时起

6. 收养关系解除后,养子女与养父母及其他近亲属间的权利义务关系( ),与生父母及其他近亲属间的权利义务关系( ),但成年养子女与生父母及其他近亲属间的权利义务关系是否恢复,可以( )。

A. 即行消除　　B. 自行恢复　　C. 协商确定　　D. 判决确定

三、案例分析题

2011年张某(时年10岁)的父亲车祸身亡,母亲孙某甲体弱多病,无力抚养孩子,便将张某送给其兄孙某乙收养,孙某乙办理了收养张某的收养登记。2022年3月,孙某甲、孙某乙相继因病去世。张某要求继承孙某甲和孙某乙的遗产。

试分析:张某可以继承孙某甲和孙某乙的遗产吗?

第八章　继承法概述

【学习目标】

1. 掌握继承法律关系的基本原理。
2. 理解继承法的调整对象及其基本原则。
3. 了解继承制度的本质。

【引导案例】

天津市人王甲（男）与胡某（女）为夫妻，共生有一子（王某）一女（王某某），均已成年独立生活。2005年，王甲经有关部门批准在镇上建了五间店面房，后因旧城改造，政府将位于县城内的两套商品房安置给王甲与胡某。后王甲生病住院，胡某与女儿王某某为家庭琐事产生矛盾。2021年6月王甲去世后，胡某和儿子王某各居住在一套商品房内，五间店面房由胡某以其名义出租，租金亦由胡某收取。2021年9月，王某某要求分割房产，胡某不同意。

2022年3月，王某某向天津市静海区人民法院起诉其母亲胡某及兄长王某，要求分割父亲遗留下的房产。王某某诉称：父母有两处商品房及五间店面房，父亲去世后，房产被母亲和哥哥居住和出租收益，要求对房产依法进行分割，并要求分割母亲所得的租金。母亲胡某辩称：丈夫生病期间，女儿没有尽到责任。房产是其和丈夫多年奋斗的共有财产，子女没有份额。王某辩称："同意母亲的意见，我确实居住了其中一套住房，但房子不是我的。"

第一节　财产继承概述

一、财产继承的含义和特征

继承法上的继承，即财产继承，专指财产所有人死亡或被宣告死亡时，按照法律的规定将死者遗留下来的财产转移给他人所有的一种法律制度和法律关系。作为现代法律意义上的财产继承，有如下特征。

1. 财产继承的发生原因是特定的

财产所有人死亡是引起财产继承发生的不可缺少的法律事实。这是财产继承发生的法定原因。

2. 合法的继承人或受遗赠人是财产继承的主体条件

公民死亡后,能够继承其遗产的主体只能是自然人,国家、集体以及其他社会组织都不能作为继承人,只可以作为受遗赠人。此外,能够作为继承主体的自然人,也有一定的限制,即只能是法律规定范围内的死者的近亲属,除此之外的人只能成为受遗赠人。

3. 财产继承的客体范围具有限定性

被继承人死亡时存在归其生前个人合法所有的财产或财产权利,是财产继承的基本物质要件。继承是处理死者财产的法律制度。作为继承的客体只能是公民死亡时遗留的个人合法财产,他人、国家或集体的财产都不能作为继承的客体。公民虽然死亡,若未遗留任何财产,也不会发生继承。

4. 财产继承的法律后果具有权利变更性

财产继承是继承人承受被继承人财产的法律制度。被继承人死亡时,就已经不再是民事权利义务的主体,其财产权的主体必定要发生变更,要么转移给继承人,要么转移给受遗赠人。

5. 继承遗产与清偿死者生前债务相统一,是财产继承的基本要求

继承法意义上的继承,仅限于财产继承。人格、身份、地位等非财产因素排除在外,这是现代继承制度的鲜明属性。

 小贴士

社会意义上的继承

词义上的继承,一般作相续、承受、演替等解释。社会意义上的继承,一是人类文明、文化或精神的继承,泛指在历史发展的长河中,后代对先辈创造的物质文明和精神文明的传递和发扬。二是古代身份社会中的继承,系指生者对死者生前所处的社会地位及其伴随的权利义务的承袭,是身份继承、祭祀继承、财产继承的统一体。

二、财产继承的种类

1. 法定继承与遗嘱继承

根据继承人继承财产的方式,继承可分为法定继承与遗嘱继承。

法定继承是指继承人不是按照被继承人的遗嘱而是依照法律的直接规定继承被继承人遗产的继承方式。在法定继承中,继承人的范围、继承人参与继承的顺序、继承人应继承的份额和遗产的分配原则等都是由法律直接规定,而不是按被继承人的意思确定。法定继承又称为无遗嘱继承。

遗嘱继承是指继承人依照被继承人的遗嘱继承被继承人的遗产的继承方式。在遗嘱继承中,继承人、继承的顺序、继承的财产的份额等都是由被继承人在遗嘱中依法确定的,即取决于被继承人生前的意思。

2．有限继承与无限继承

根据继承人继承被继承人财产权利义务的范围,继承可分为有限继承与无限继承。

有限继承又称限定继承,它是指继承人只在一定范围内继承被继承人的财产权利和义务的继承。在有限继承中,继承人继承被继承人的债务仅以遗产的实际价值为限度,对于被继承人生前所欠债务超过遗产的实际价值的部分,继承人可以不负清偿责任。

无限继承又称为不限定继承,它是指继承人必须承受被继承人的全部财产权利义务的继承。在无限继承中,即使被继承人的债务超过其遗产的实际价值,继承人也必须继承被继承人的遗产,不得拒绝,继承人须以自己的财产清偿被继承人生前所欠的全部债务。所谓的"父债子还",就是无限继承的表现。

3．共同继承与单独继承

根据参与继承的人数,继承可分为共同继承与单独继承。

共同继承又称为分割继承,是指继承人为两人以上的继承。数个继承人共同继承被继承人的遗产的,为共同继承。在共同继承中,被继承人的法定继承人为两人以上的,两个以上的继承人参与继承时,须对遗产进行分割。现代法上规定的继承一般为共同继承。共同继承根据继承人的应继承份额又可分为均等份额继承和不均等份额继承。均等份额继承是指同一顺序的继承人原则上应均分遗产;不均等份额继承是指共同继承人继承的遗产不均等。

单独继承又称为独占继承,是指继承人仅为一人的继承,即仅由亲属中的一个人继承被继承人的全部遗产。如长子继承、幼子继承等。

4．本位继承与代位继承

根据继承人参与继承时的地位,继承可分为本位继承与代位继承。

本位继承是指继承人基于自己的地位,在自己原来的继承顺序上继承被继承人遗产的继承。我国《民法典》继承编规定,配偶、父母、子女以及对公婆或岳父母尽了主要赡养义务的丧偶儿媳和女婿为第一顺序继承人,这些人参与继承时即为本位继承。

代位继承是指在法定继承中,应直接继承被继承人遗产的顺序者不能继承时,由其直系晚辈血亲代其地位的继承。代位继承也称为间接继承。我国《民法典》继承编规定,被继承人的子女先于被继承人死亡的,由被继承人子女的晚辈直系血亲代位继承。

三、财产继承制度的本质

(1)财产私有制是财产继承制度产生和存在的根源,继承权是从财产的私有权中派生出来的。

(2)经济基础是财产继承制度的决定性力量。财产继承制度对经济基础有着强烈的、鲜明的依存性。因此,有什么样的经济基础,就必然有与之相适应的财产继承制度;经济基础发生变化,财产继承制度亦随之变更。

（3）财产继承制度的本质内容取决于一定社会的经济基础,同时又受该社会上层建筑其他组成部分的影响,如政治、法律、道德、宗教、风俗习惯等的影响和制约,既有民族性、时代性,又有相对独立性,并对经济基础发挥着反作用。

（4）在新时代中国特色社会主义的历史阶段,对公民个人财产的所有权必须给予完整的保护,财产继承在维护公民私人财产权利、保证家庭职能实现、增进财富的经济效益和社会效益方面都有一定的积极作用。

第二节　继承法的概念、特征和调整对象

一、继承法的概念

继承法是指调整因自然人死亡而发生的继承关系的法律规范的总称。

继承法律制度是民法的重要组成部分,也是我国社会主义市场经济体制下社会制度的重要组成部分,担负着维护人民群众的人身权、财产权以及家庭稳定的重要职能。

我国的继承法律制度包括:《民法典》继承编;2020 年 12 月 29 日,最高人民法院发布的《最高人民法院关于适用〈中华人民共和国民法典〉继承编的解释（一）》(以下简称《民法典继承编解释（一）》);其他法律规定中有关继承的规定。这些法律法规共同构成了我国继承法的组成部分。

二、继承法的特征

1. 继承法是与身份法相联系的财产法律

在传统法律体系中,继承法是民法的重要组成部分。继承法的实质内容是财产的继承,即将死者生前合法所有的财产依法转移给生者,其性质属于财产流转的范畴,因而应定位于财产法。继承这种财产流转在多数情况下与特定的亲属身份关系相联系,所以继承法又带有一定的身份法的特性,其所规范的部分内容与婚姻家庭法的宗旨相一致。

2. 继承法是实体法

继承法调整的对象是财产继承关系,是从实体意义上规定继承人享有继承权、依法行使继承权,它规定的是主体之间的权利义务关系。

3. 继承法是强行性规范

由于继承法的身份性特点,使其在许多方面与婚姻家庭关系存在内在的联系,为维护和充分实现婚姻家庭的伦理作用和社会职能,继承法律多以强行性规范的形式表现出来,如关于遗嘱人的遗嘱能力的规定,关于遗嘱形式的规定等。

4. 继承法是普通法

财产继承是一种普遍存在的社会关系。继承法适用于一切公民,而不是只适用于一

部分公民。任何人都有依法作为继承权主体的资格。

三、继承法的调整对象

继承法的调整对象是以转移死者遗产、确定遗产权利归属为主要内容的特定社会关系,即将死者的遗产交由生者承受的特殊民事关系。

继承关系一般与身份关系相联系。继承人与被继承人之间存在特定的身份联系,是继承人参与继承关系的必要前提,也是继承权发生的根据。继承关系以财产所有关系为基础。没有公民个人财产所有权关系的存在,则无从发生财产继承关系。继承是所有权的继承,又不单指所有权的继承,所有权之外的诸多财产性权利也同样可以发生继承关系。

从我国继承法律制度的内容指向来看,其调整对象属于泛指意义上的继承关系。即除法定继承、遗嘱继承之外,还包括了遗赠、遗赠扶养协议、酌情分得遗产、无人继承又无人受遗赠遗产的处理等多种遗产移转方式。

第三节 继承法的基本原则

继承法的基本原则是对整个继承法律制度起指导作用的法律准则。它是制定、实施、解释以及研究继承法的出发点和依据。其实质内容充分反映和贯穿于相关法律条文的规定中。

一、保护私有财产继承权不受非法侵害的原则

《宪法》第 13 条规定:"国家保护公民的合法的收入、储蓄、房屋和其他合法财产的所有权。国家依照法律规定保护公民的私有财产的继承权。"《民法典》第 124 条规定:"自然人依法享有继承权。自然人合法的私有财产,可以依法继承。"《民法典》第 1119 条规定,本编调整因继承产生的民事关系;第 1120 条规定,国家保护自然人的继承权。

因此,保护自然人私有财产继承权不仅是继承法的立法依据,也是继承法的基本原则。这一基本原则具体体现在以下几方面。

(1)自然人死亡时遗留的个人合法财产为遗产,继承人可以依法继承。

(2)自然人是继承的权利主体,依法享有继承权利能力。

(3)自然人有权依法行使其继承权,自主决定接受或放弃继承;非依法定丧失继承权的,不得剥夺自然人的继承权。

(4)自然人依法享有取得遗产和处分遗产的权利,任何人不得加以限制和干涉。

(5)自然人的继承权受到不法侵犯时,有权请求法律保护和得到司法救济。

二、继承权男女平等原则

男女是否享有平等的继承权,是社会主义继承制度区别于剥削阶级社会继承制度的显著标志。我国继承法律制度真正实现了继承权男女平等。

我国《宪法》第 48 条是关于男女平等的总要求。《民法典》第 1126 条规定,继承权男女平等。《妇女权益保障法》第 34 条规定,妇女享有的与男子平等的财产继承权受法律保护。在同一顺序法定继承人中,不得歧视妇女。丧偶妇女有权处分继承的财产,任何人不得干涉。这一基本原则具体体现在以下几方面。

(1)在婚姻家庭共同生活中,妇女不论财产状况如何,也不论是否有独立的经济收入,都依法享有与男子平等的继承权。

(2)妇女无论是成年还是未成年,无论是已婚还是未婚,无论是初婚还是再婚,都依法享有继承权。

(3)法定继承人的范围、顺序和应继份额的规定,代位继承的规定,丧失继承权的规定,以及对胎儿、缺乏劳动能力又没有生活来源的继承人的利益的特别保护,均不存在性别上的差异,而是给予男女两性同等的权利和机会。

(4)妇女与男子享有平等的接受或放弃继承、接受和处分遗产以及继承权受侵犯时寻求国家保护的权利,任何人不得对其进行限制和干涉。

三、养老育幼、照顾弱者原则

养老育幼,保护和照顾老、幼、病、残等社会成员中的弱者,在我国宪法、刑法、民法、劳动法等规范中都有不同程度的反映,这是我国整个法律体系共同倡导和坚持的原则。《民法典》继承编从遗产继承这一特定方位确认和坚持这一原则,在以下几个方面体现了养老育幼、照顾弱者的精神。

(1)法定继承人的范围和顺序上,被继承人的子女、父母、兄弟姐妹、祖父母、外祖父母与被继承人的配偶同为法定继承人。规定了代位继承制度,明确反映出养老育幼的亲属互济关系。

(2)对丧偶儿媳、女婿作为第一顺序法定继承人的确认,旨在保障子女已死亡的老年人的经济或精神赡养得以落实到位。

(3)为保护家庭成员特别是老年人、未成年人的人身权利和财产权利,明确规定继承人如果故意杀害被继承人、遗弃被继承人或者虐待被继承人情节严重的丧失继承权。

(4)在分配遗产时对生活有特殊困难的缺乏劳动能力的继承人,应当予以照顾;对继承人以外的依靠被继承人扶养的缺乏劳动能力又没有生活来源的人,或者继承人以外的对被继承人扶养较多的人,可以分给他们适当的遗产。

（5）为了保护被继承人死亡后出生的子女的利益，规定遗产分割时应当保留胎儿的份额。

（6）继承人中有缺乏劳动能力又没有生活来源的人，即使遗产不足清偿债务时，也应当为其保留必要的遗产。

（7）公民可以与扶养人或集体所有制组织订立遗赠扶养协议，以保障其老有所养。

四、互助互让、协商处理遗产的原则

继承人应当本着互谅互让、和睦团结的精神，协商处理继承问题。

在法定继承时，同一顺序继承人继承遗产的份额，一般应当均等。继承人协商同意的，也可以不均等。

遗产分割的时间、办法和份额，由继承人协商确定。协商不成的，可以由人民调解委员会调解或者向人民法院提起诉讼。

五、权利义务相一致原则

权利义务相一致作为基本原则在《民法典》条文中并没有直接规定，但通过继承编与婚姻家庭编的具体内容中，可以体现出这一原则的精神。其主要表现在以下三个方面。

（1）继承编规定的法定继承人范围、继承顺序和遗产分配原则，与婚姻家庭编确立的有扶养权利义务的亲属体系相呼应。

（2）继承编根据继父母子女间、继兄弟姐妹之间是否有共同生活的基础，相互之间是否存在抚养关系来确定彼此之间是否享有继承权。

（3）在分割遗产时，与被继承人共同生活或者尽了主要义务的继承人可以多分遗产，而那些有扶养能力和扶养条件但不尽扶养义务的继承人则应当不分或少分遗产，法定继承人以外的其他人，对死者生前扶养较多的，可适当分得遗产。

（4）接受遗产的继承人，在接受遗产的范围内负有清偿被继承人生前所负税款和其他债务的义务，放弃继承的可不负清偿责任。

（5）继承编根据生活实践所确认的遗赠扶养协议是一种特殊的双务合同关系，也是权利义务相一致原则的典型表现之一。

【案例 8-1】

彭某的妻子已经去世多年，儿子彭洪也早已成年。彭某晚年觉得在城里生活很孤单，于是回到家乡，其在城里的房子交由儿子彭洪代管。彭某在家乡生活得十分愉快，与儿时一起长大的朋友王虎相处得非常融洽，在生活上王虎一家也给予了彭某细心周到的照顾。2021 年 8 月，彭某身患重病回城里住院治疗，临走时留下一份自书遗嘱，将自己在城里的 4 间房子中的 2 间留给王虎，另外 2 间留给了儿子彭洪。

2021年10月,彭某因病不治身亡。王虎听说后找到彭洪,要求按照彭某的遗嘱接受2间房屋的遗赠。但彭洪说,彭某因治病急需用钱,委托其将4间房屋卖了,因此,彭某所立的遗嘱已经被撤回了。王虎认为,房屋卖了40万,治病只花了2万,因此,剩余的钱应当按照遗嘱对遗产分配的比例进行分割,其有权取得其中的一半。彭洪不同意,认为房屋已经卖掉,剩余的财产应当按照法定继承处理。

问:(1)彭某所立的遗嘱是否有效? (2)本案应如何处理?

【解析】

(1)彭某所立的遗嘱已经被撤回。《民法典》第1142条第1款规定,遗嘱人可以撤回、变更自己所立的遗嘱。第1142条第2款规定,立遗嘱后,遗嘱人实施与遗嘱内容相反的民事法律行为的,视为对遗嘱相关内容的撤回。在本案中,彭某所立的遗嘱因其生前买卖房屋的行为而撤回。

(2)遗嘱被撤回后,被继承人彭某的遗产38万元,应依据继承法由其法定继承人彭洪继承。

第四节　继承法律关系

一、继承法律关系的概念

继承法律关系是指由继承法调整的继承人与第三人之间、共同继承人相互之间以及继承人与其他利害关系人之间因被继承人死亡所发生的,关于死者生前财产权利义务的转移和承担的一系列民事权利义务关系。

二、继承法律关系的主体

继承法律关系的主体可划分为以下三个层次。

(一) 权利主体

权利主体是指根据法律规定或遗嘱指定而有权取得死者遗产的权利人。包括。

1. 继承人

继承人即法定继承人和遗嘱继承人,他们属于严格意义上的继承法律关系的权利主体,而且只能是自然人。

2. 受遗赠人

这是继承人以外的按照遗嘱指定参与继承、取得遗产的人,受遗赠人既可以是自然人,也可以是法人或非法人社会组织,还可以是国家。

3. 遗赠扶养协议的扶养人

这是根据遗赠扶养协议承担对死者的生养死葬义务,同时享有取得遗产权利的人,可以是自然人,也可以是集体所有制经济组织。

4. 酌情分得遗产人

这是法定继承人范围之外的依法在一定条件下可以分得死者部分遗产的自然人。《民法典》第 1131 条规定,对继承人以外的依靠被继承人扶养的人,或者继承人以外的对被继承人扶养较多的人,可以分给适当的遗产。

(二)利害关系人

继承法律关系的利害关系人是指被继承人生前法律关系未彻底了结,从而在其遗产上所存在的权利人或义务人,即遗产上的债权人、债务人、合伙人和共有财产的共有人。

(三)继承参与人

继承参与人是指介入继承法律关系的程序性活动中,扮演某种特定角色并承受实体权利义务的人,即继承人之外的遗产管理人、遗嘱执行人、遗嘱见证人以及继承人、受遗赠人、酌情分得遗产人的法定代理人。

三、继承法律关系的内容

(一)继承权的概念

继承权是指公民依照法律的规定或者被继承人生前立下的合法有效的遗嘱而承受被继承人遗产的权利。

(二)继承权的特征

(1)继承权是自然人基于一定的身份关系享有的权利。继承权的主体只能是自然人,法人、其他社会组织和国家不能作为继承权的主体。

(2)继承权是依照法律的直接规定或者合法有效的遗嘱而享有的权利。享有继承权的根据有两种:一是法律的直接规定;二是合法有效的遗嘱。

(3)继承权的标的是遗产,而不能是被继承人的身份或者其他人身利益。

(4)继承权是继承人于被继承人死亡时才可行使的权利。

(5)遗产是公民死亡时遗留的个人合法财产。

(三)继承权的性质

1. 客观意义上的继承权

它是指继承开始前,公民依照法律的规定或者遗嘱的指定而接受被继承人遗产的资格,即继承人所具有的继承遗产的权利能力。

2. 主观意义上的继承权

它是指当法定的条件具备时,继承人对被继承人留下的遗产已经拥有的事实上的财产权利,即已经属于继承人并给其带来实际财产利益的继承权。

(四) 继承权的内容

1. 接受、放弃继承权利的行使

(1)接受、放弃继承权利。

继承权的接受是指享有继承权的继承人参与继承、接受被继承人遗产的意思表示。

继承的放弃是指继承人作出的放弃其继承被继承人遗产的权利的意思表示。继承权的放弃,是继承人对其继承权的一种处分。继承权的放弃,须以明示的方式作出,继承权的放弃是一种单方法律行为。继承权的放弃不能附加任何条件。

(2)接受或放弃继承权利的性质。

一是单方法律行为。继承人接受或放弃继承权利的主观效果意思,依法定方式表达出来,即产生相应的法律后果,对继承人及其他利害关系人形成约束效力。该行为只要继承人单方意思表示即可。

二是身份专属性。接受、放弃继承权利关系继承人的切身利益,也带有浓厚的身份感情色彩。因此,该意思表示只能由继承人亲自作出,一般不得代理。

三是概括性。接受、放弃继承权利不是针对遗产,更不是指向遗产中的某一部分,而是就继承权总体所作出的接受或放弃表示,其客体是继承权本身,意味着继承人是否参与继承法律关系。

(3)接受或放弃继承的程序要求。

①权利行使的时间应在继承开始后,遗产分割之前。

②放弃继承应采取明示方式。《民法典》第 1124 条规定:"继承开始后,继承人放弃继承的,应当在遗产处理前,以书面形式作出放弃继承的表示;没有表示的,视为接受继承。"《民法典继承编解释(一)》第 33 条规定,继承人放弃继承应当以书面形式向遗产管理人或者其他继承人表示。

③继承人因放弃继承权,致其不能履行法定义务的,放弃继承权的行为无效。《民法典继承编解释(一)》第 32 条规定,继承人因放弃继承权,致其不能履行法定义务的,放弃继承权的行为无效。

④无行为能力、限制行为能力的继承人的继承权,由其法定代理人代为行使。

⑤放弃继承反悔的意思表示,有时间节点要求。放弃继承只要是继承人的真实自愿的意思表示,符合法律行为的有效条件,即应产生法律约束力。《民法典继承编解释(一)》第 36 条规定,遗产处理前或者在诉讼进行中,继承人对放弃继承反悔的,由人民法院根据其提出的具体理由,决定是否承认。遗产处理后,继承人对放弃继承反悔的,不予承认。

⑥继承人未表示放弃继承的,可发生转继承的效力。《民法典》第 152 条规定,继承开始后,继承人于遗产分割前死亡,并没有放弃继承的,该继承人应当继承的遗产转给其继承人,但是遗嘱另有安排的除外。

⑦放弃继承的效力,追溯到继承开始的时间。《民法典继承编解释(一)》第 37 条规定,放弃继承的效力,追溯到继承开始的时间。

 小贴士

继承权不可以转让

继承权是一种以身份关系为前提的财产性权利,基于其人身属性,继承人可以接受、放弃继承权,但是继承权不可以转让。

2. 接受、取得遗产的权利

继承开始后,继承人没有丧失继承权,则有权直接参加遗产分割,依照法律规定或遗嘱指定接受并取得被继承人遗产中的应继承份额。继承人一旦行使了该权利,其继承权就转化为财产所有权。

3. 继承权受侵害时的恢复请求权

继承人的上述两项权利受到不法侵害时,有权向侵权人提出权利主张或请求人民法院给予保护。继承权在这一阶段,转化为一种诉权,相应地产生继承权保护时效问题。依据《民法典》第 188 条的规定,向人民法院请求保护民事权利的诉讼时效期间为 3 年。法律另有规定的,依照其规定。

诉讼时效期间自权利人知道或者应当知道权利受到损害以及义务人之日起计算。法律另有规定的,依照其规定。但是,自权利受到损害之日起超过 20 年的,人民法院不予保护,有特殊情况的,人民法院可以根据权利人的申请决定延长。

 小贴士

其他国家关于放弃继承权的时间规定

大部分国家和地区都明确规定了继承权放弃的时间,如《德国民法典》规定为 6 个月(第 1944 条)、《日本民法典》规定为 3 个月(第 915 条),我国台湾地区"民法"则规定为 2 个月(第 1174 条)。

(五) 继承权的丧失

1. 继承权丧失的概念

继承权丧失是指继承人因对被继承人或者其他继承人犯有某种罪行或者其他违法行为,而被依法取消继承被继承人遗产的资格。依据《民法典》第 1125 条的规定,继承权丧失的法定情形如下。

(1)故意杀害被继承人。

《民法典继承编解释(一)》第 7 条规定,继承人故意杀害被继承人的,不论是既遂还是未遂,均应当确认其丧失继承权。

(2)为争夺遗产而杀害其他继承人。

继承人有第(1)项或者第(2)项行为,而被继承人以遗嘱将遗产指定由该继承人继承的,可以确认遗嘱无效,并确认该继承人丧失继承权。

(3)遗弃被继承人,或者虐待被继承人情节严重。

继承人虐待被继承人情节严重的,或者遗弃被继承人的,如以后确有悔改表现,而且被虐待人、被遗弃人生前又表示宽恕的,可不确认其丧失继承权。

依据《民法典继承编解释(一)》第 6 条的规定,继承人是否符合"虐待被继承人情节严重",可以从实施虐待行为的时间、手段、后果和社会影响等方面认定。虐待被继承人情节严重的,不论是否追究刑事责任,均可确认其丧失继承权。

(4)伪造、篡改、隐匿或者销毁遗嘱,情节严重。

依据《民法典继承编解释(一)》第 9 条的规定,继承人伪造、篡改、隐匿或者销毁遗嘱,侵害了缺乏劳动能力又无生活来源的继承人的利益,并造成其生活困难的,应当认定为"情节严重"。

(5)以欺诈、胁迫手段迫使或者妨碍被继承人设立、变更或者撤回遗嘱,情节严重。

具备上述五种情形之一,继承人即丧失继承权。继承人有上述第(3)至第(5)项行为,确有悔改表现,被继承人表示宽恕或者事后在遗嘱中将其列为继承人的,该继承人不丧失继承权。

受遗赠人有上述行为的,丧失受遗赠权。

2. 继承权丧失的时间效力

无论继承人的上述行为发生在被继承人死亡之前,还是死亡之后,丧失继承权均应从继承开始之时生效,且具有自然丧失继承权的法律效果。如因是否丧失继承权而发生纠纷,则应诉请人民法院确认。

3. 继承权丧失对人的效力

继承人只丧失对特定被继承人遗产的继承权;如存在其他继承关系,继承人对其他被继承人遗产的继承权并不丧失。

继承人丧失继承权,其晚辈直系血亲亦丧失代位继承权。

丧失继承权既适用于法定继承人,也适用于遗嘱继承人;既适用于第一顺序继承人,也适用于第二顺序继承人和代位继承人。

四、继承法律关系的客体

继承法律关系的客体是遗产。

(一) 遗产的概念和特征

《民法典》第 1122 条规定,遗产是自然人死亡时遗留的个人合法财产。

我国立法中的继承法律关系的客体就是遗产。该遗产专指被继承人死亡时所遗留的、依照继承法规范能够转移给他人的财产权利及一定范围的财产义务。其基本特征如下。

（1）性质上的合法性。遗产必须是依法可以由自然人拥有的，并且是被继承人生前合法取得根据的财产。

（2）时间上的特定性。遗产必须是被继承人死亡时所遗留的财产。

（3）财产性。遗产仅限于被继承人遗留的财产权利和义务。

（4）可转让性。遗产必须是依继承法规定能够转让给他人的财产。

（5）内容的概括性。遗产必须是被继承人生前的财产权利与一定范围的财产义务的统一体，除财产权利和义务外，还包括未确认为权利但受法律保护的利益。继承开始后，除专属于被继承人的权利外，被继承人的一切财产权利，依照继承开始时的形态移转于继承人，被继承人的权利的性质、内容及状态都不因继承而改变。

（二）遗产的范围

《民法典》规定了"遗产是自然人死亡时遗留的个人合法财产。依照法律规定或者根据其性质不得继承的遗产，不得继承。"

随着生活水平的提高，家庭关系、财产关系亦发生了深刻变化，有关继承方式、遗产范围均应随着改变。我国《民法典》对遗产的范围采取了"概括＋列举"式的立法方式，纠正了对遗产列举无论达到何等详尽程度，在财产类型日益增加和财产形式不断丰富的情形下，也无法涵盖遗产的全部范围，甚至可能发生法律属性争议的弊病。

《民法典》总则编规定，自然人合法的私有财产，可以依法继承。在此情况下，采取概括规定的方式划定遗产范围，只要是符合财产性、私有性和时间性标准的财产，均可被纳入遗产范围，这样更能适应因社会和技术发展而不断产生的新的财产类型。

法律扩大了遗产的范围，同时采用排除法对遗产范围进行限定：依照法律规定或者根据其性质不得继承的遗产，不得继承。

公民的合法收入，公民的房屋、储蓄和生活用品，公民的林木、牲畜和家禽，公民的文物、图书资料，法律允许公民所有的生产资料，公民依法享有的担保物权、无形财产权，债权债务，有价证券等，都可以作为遗产由继承人继承。

（三）不能作为遗产的权利、义务

1. 与被继承人的人身密不可分的人身权

如公民的姓名权、名誉权、荣誉权、肖像权等。人身权利与自然人的人身不可分离，不能移转，不能作为遗产来继承。

2. 与公民的人身有关的债权债务

这类债权债务是以特定人的行为为客体的，与债务人、债权人的人身有密切联系。这些权利义务在债权人死亡时，不能作为遗产。在侵权行为之债中，被继承人应承担的非财产性的民事责任不能作为遗产。在侵犯生命权的民事责任中，由于受害人死亡是侵犯生命权的必备要件，因此，死者不存在侵害生命权的赔偿请求权，更不存在该赔偿请权的继承。

3. 国有资源使用权

在我国,采矿权、狩猎权、渔业权等国有资源使用权都是经特定程序授予特定人享有的,这些权利不能作为遗产,继承人欲从事被继承人原来的事业,须自行申请,经核准取得相应的国有资源使用权。

4. 承包经营权

《民法典继承编解释(一)》第2条规定,承包人死亡时尚未取得承包收益的,可以将死者生前对承包所投入的资金和所付出的劳动及其增值和孳息,由发包单位或者接续承包合同的人合理折价、补偿,其价额作为遗产。在这里,被继承人在承包经营中投入的财产,应得的个人收益属于遗产,应按《民法典》继承编由继承人继承。被继承人生前享有的承包经营权,不是遗产。如果法律允许继承人继续承包,可以按照承包合同规定由继承人承包。

5. 宅基地使用权

公民所享有的宅基地使用权只能与房屋所有权一同转移,不能单独作为遗产继承。

6. 在人身保险合同中,被保险人死亡,保险金的归属

投保人或被保险人已指定受益人的,该保险金应由受益人取得,不属于遗产,也不适用限定继承。

(四) 不能纳入遗产范围的财产

下列财产不能纳入遗产范围。

(1)国家或集体职工因公死亡、革命军人牺牲或病故、公民因交通事故或其他意外事故而死亡时,有关国家机关、企事业单位、社会团体依照国家制定的劳动保险法规定、革命军人牺牲与病故抚恤的规定、交通安全法规定或其他有关法律规定,给予受该死者生前抚育、扶助和赡养的家属一定金额的抚恤费和其他生活补助费。因为这些抚恤费的性质并不是对死者个人利益的经济补偿,而是国家给予死者特定家属的精神慰藉和物质帮助,应由有关人员直接享受,不属于死者遗留的个人财产。

(2)人身保险金。按照保险法的规定,被保险人如果指定了第三人为其人身保险合同的收益人时,如果被保险人死亡,收益人可直接请求保险人向其支付保险金,该保险金不列入被保险人遗产范围。被保险人没有指定受益人的,该保险金仍属被保险人遗产范围内。

【案例 8-2】

2015年,李明买了一辆汽车,并上了人身意外伤害险和车损险,同时指定了人身意外伤害险的受益人是其父母。2017年1月,李明与陈晶结婚,同年生育一子李大鸿。李明夫妻就开始为了孩子的抚养教育和生活琐事不断争吵。2019年3月,陈晶忍无可忍带着

孩子回了娘家。2021 年 7 月,陈晶以李明脾气暴躁为由提出离婚,李明不同意,陈晶坚决要求离婚,并起诉到人民法院。

法院经审理认为,李明自结婚后经常辱骂陈晶,现陈晶不同意调解,且夫妻已分居两年,可视为夫妻感情确已破裂,因而判决准予离婚,并就夫妻共同财产和子女的抚养问题进行了判决。在接到法院判决的第二天,李明提出上诉。由于精神不集中,李明驾驶汽车在回家的路上发生交通事故,车毁人亡。

李明去世后,李明的父母与陈晶为保险公司给付的保险费发生争执,陈晶认为,尽管人民法院已经判决他们离婚,但没有发生法律效力,因此,其与李明仍然是夫妻,保险金应当是他们夫妻的共同财产,而且其仍然可以配偶的身份继承李明的遗产。李明的父母认为,保险金是李明的个人财产,只能由他们继承。

问:(1)本案保险公司所赔付的保险金是否是李明夫妇的共同财产?(2)本案如何处理?

【解析】

(1)《民法典》第 1063 条规定,一方的婚前财产,为夫妻一方的个人财产。本案中的保险金是李明在结婚前就其个人所有的汽车购买的保险,因此,该保险金是李明个人的财产。

(2)本案中的被继承人李明死亡时,其与妻子的离婚判决尚未发生法律效力,因此,李明的遗产应由李明的父母和妻子陈晶以及孩子共同继承。根据我国保险法的有关规定,人身保险金是否是被继承人的遗产,取决于被保险人是否指定了受益人。指定了受益人的,被保险人死亡后,其人身保险金应付给受益人,不作为遗产处理。

在本案中,李明购买的人身意外伤害险已经指定了受益人是其父母,因此,这笔保险费属于李明的父母所有。

【引导案例解析】

《民法典》第 1126 条规定:"继承权男女平等。"第 1127 条规定:"遗产按照下列顺序继承:……第一顺序:配偶、子女、父母。"本案中王某某有权继承其父亲的遗产,且其父亲生前未立下遗嘱对财产进行处理,其遗产应按法定继承进行处理。

本案原被告双方最终达成了调解意见:(1)五间店面房中的三间归母亲胡某所有(不是遗产),女儿王某某和儿子王某各继承其余两间中的半间,剩余一间由胡某继承由三人各自到房产、土地管理部门办理房产证及土地使用权证。(2)母亲胡某和儿子王某各分得一套住房,儿子王某一次性补贴女儿王某某 50000 元。(3)母亲返还给子女每人 5000 元的租金收入。

本案的圆满解决,体现了《民法典》继承编中男女平等的原则。所有的继承人不分男女,一律平等地处于其应在的继承顺序之中。所有的继承人不分男女,一律平等地享有继承权。遗产分割应当有利于生产和生活需要,不损害遗产的效用。不宜分割的遗产,可以通过折价、适当补偿或者共有等办法处理。

妇女在家庭与男子享有同样的地位,同样要尊敬和赡养自己的父母。法律规定赡养老人是每个子女应尽的义务,赡养父母方面也同样男女平等,孝敬父母也是中华民族的传统美德。

【复习思考题】

一、简答题

1. 财产继承的含义和特征是什么?

2. 我国继承法有哪几项基本原则?

3. 继承权包括哪些内容?

4. 丧失继承权的法定情形有哪些?

5. 简述遗产的范围。

二、不定项选择题

1. 向人民法院请求保护继承权利的诉讼时效期间为(   )。

A. 1年　　　　　　B. 3年　　　　　C. 10年　　　　　D. 20年

2. 继承从(   )时开始。

A. 被继承人死亡　　　　　　　　B. 遗产分割

C. 继承人得知被继承人死亡　　　D. 被继承人立遗嘱

3. (   )可以作为遗产继承。

A. 物权　　　　　　　　　　　　B. 债权

C. 知识产权中的财产权　　　　　D. 抚恤金

4. 继承权丧失的法定情形有(   )。

A. 故意杀害被继承人

B. 为争夺遗产而杀害其他继承人

C. 遗弃被继承人,情节严重

D. 伪造、篡改、隐匿或者销毁遗嘱,情节严重

5. 遗产是公民死亡时遗留的个人合法财产,下列属于遗产的有(   )。

A. 公民的合法收入

B. 公民的文物、图书资料

C. 公民著作权中的财产权

D. 法律允许公民所有的生产资料

6.（　　）可以作为遗产继承。

A. 抚恤金

B. 赔偿金

C. 指定了受益人的人身保险赔偿金

D. 没有指定受益人的人身保险赔偿金

三、案例分析题

广州市人范某某（男方）与艾某某（女方）的第一次婚姻关系开始于 2016 年，于 2019 年 6 月结束，双方办理了离婚手续，且进行了财产分割，艾某某分得 4 万元。范某某的女儿范某娜和范某莎是范某某之前与第一位妻子李某（2004 年去世）所生女儿。艾某某与范某某 2021 年 9 月 1 日登记复婚。范某某自 2020 年起就生病住院，且早已退休。后来范某某于 2021 年 10 月 14 日去世，生前没有立下任何遗嘱。范某娜和范某莎将艾某某起诉至广州市 A 区人民法院，要求分割继承范某某的遗产。经统计范某某共有以下 5 笔财产。

（1）广州市 A 区辽宁路 120 号 4－1 房屋是被继承人范某某所购买的公房，完成产权购买手续的时间为 2021 年 8 月，在被告艾某某与范某某 2021 年 9 月 1 日登记复婚之前。

（2）嘉陵村 190 号 1－5－1 房屋系被继承人范某某于 2019 年购得，2021 年 8 月 15 日，范某某将其出售，所得的房款共计 150000 元。

（3）范某某于 2020 年存入中国农业银行的存款 138856.35 元。

（4）范某某股票账户上的 163000 元。股票账户的开户时间在 2019 年月 7 年。

（5）范某某在交通银行上的工资账户，工资 4550 元。

试分析：关于被继承人范某某的遗产范围如何确定？

第九章 法定继承

【学习目标】

1. 掌握法定继承的概念和特征,继承人范围和顺序;法定继承中的应继份和酌情分得遗产制度内容。

2. 理解代位继承和转继承的性质。

3. 了解继承开始后如何分割遗产。

【引导案例】

原告:胡某兰,被告:陈某华、陈某南、陈某声。

2007 年,三被告的母亲去世,原告胡某兰来到被告家中照顾被继承人陈某利(被告父亲、原告姐夫)的起居。原告胡某兰与被继承人陈某利于 2013 年 5 月 4 日登记结婚,2021 年 8 月 5 日陈某利因病死亡,留有丧葬费、抚恤金、银行存款和所居住房屋一套。

2016 年 1 月 28 日,陈某利将位于湖北省武汉市 A 区工商银行家属楼 4 号楼 2—2 室房产,以代书遗嘱形式遗赠给陈某建(系陈某利孙子),该房产系陈某利个人于 2010 年 9 月 20 日登记取得。

2022 年 2 月,原告胡某兰向 A 区人民法院提起诉讼,主张自己与陈某利系合法夫妻,请求与三被告分割位于湖北省武汉市 A 区工商银行家属楼 4 号楼 2—2 室房产、丧葬费、抚恤金和银行存款。

第一节 法定继承概述

一、法定继承的概念与特征

(一) 法定继承的概念

法定继承是相对于遗嘱继承而言的,是指被继承人在未立遗嘱或订立遗嘱无效的情况下,依据法律规定的继承人范围和继承顺序,就继承人应得遗产份额进行分配的继承方法。法定继承也称为无遗嘱继承。

(二) 法定继承的特征

在法定继承中,依法拥有继承权的继承人参加继承分配行为,其顺序、份额以及如何分配,均由法律直接规定。因为法定继承不直接体现被继承人生前处分财产的意志,法律规定只是推定被继承人的意思处分其财产。

法定继承具有以下几个特征。

1. 法定继承是遗嘱继承的补充和限制

法定继承与遗嘱继承是两个相对的概念。法定继承与遗嘱继承是近代继承法律的两个最为重要的继承方式。我国实行遗嘱继承优先的原则,遗嘱继承体现的是被继承人的意愿,只有在没有遗嘱继承或遗嘱继承无效的情况下才实施法定继承,所以在效力上法定继承低于遗嘱继承。

尽管我国实行遗嘱优先的继承方式,但被继承人订立遗嘱也受到一定的限制,如果被继承人所立遗嘱违反法律规定则为无效。所以《民法典》第 1141 条规定了遗嘱应当为缺乏劳动能力又没有生活来源的继承人保留必要的遗产份额。从这个角度讲,法定继承也是对遗嘱继承的限制。

2. 法定继承与被继承人间的关系

法定继承与被继承人之间依附于一定的人身关系,亦即法定继承具有以相应身份为基础的特点,继承人的继承权来源于其与被继承人存在一定的亲属关系,这种亲属关系包括婚姻关系、血缘关系,也包括拟制血亲关系和扶养与赡养关系。

《民法典》第 1127 条规定了两个序列的法定继承人。第一顺序继承人:配偶、子女、父母。第二顺序继承人:兄弟姐妹、祖父母、外祖父母。

《民法典》第 1129 条也规定了有条件的继承权人,如将对公婆或岳父母尽到了主要赡养义务的丧偶儿媳和丧偶女婿也列为法定继承人。法律还规定了代位继承,《民法典》第 1128 条规定,被继承人的子女先于被继承人死亡的,由被继承人的子女的直系晚辈血亲代位继承。被继承人的兄弟姐妹先于被继承人死亡的,由被继承人的兄弟姐妹的子女代位继承。

3. 法定继承具有强制性

法定继承的范围、顺序、份额、遗产分配原则等均由法律明确规定,属于强制性的法律规范。国家通过立法确定法定继承的范围,体现的是国家意志,而不是继承人和被继承人的意志。这些强制性规范,除了被继承人生前通过遗嘱形式加以限制改变外,其他任何人都无权变更,各继承人之间亦不得通过约定排除这些强制性规范的适用。

二、法定继承的适用范围

依据《民法典》第 1154 条的规定,有下列情形之一的,遗产中的有关部分按照法定继承办理:

(1)遗嘱继承人放弃继承或者受遗赠人放弃受遗赠。

(2)遗嘱继承人丧失继承权或者受遗赠人丧失受遗赠权。

(3)遗嘱继承人、受遗赠人先于遗嘱人死亡或者终止。

(4)遗嘱无效部分所涉及的遗产。

(5)遗嘱未处分的遗产。

第二节 法定继承人的范围和顺序

一、法定继承人的范围

法定继承人的范围是指在适用法定继承方式时,哪些人有权继承被继承人的遗产。根据《民法典》继承编的规定,法定继承人基本限制在家庭成员中,包括以婚姻关系为基础而参与继承的配偶,有血亲关系或拟制血亲关系的亲属。这一范围是由法律规定的,任何人无权干涉或变更。法定继承人包括下列人员。

(一) 配偶

配偶是男女双方在合法婚姻关系存续期间的称谓,丈夫以妻子为配偶,妻子以丈夫为配偶。双方因婚姻关系组成家庭后在一起生活,具有最为密切的人身依附关系。夫妻双方有互相扶养的义务,对共同财产享有平等的权利。

配偶享有的继承权是基于其与被继承人之间的婚姻关系而产生。这一权利的获得是以双方存在合法婚姻关系为前提条件。如无合法婚姻关系,或婚姻关系无效、被撤销,自然不存在继承权。婚姻关系在家庭关系中处于最为核心地位,对家庭和睦幸福发挥着重要作用。现代社会很多国家立法十分重视配偶继承权的落实,大多以婚姻关系作为取得法定继承权的依据,从法律层面保护生存配偶的合法权益。

由于配偶的继承权是基于婚姻关系而产生的一种权利,在继承遗产时应当注意以下几个问题。

(1)应具备法律认可的婚姻关系,依照我国《民法典》婚姻家庭编的规定,男女双方在办理了结婚登记后即确立夫妻关系。现实生活中有很多未办理结婚登记却以夫妻名义共同生活,或依民间习俗办理了婚礼即自认为是夫妻关系的情况。这些都不具有合法婚姻关系属性,是不被现行法律认可的,不能成为合法的夫妻关系。

(2)已办理了结婚登记,但尚未在一起共同生活的,应认定为已确立夫妻关系,双方互相享有继承权。如果男女双方已经依法办理了结婚登记手续,但因各种原因未能在一起生活,这并不影响其婚姻关系的存在。此外,在夫妻提出离婚后未办理离婚登记前或人民法院判决离婚法律文书尚未生效之前,双方仍为合法夫妻,不会对继承权产生影响。

(3)无效婚姻、可撤销婚姻。无效婚姻是指男女双方不具法定结婚条件或没有履行法定结婚程序而缔结的婚姻,无效婚姻不产生合法婚姻关系的法律效力。可撤销婚姻是指因胁迫结婚;因患有重大疾病,婚前不告知另一方的婚姻等。当事人可以向人民法院请求撤销该婚姻。人民法院宣告婚姻无效、撤销后,夫妻婚姻关系即被消灭,双方互不享有继承权。

(4)新中国成立前已经形成的一夫多妻、一夫一妻多妾的婚姻关系,这是由于历史原因所产生的一种特殊婚姻关系。如在新中国成立后他们尚未解除这种关系,并且仍然在一起共同生活,这种妻妾关系相互间应当享有遗产继承权。1950年我国《婚姻法》颁布后,再纳妾的即属于重婚,不仅不能得到法律的认可,还应受到法律的制裁,依据我国《刑法》相关规定构成重婚罪的,应当追究其刑事责任,其相互间自然没有继承权。

(二) 子女

子女是与父母最为亲近的晚辈直系亲属,父母子女相互之间存在着极为密切的人身和财产关系。各国基本上都将子女列为第一顺序继承人,成为国际上继承制度的通例。依据我国《民法典》婚姻家庭编的规定,子女与父母有互相扶养和赡养的义务,由此,父母和子女也享有相互继承遗产的权利。法律上所称的子女包括婚生子女、非婚生子女、养子女和有扶养关系的继子女。认定这种关系应注意以下几个方面。

1. 婚生子女

婚生子女是合法夫妻在婚姻关系存续期间所生并养育的子女。作为拥有继承权的婚生子女,不论男女,不论是随父姓还是随母姓,不论年龄婚否,不论落户在男方还是女方家庭,都享有平等的继承权,任何人都无权剥夺。

2. 非婚生子女

非婚生子女与婚生子女在法律上享有平等的继承权。我国《民法典》婚姻家庭编明确规定非婚生子女与婚生子女享有平等的权利,任何人不得损害和歧视。《民法典》第1127条也明确规定子女中包括婚生子女与非婚生子女。这一规定体现了非婚生子女与婚生子女平等地享有继承权,保护了非婚生子女的合法权益。

3. 养子女

养子女是指经合法收养的子女。养子女的合法地位基于收养关系而成立,因此,只有根据《民法典》婚姻家庭编的规定经过合法程序收养,才能确立收养关系的合法性和有效性。在立法上,收养关系为拟制血亲关系。对于养子女,《民法典》婚姻家庭编规定其与婚生子女享有平等的权利,在继承权上与婚生子女享有同等的继承权,同属第一顺序继承人。

在对待养子女继承权的问题上,应当注意以下几个方面。

(1)仍然有条件地享有对亲生父母遗产的继承权。

在现实生活中,有些被收养人除与养父母保持密切关系外,仍然与亲生父母保持着良好的联系,除对养父母尽到了赡养义务外,也对亲生父母履行了赡养义务。对此,《民法典继承编解释(一)》第10条规定,被收养人对养父母尽了赡养义务,同时又对生父母扶养较多的,除可以依照《民法典》第1127条的规定继承养父母的遗产外,还可以依照

《民法典》第1131条的规定分得生父母适当的遗产。

(2)寄养子女无继承权。

寄养子女是指因特殊情况或其他原因不能直接履行扶养子女的义务,将孩子寄托在亲属或其家庭中生活。被寄养子女尽管与寄养人可能长期生活在一起,但不发生父母与子女关系的变更,被寄养人与寄养人之间不产生法律上的父母与子女关系。被寄养人无权继承寄养人的遗产,只能继承其亲生父母的遗产。如若被寄养人与寄养人符合《民法典》第1131条规定的,可以依法酌情分得适当寄养人的遗产。

(3)养孙子女的继承权。

养孙子女是隔代收养的养孙子女,其等同于养子女,享有对养祖父母的遗产继承权。现实生活中有的收养人与被收养人年纪相差悬殊,双方以父母相称有所不便,而以外祖父母和孙子女相称,这在法律上仍然为养父母与养子女关系,应以养父母子女关系对待。

依据《民法典继承编解释(一)》第12条的规定,养子女与生子女之间、养子女与养子女之间,系养兄弟姐妹,可以互为第二顺序继承人。被收养人与其亲兄弟姐妹之间的权利义务关系,因收养关系的成立而消除,不能互为第二顺序继承人。

4. 有扶养关系的继子女

有扶养关系的继子女是指基于继子女与继父母的姻亲关系而产生。这种关系是因为父母一方死亡而另一方再婚,或者双方离婚后再婚而形成的一种亲属关系。

我国《民法典》继承编为了保护继子女的合法权益,确立了继子女的继承权。作为继子女能否成为继父母的法定继承人,取决于其继父母是否对继子女尽到了扶养义务,继父母与继子女有扶养关系的,继子女有权继承继父母的遗产,如未扶养继子女则继子女无权继承继父母的遗产。

继子女享有双重继承权。《民法典继承编解释(一)》第11条规定,继子女继承了继父母遗产的,不影响其继承亲生父母的遗产。继父母继承了继子女遗产的,不影响其继承亲生子女的遗产。

由此可见,继子女既可以继承继父母的遗产,也可以继承其亲生父母的遗产。同理,有扶养关系的继父母既可以继承继子女的遗产,也可以继承亲生子女的遗产。

【案例9-1】

原告王某甲、王某乙(女),被告王某丙、王某丁。两被告为两原告的兄长。原、被告父母先后于2011年12月25日、2021年9月4日去世,留下位于河南省郑州市A区某小区135楼4—5号房屋一处,但未留有遗嘱。母亲去世后,四子女为继承发生纠纷,其舅舅曾为此进行过调解但未果。为此原告诉至A区人民法院要求依法分割该房产。

问:本案如何处理?

【解析】

人民法院经审理查明,四兄妹的父母还生有一小女儿,从小就过继给他人且已改名赵某。依据《民法典》第 1123 条的规定,继承开始后,按照法定继承办理;有遗嘱的,按照遗嘱继承或者遗赠办理;有遗赠扶养协议的,按照协议办理。第 1127 条规定,遗产按照下列顺序继承:(1)第一顺序:配偶、子女、父母。第 1130 条第 1 款规定,同一顺序继承人继承遗产的份额,一般应当均等。

人民法院据此认定,原、被告四人均为第一顺序继承人,该房产应由原、被告四人分割,赵某因已过继给他人,对该遗产不享有继承权。最终 A 区人民法院判决四兄妹各分得该遗产 25% 的份额。

(三) 父母

父母是子女最为亲近的直系血亲尊亲属。父母与子女间具有最为密切的人身与财产关系。父母亲有扶养子女的义务,子女有赡养父母的义务。同样,子女有继承父母遗产的权利,父母有继承子女遗产的权利。《民法典》继承编所指的父母,不限于亲生父母,也包括了养父母和形成扶养关系的继父母。

1. 生父母

生父母对亲生子女有继承权,对非婚生子女同样享有继承权。这一继承权不以是否履行了扶养义务为前提条件,只要是亲生父母即对自己的亲生子女享有遗产继承权。如果亲生子女被他人收养,不论生父母是否接受过子女的赡养,均不享有对该子女的继承权。如果该子女与收养父母解除了收养关系后,与其生父母恢复了法律上的权利与义务关系,生父母即有权继承子女的遗产。

2. 养父母

养父母与养子女之间的关系基于收养行为成立,是法律规定的拟制血亲关系,养父母对养子女享有继承权。如果收养关系解除,双方之间的权利与义务关系即宣告终止,相互不再享有继承遗产的权利。

3. 继父母

继父母与继子女之间因生父或生母再婚后形成直系姻亲关系。这种关系在法律上本无权利与义务关系,但是继父母与继子女之间已经形成了扶养关系的,继父母有权继承继子女的遗产。如果继父母与继子女之间未形成扶养关系,则继父母无权继承继子女的遗产。继父母同样也有双重继承权,其既可以继承亲生子女的遗产,也可以继承继子女的遗产。

需要指出的是,如果亲生父母与继父母离婚,继子女与继父母的拟制姻亲关系即告解除,继子女与继父母相互间不再享有继承权和被继承权。

(四) 兄弟姐妹

兄弟姐妹是最近的旁系血亲,是除直系血亲以外的与自己同出一源的血亲。根据《民法典》第 1127 条的规定,兄弟姐妹为法定继承人。继承法上所指的兄弟姐妹,包括了同父母的兄弟姐妹、同父异母或者同母异父的兄弟姐妹、养兄弟姐妹、有扶养关系的继兄弟姐妹。

1. 同父母兄弟姐妹

同父母兄弟姐妹,又称全血缘兄弟姐妹,是同一父母所生的兄弟姐妹,也称同胞兄弟姐妹。同父母兄弟姐妹相互间享有继承遗产的权利,此为各国立法通例。

2. 同父异母、同母异父的兄弟姐妹

同父异母、同母异父的兄弟姐妹是半血缘兄弟姐妹。根据《民法典》继承编的规定,半血缘关系的兄弟姐妹与全血缘的兄弟姐妹拥有平等的继承权,亦即同父异母、同母异父的兄弟姐妹与同胞兄弟姐妹一样,相互有继承遗产的平等权利。

3. 养兄弟姐妹

养兄弟姐妹是基于收养关系而成立的,是指收养人的生子女与被收养人之间的亲属关系。根据《民法典》第 1127 条和《民法典继承编解释(一)》第 12 条规定,养兄弟姐妹与亲兄弟姐妹法律地位一样,相互享有继承遗产的权利,可互为第二顺序继承人。需要指出的是,被收养人与其亲兄弟姐妹之间的权利与义务关系,因收养关系的成立即告终止,不能互为第二顺序继承人。

4. 有扶养关系的继兄弟姐妹

有扶养关系的继兄弟姐妹之间,因其生父母再婚而形成旁系姻亲关系,互相之间形成了扶养关系的,其权利与义务适用于亲兄弟姐妹之间的规定,则相互享有继承遗产的权利。

5. 祖父母、外祖父母

祖父母、外祖父母是相对于孙子女、外孙子女而言的,是除父母以外血缘关系最近的尊亲属。依据《民法典》继承编的规定,祖父母、外祖父母拥有继承权。继承法中的祖父母、外祖父母,包括了亲祖父母、亲外祖父母,养祖父母、养外祖父母,有扶养关系的继祖父母、有扶养关系的继外祖父母。

6.《民法典》第 1129 条规定

对公婆、岳父母尽了主要赡养义务的丧偶儿媳、丧偶女婿享有继承公婆或岳父母的遗产继承权,作为第一顺序继承人。需要指出的,该情形下的继承不影响其子女行使代位继承权。

二、法定继承人的顺序

法定继承人的顺序,又称法定继承人的顺位,是指法律直接规定的法定继承人参加继承的先后次序。在继承开始后,各法定继承人按照其先后顺序进行继承。被列在前的继承人有优先继承权,排除顺序在后的继承人参与继承的权利。继承顺序在后的继承人,只有在没有前一顺序继承人,或前一顺序继承人全部丧失继承权或放弃继承权时,才能参与继承。

(一)法定继承人的顺序依据

我国《民法典》继承编对法定继承的顺序规定首先考虑的是婚姻关系、血缘关系的远近,同时也兼顾了法定权利与义务的多少。具体体现在以下几方面。

1. 血缘关系

血缘关系的亲疏远近,是确立继承顺序的主要依据。血缘关系亲近者继承排列在先,享有优先继承权,血缘关系排列在后的则次之。

2. 婚姻关系

婚姻关系是家庭关系的基础,夫妻之间作为共同生活的伴侣,相互依赖,具有密切的人身关系和财产关系。在遗产继承中具有优先继承权。

3. 抚养关系

继承人与被继承人生前共同生活的密切程度以及相互之间的扶养关系,决定着他们在继承遗产中的先后顺序。继承法将共同生活关系与抚养关系作为确定继承人的重要条件。继承人与被继承人在生活上互相依赖程度越强,继承顺序排列越靠前,反之则靠后。

(二) 继承人的继承顺序

1. 第一顺序继承人

《民法典》第1127条规定的第一顺序继承人为:配偶、子女、父母。第1129条规定,丧偶儿媳对公婆,丧偶女婿对岳父母,尽了主要赡养义务的,作为第一顺序继承人。

2. 第二顺序继承人

《民法典》第1127条规定的第二顺序继承人为:兄弟姐妹、祖父母、外祖父母。

3. 对待法定继承人顺序应注意的问题

(1)在法定继承中,应当优先适用第一顺序人继承。不管是否有第二顺序继承人,均由第一顺序继承人继承,第二顺序继承人不得继承。只有在没有第一顺序继承人时,才能由第二顺序继承人继承。

(2)同一顺序继承人继承的份额原则上应该均等。在继承开始后,同一顺序继承人不分先后,均享有平等的继承权,但在特殊情况下依据法律规定也可以不均等。

(3)对于继承人以外的对被继承人抚养较多的人,依法可以适当地分给其遗产。对继承人以外的依靠被继承人抚养的且缺乏劳动能力又没有其他生活来源的人,也适当分得一定数额的遗产。

【案例9-2】

被继承人陈某贤,陈某生与陈二香、陈三香、陈某姣是四川省成都市人,为亲兄弟姐妹关系。陈某贤排行老三。陈某贤约3岁时双目失眠,生前系五保户,终身未婚无子女,独立生活。2021年8月3日突发心肌梗死病故。

此后,陈某生以陈某贤的名义领取陈某贤在银行全部存款200657.43元,用于支付陈某贤丧葬费37463元。陈二香、陈三香、陈某姣以陈某生为被告向四川省成都市A区人民法院提起诉讼,请求依法平均分割陈某贤的银行存款。

问:本案应如何处理?

【解析】

陈某贤生前无子女,父母先于其死亡,无第一顺序继承人。依据《民法典》第1127条规定,遗产按照下列顺序继承:第二顺序:兄弟姐妹、祖父母、外祖父母。陈某贤的银行存款应由四位原被告共同平均分割。

A区人民法院判决,陈某贤生前银行存款200657.43元,扣除支出的丧葬费37463元后,余款由陈某生与陈二香、陈三香和陈某姣均等继承。陈某生于判决生效后10日内向陈二香、陈三香和陈某姣各支付陈某贤的遗产40798.6元。

三、胎儿的继承地位

胎儿常称遗腹子女,是指生父死亡时尚在母腹中未出生的胚胎。自然人的权利能力始于出生,只有已出生的人才才具有公民主体的资格,享有民事权利。胎儿既然没有出生,则在法律上不成为独立的现实意义的权利主体,不能成为继承人。但依生育规律,胎儿有可能成为将来之权利主体。为维护胎儿出生后的生存和生活利益,实现父母对子女抚养关系的有效延续,各国在继承法律上都为胎儿预设一种继承地位,确认其可取得遗产利益。

我国继承法也遵循这一合理方法,将胎儿确认为生父的第一顺序继承人,使其在出生后能取得作为子女之一的独立应继份额。《民法典》第1155条规定:"遗产分割时,应当保留胎儿的继承份额。胎儿娩出时是死体的,保留的份额按照法定继承办理。"

《民法典继承编解释(一)》第31条进一步明示:应当为胎儿保留的遗产份额没有保留的,应从继承人所继承的遗产中扣回。为胎儿保留的遗产份额,如胎儿出生后死亡的,由其继承人继承;如胎儿娩出时是死体的,由被继承人的继承人继承。

 小贴士

胎儿的部分民事权利能力

《民法典》第16条规定,涉及遗产继承、接受赠与等胎儿利益保护的,胎儿视为具有民事权利能力。但是,胎儿娩出时为死体的,其民事权利能力自始不存在。

第三节 代位继承和转继承

一、代位继承

(一) 代位继承的概念

代位继承是本位继承的对称,是指被继承人的子女先于被继续人死亡时,由被继承人子女的晚辈直系血亲代替先死亡的长辈直系血亲继承被继承人遗产,被继承人的兄弟姐妹先于被继承人死亡的,由被继承人的兄弟姐妹的子女代位继承的法定继承制度。

在代位继承中,先于被继承人死亡的继承人,称为被代位继承人,简称被代位人。代替被代位人继承遗产的人称代位继承人,简称代位人。代位人依法享有的继承被继承人遗产的权利称之为代位继承权。代位继承人一般只能继承其父母有权继承的遗产份额。

🐾 **小贴士**

代位继承的性质

对于代位继承的性质,学术上有不同的解读。目前基本有两种学说,即固有权利说和代表权说。

(二) 代位继承的特征

(1)被代位继承人先于被继承人死亡后,才可产生代位继承,这是代位继承的前提条件和基础。由于被代位继承人死亡后其民事权利全部终止,对其他公民的继承权亦一并消失,原应享有的继承权即由其晚辈直系血亲来代替行使。

(2)被代位继承人必须是被继承人的晚辈直系血亲,且不受辈分的限制。晚辈直系血亲包括了亲生子女、养子女和具有扶养关系的继子女。依据《民法典继承编解释(一)》的规定,被继承人的孙子女、外孙子女、曾孙子女、外曾孙子女都可以是代位继承人,代位继承人不受辈数限制。被继承人的养子女、已形成扶养关系的继子女的生子女也可以代位继承;被继承人亲生子女的养子女可以代位继承;被继承人养子女的养子女可以代位继承;与被继承人已形成扶养关系的继子女的养子女也可以代位继承。

(3)被继承人的兄弟姐妹先于被继承人死亡的,由被继承人的兄弟姐妹的子女代位继承。

(4)被代位继承人丧失继承权或在生前明确表示放弃继承权的,不发生代位继承。被代位继承人先于被继承人死亡时,已经明确表示放弃对被继承人遗产的继承权,亦即被代位继承人无权对被继承人的遗产享有继承权,如果被代位继承人依法丧失了继承权,不产生代位继承的问题。

🐾 **小贴士**

代位继承的起源

代位继承也称代袭继承或承祖继承,最早源于罗马法中的按股继承。罗马市民法规定:"先死亡或受家父权免除的子之子,取得父之应继份。"在我国古代,虽然无代位继承之明确规定,但唐朝《唐律疏义》中即有"兄弟之者,子承父令"的规定。这也可以认为是我国最早的代位继承制度。

(三) 代位继承人应继承的份额

(1)代位继承只发生在法定继承中,遗嘱继承不产生代位继承的问题。代位继承是本位继承的补充,是代位继承人基于被代位继承人的继承地位参加继承。代位继承人以第一顺序继承人的身份参与继承,只能继承其被代位继承人应继承的份额。

(2)代位继承人众多时,一般情况下应当均分被代位人继承的遗产份额。依据《民法典继承编解释(一)》第16条的规定,代位继承人缺乏劳动能力又没有生活来源,或者对被继承人尽过主要赡养义务的,分配遗产时,可以多分。

继承人丧失继承权的,其晚辈直系血亲不得代位继承。如该代位继承人缺乏劳动能力又没有生活来源,或者对被继承人尽赡养义务较多的,可以适当分给遗产。

二、转继承

转继承是指继承人在继承开始后尚未接受遗产前死亡,该继承人应继承的份额由他的继承人代替继承。转继承属于本位继承,既可以发生在法定继承中,也可以发生遗嘱继承中。《民法典》第1152条规定,继承开始后,继承人于遗产分割前死亡,并没有放弃继承的,该继承人应当继承的遗产转给其继承人,但是遗嘱另有安排的除外。由此,转继承具有以下几个特征。

(一) 转继承是由于原继承人在继承开始后、遗产尚未分割前死亡

继承活动是基于被继承人死亡后才发生的,只有在被继承人死亡后、遗产尚未分割前继承人也死亡的才能产生转继承。由于继承人在继承活动开始后未获得遗产即死亡,其继承人应当享有的继承权转由他的继承人代其承受,这就产生了二次继承的事实。所以,转继承又称再继承、连续继承或第二次继承。

需要注意的是,如果继承人在遗产分割前死亡,则只发生代位继承,不发生转继承;如果继承人在遗产分割后死亡,也不发生转继承,因为继承活动已经结束,继承人已行使继承权获得了相应的遗产,自不发生转继承。

(二) 被转继承人未丧失或放弃继承权

转继承是继承人应继承份额的转移,只有继承人在继承发生后死亡而未实际取得遗产时,才发生转继承。转继承依赖于原继承人依法享有的遗产继承权,原继承人生前没有失去继承权,也没有明确表示放弃继承权,转继承人方可行使转继承权。

(三) 只能由继承人的法定继承人直接分割被继承人的遗产份额

转继承是原继承人的合法继承人,是直接参与分割已死亡继承人应当继承的遗产份额。也就是被转继承人原享有的继承权转移给转继承人,使转继承人有权承受被转继承人应当享有的继承份额。如果被转继承人尚有自己的其他遗产,则由转继承人作为继承

人直接继承,不属于转继承。

(四) 转继承人多人时一般也只能继承被继承人应继承的遗产份额

在转继承中,不论合法继承人一人还是多人,也只能继承已死亡继承人有权继承的遗产份额。如果被转继承人留有遗嘱时,应依据遗嘱继承;无遗嘱则按法定继承顺序进行继承。

第四节　法定继承人之间的遗产分配

《民法典》第 1130 条对继承遗产的分配原则作出了明确规定。同一顺序继承人的继承遗产的份额,一般应当均等。对生活有特殊困难又缺乏劳动能力的继承人,分配遗产时,应当予以照顾。对被继承人尽了主要扶养义务或者与被继承人共同生活的继承人,分配遗产时,可以多分。有扶养能力和有扶养条件的继承人,不尽扶养义务的,分配遗产时,应当不分或者少分。继承人协商同意的,也可以不均等。依据《民法典继承编解释(一)》第 19 条规定,对被继承人生活提供了主要经济来源,或者在劳务等方面给予了主要扶助的,应当认定其尽了主要赡养义务或主要扶养义务。

一、法定应继份

法定应继份是指同一顺序的继承人在共同继承遗产上的权利与义务的比例。应继份的比例是享受财产权利的比例,也是承担财产义务的比例。只要继承人之间没有另外约定,就应按照法定应继份比例分配被继承人的遗产。

依据《民法典》继承编的规定,应继份体现的是原则性与灵活性并举的立法模式。确立应继份的前提是继承人在两人以上。如继承人只有一人,则被继承人的遗产全部由一人继承,不存在应继份的问题。如继承人有两人以上则涉及应继份的问题。法律关于应继份的规定是依据我国的现实状况,遵循权利与义务对等、男女平等、协商一致的基本原则作出的,并以此确定同一顺序继承人各自应继承的遗产份额。应继份有以下几个特点。

(一) 同一顺序继承人继承的份额一般应该均等

同一顺序的继承人继承的份额一般情况下应当均等,这是一条基本准则。在各国的立法中均有体现,并作为首选;其次为不均等原则。均等原则表现在各继承人享有同等份额的继承权。各继承人无论在生活上、劳动能力上以及对被继承人的抚养义务上,大致相当。据此,各继承人的应继份额应该均等。

🏷 **小贴士**

代位继承与转继承的区别

1.代位继承是替补继承,是直接由继承人的晚辈直系血亲继承被继承人的遗产;被继承人的兄弟姐妹先于被继承人死亡的,由被继承人的兄弟姐妹的子女代位继承。转继承是在第一次继承的基础上的二次继承。

2.代位继承发生在继承人先于被继承人死亡时。转继承发生在继承开始后遗产尚未分割前继承人死亡时。

3.代位继承人限于被继承人子女的晚辈直系血亲,被继承人的兄弟姐妹的子女。在转继承中,享有继承权的主体包括继承人的全部继承人。

4.代位继承只适用于法定继承,不适用于遗嘱继承。转继承既适用法定继承,也适用于遗嘱继承和遗赠。

(二) 不同情况下可不均等分配遗产

由于同一顺序继承人各自生活状况不同,履行抚养或赡养义务不同,对继承遗产的份额也应区别对待。这种特殊情况下不均等原则主要体现在以下几个方面。

1.对生活有特殊困难又缺乏劳动能力的继承人,在分配遗产时应当予以适当照顾。这属于照顾型的不均等。

给予照顾型的继承人多分遗产应当同时具备两个条件。

(1)生活有特殊困难,没有独立的经济来源或其他收入可供其维持基本生活水平。同时,生活困难也是一个相对标准,即与同一顺序其他继承人相比较而言。

(2)缺乏劳动能力。这里所指的缺乏劳动能力是因年幼、年老或伤病残等原因导致的没有劳动能力。需要指出的是,如果各个继承人都存在生活有特殊困难又缺乏劳动能力时,则各继承人的继承份额也只能均等。

2.对被继承人尽到了主要扶养义务或者与被继承人共同生活的继承人,在分配遗产时可以多分。这是鼓励型的不均等。

继承人对被继承人尽了主要扶养义务,这里所指主要包括经济上的扶助,也包括劳务上的扶助以及精神上的慰藉。与被继承人共同生活的继承人,在生活上和情感上对被继承人给予了扶助,理所当然地应当多分遗产。

3.具有扶养能力和有扶养条件的继承人,不履行扶养义务的,分配遗产时应当不分或者少分。这是惩罚型的不均等。

《民法典》继承编所规定的继承人与被继承人之间存在法定扶养权利与义务。被继承人生前需要继承人扶养,而继承人具有扶养能力和扶养条件却拒不履行扶养义务,则有违社会道德规范,在分割遗产时应当不分或者少分。

4.经过全体继承人协商一致,在不损害其他利害关系人的合法权益下,也可以不均等分配。这属于协商型的不均等继承方式。

实施这种方式必须经过全体继承人一致同意,不得以少数服从多数的方式决定不均等分。

【案例 9－4】

原告蔡某某、沈某某,被告沈某。原告蔡某某与被继承人沈某业系夫妻关系,二人婚后生育原告沈某某和被告沈某两个子女。被继承人沈某业于 2021 年 10 月 8 日去世,原告将被告诉至上海市 A 区人民法院,判决分割沈某业名下的房产,由蔡某某继承 20%,沈某某继承 15%,由被告沈某继承 15%。被告答辩要求分割 25%。

问:人民法院如何处理?

【解析】

A 区人民法院经审理后认为,讼争房产系蔡某某与沈某业夫妻二人共同财产,双方各享有 50% 的份额,其中 50% 作为沈某业的遗产进行分割。依照《民法典》继承编的规定:"同一顺序继承人继承遗产的份额,一般应当均等。对被继承人尽了主要扶养义务或者与被继承人共同生活的继承人,分配遗产时,可以多分。"据此人民法院判决蔡某某继承沈某业 18% 的遗产份额,与其 50% 相加应分得 68%;沈某某、沈某各继承沈某业 16% 的遗产份额。

二、酌情分得遗产

依据《民法典》第 1131 条的规定,酌情分得遗产是指对继承人以外的依靠被继承人扶养的人,或者继承人以外的对被继承人扶养较多的人,可以分给适当的遗产。这种权利既不同于继承权,也不同于受遗赠权。这是由我国法律所规定的酌情分得遗产权,它具有下列特征。

(一) 可适当分得遗产的人必须是依靠被继承人扶养的缺乏劳动能力又没有生活来源的人

可以适当分得遗产的人与被继承人生前形成了扶养关系,亦即受扶养人与被继承人之间本无法定和约定的权利义务关系,被继承人基于人道主义原因对受扶养人给予扶养与辅助。

(1)依靠被继承人生前扶养。这是指受扶养人与被继承人形成了扶养关系。

(2)缺乏必要的生活来源。是指受扶养人没有经济上的收入维持生活,也没有其他途径获得帮助以维持生计。

(3)缺乏劳动能力。是指尚未成年没有劳动能力,或尽管已成年但由于体弱多病、身体残疾等原因缺乏劳动能力。

(二) 必须是对被继承人给予较多扶养的人

继承人对被继承人的扶养,主要体现在生活上、劳务上给予了较多的扶养。这种扶养既有量上的比较,也有时间上的比较。如果仅仅是一次性或临时性的帮助,则不构成扶养较多的条件。

(三) 酌情分得遗产的份额

依据《民法典继承编解释(一)》第 20 条的规定,依照《民法典》第 1131 条规定可以分给适当遗产的人,分给他们遗产时,按具体情况可以多于或者少于继承人。酌情分得遗产应当根据各继承人的具体情况有针对性地予以分配。具体应考虑以下几种情况。

1. 考虑被扶养人的情况

如果被扶养人基本由被继承人扶养的,则酌情分得遗产的数额可以多于继承人的数额;如果是由被继承人和其他人共同扶养的,则可以少于继承人的数额,这是因为酌情分得遗产人也可以从其他人那里获得扶养。

2. 考虑扶养人的情况

如果扶养人对被继承人扶养时间长,在分割遗产时也应适当给予多分。

3. 考虑遗产数额的多少

酌情分得遗产中,如果被继承人遗产较多,则酌情分得遗产的请求权人可以适当多分得遗产,但不应超过继承人应当继承的份额。

(四) 酌情分得遗产权利的保护

依据《民法典继承编解释(一)》第 21 条的规定,依照《民法典》第 1131 条规定可以分给适当遗产的人,在其依法取得被继承人遗产的权利受到侵犯时,本人有权以独立的诉讼主体资格向人民法院提起诉讼。

🚩【引导案例解析】

本案焦点在于法定继承与遗嘱继承的区分和两者哪个应当优先的问题。

1. 胡某兰与陈某利系合法夫妻关系,胡某兰依法对陈某利的遗产享有继承权。三被告作为被继承人陈某利的亲生子女,均享有继承权。

2. 依据《民法典》第 1123 条的规定,继承开始后,按照法定继承办理;有遗嘱的,按照遗嘱继承或者遗赠办理;有遗赠扶养协议的,按照协议办理。陈某利的房产系个人婚前财产,其有权独立处分自己的财产陈某利将此房产遗赠给自己的孙子陈某建不违反法律法规强制性规定,该遗嘱是有效的,应当遵从其遗嘱,以遗嘱继承方式继承。

陈某利的银行存款系遗产,因其无遗嘱,所以应当依法定继承方式进行分割。而丧葬费、抚恤金是用以安葬死者和抚恤家属的,原被告应共同继承。

3. 本案以调解方式结案。房产依遗嘱由陈某建继承,银行存款、丧葬费、抚恤金由原、被告继承分割。三被告一次性给付原告 100000 元,其余部分遗产由三被告继承。

📒【复习思考题】

一、简答题

1. 法定继承有哪些特征?

2. 如何确定法定继承人的范围和顺序?

3. 代位继承的条件有哪些?

4. 简述法定继承的分配原则。

5. 法定继承中应继份是如何确定的?

6. 酌情分得遗产的份额具体应考虑哪几种情况?

二、不定项选择题

1. 甲(男)乙(女)结婚,其子小明 20 周岁时,甲与乙离婚。后甲与丙(女)再婚,丙子小亮 8 周岁,随甲丙共同生活。小亮长大成家后,甲与丙甚感寂寞,便收养 15 岁的孤儿小天为养子,并办理了收养手续。丙去世后,其遗产第一顺序继承人有(　　)。

A. 小明　　　　　　B. 小亮　　　　　　C. 甲　　　　　　D. 小天

2. 甲育有二子乙和丙。甲生前留有遗嘱,其个人所有的房屋死后由乙继承,乙与丁结婚,并有一女戊。乙因病先于甲死亡后,丁接替乙赡养甲。丙未婚。甲死亡后留有房产和现金。下列(　　)表述是正确的。

A. 戊可代位继承　　　　　　　　B. 戊、丁无权继承

C. 丙、丁为第一顺序继承人　　　　D. 丙无权继承房屋

3. 公民甲娶妻乙,育有一子一女,女儿丙已经出嫁,儿子娶妻丁,生有一子戊,儿子五年前不幸因车祸死亡。甲乙均年老,无固定生活来源,女儿出嫁后拒不赡养老人,并曾数度虐待甲乙,甲乙主要依靠儿媳丁供养。甲于 2021 年 3 月死亡,留下房屋四间。按照《民法典》继承编的规定,下列(　　)可以参加第一顺序继承。

A. 乙　　　　　　　B. 丙　　　　　　C. 丁　　　　　　D. 戊

4. 钱某与胡某婚后生有子女甲和乙,后钱某与胡某离婚,甲乙归胡某抚养。胡某与吴某结婚,当时甲已参加工作而乙尚未成年,乙随胡某与吴某居住,后胡某与吴某生下一女丙,吴某与前妻生有一子丁。钱某和吴某先后去世,下列(　　)说法是正确的。

A. 胡某、甲、乙可以继承钱某的遗产

B. 甲和乙可以继承吴某的遗产

C. 胡某和丙可以继承吴某的遗产

D. 乙和丁可以继承吴某的遗产

5. 被继承人的(　　)均可成为代位继承人。

A. 孙子女　　　　B. 外孙子女　　　　C. 曾孙子女　　　　D. 外曾孙子女

6. 张某 1 岁时被王某收养并一直共同生活。张某成年后,将年老多病的生父母接到自己家中悉心照顾。2021 年 1 月,王某、张某的生父母相继去世。下列(　　)是正确的。

A. 张某有权作为第一顺序继承人继承生父母的财产

B. 张某有权作为第二顺序继承人继承生父母的财产

C. 张某无权继承养父王某的财产

D. 张某可适当分得生父母的财产

三、案例分析题

1994年8月,孙某与前妻许某离婚,婚生子孙辉随母亲许某共同生活。1999年10月,孙某与丧偶妇女沈某未办理结婚登记在一起同居生活。而孙某的父亲孙明靠退休金独立生活。2011年3月孙某投保了人身意外伤害险,保险金额为20万元,受益人为孙某本人。2022年2月14日,因车祸死亡。

试分析:本案中,孙某的父亲孙明、孙某的亲子孙辉、同居的沈某,他们是否对孙某遗产享有继承权?

第十章 遗嘱继承、遗赠和遗赠扶养协议

【学习目标】

1. 掌握遗嘱的概念，遗嘱继承的特征，遗嘱有效的条件，遗嘱的形式。
2. 理解遗赠、遗赠扶养协议的概念与特征。
3. 了解遗嘱的无效或不生效，遗嘱变更或撤销的种类和条件，遗嘱信托制度。

【引导案例】

2021 年 6 月 4 日，郭某立下书面遗嘱，将其全部遗产 3 间房屋和 20 万元存款给长子郭甲继承。但弥留之际，郭某感觉郭甲之前对自己好是为了侵吞自己的财产，相比之下郭乙才是真孝顺。郭某便宣布把自己的全部遗产留给次子郭乙继承。当时在场人员有护士小王、郭甲、郭乙及郭某的女儿郭丙。郭丙患有严重的精神病，无业在家。郭某对郭丙很讨厌，故遗嘱中未考虑过给她遗产。

第一节 遗嘱与遗嘱继承概述

一、遗嘱的概念和特征

（一）遗嘱的概念

遗嘱是遗嘱人生前在法律允许的范围内，按照法律规定的方式处分其个人财产或者处理其他事务，并在其死亡时发生效力的单方法律行为。遗嘱是遗嘱继承的前提和依据。

（二）遗嘱的特征

1. 遗嘱是一种单方民事法律行为

遗嘱仅凭遗嘱人（被继承人）的意思表示就可以成立，不需要与相对人（遗嘱继承人、受遗赠人）的意思表示一致。在遗嘱生效前，遗嘱人也可以按照自己的意思变更或者撤销遗嘱。

小贴士

单方民事法律行为、双方民事法律行为

单方民事法律行为是仅由一方当事人的意思表示即可成立的民事法律行为。如设

立遗嘱、债务的免除等。除了法律另有规定以外,单方民事法律行为自行为人独立表达其意思时即可成立。

双方民事法律行为是基于双方当事人的意思表示一致而成立的民事法律行为。如买卖合同、借款合同等。

2. 遗嘱是遗嘱人依法处分自己财产的民事法律行为

遗嘱是遗嘱人按照自己意愿处置自己财产及有关事务的意思表示,是处分财产的民事行为。不是属于处分财产以及有关事务的意思表示,不是继承法上的遗嘱。

3. 遗嘱必须由遗嘱人生前亲自独立作出

遗嘱是遗嘱人生前对自己的财产及相关事务作出处分的行为,因此,遗嘱应当由遗嘱人本人亲自作出。即使是代书遗嘱,也必须由遗嘱人本人在遗嘱上签名。设立遗嘱,不适用代理。

4. 遗嘱是在遗嘱人死亡后生效的民事法律行为

遗嘱的意思表示是遗嘱人生前设立的,在遗嘱人死亡时才发生效力。在遗嘱人死亡前,遗嘱不发生效力。因此,在遗嘱人生前,其可以随时变更或者撤销遗嘱。遗嘱人作出的在其生前发生效力的财产处分行为,不属于遗嘱。

5. 遗嘱是要式民事法律行为

法律对遗嘱的形式有明确规定,遗嘱人只能按照法律规定的形式设立遗嘱,不按照法律规定的形式设立的遗嘱不能发生法律效力。《民法典》实施前订立的,形式上稍有欠缺的遗嘱,如内容合法,又有充分证据证明确为遗嘱人真实意思表示的,可以认定遗嘱有效。

小贴士

要式行为、不要式行为

以民事法律行为的成立是否必须依照某种特定的形式为标准,可以将民事法律行为分为要式行为和不要式行为。要式行为指是依照法律规定或者约定必须采取一定形式或者履行一定程序才能成立的行为。不要式行为是指法律不要求特定形式,行为人自由选择一种形式即能够成立的行为。

二、遗嘱继承的概念和特征

(一) 遗嘱继承的概念

遗嘱继承是指继承开始后,按照被继承人所订立的合法有效的遗嘱,继承被继承人遗产的继承制度。其中,立遗嘱的被继承人是遗嘱人,依照遗嘱的指定享有继承遗产权利的继承人是遗嘱继承人。

遗嘱继承是与法定继承相对应的一种继承方式,源于罗马法,现代各国继承法普遍规定,遗嘱继承的效力优于法定继承。遗嘱继承可以直接体现被继承人生前对其财产处分的意愿,更能体现法律充分保护和尊重被继承人对其财产处分的权利,有利于保护公民个人财产所有权。

法律确认被继承人设立遗嘱的自由,《民法典》第 1133 条第 1 款、第 2 款明确规定,自然人可以依照本法规定立遗嘱处分个人财产,并可以指定遗嘱执行人。自然人可以立遗嘱将个人财产指定由法定继承人中的一人或者数人继承。

(二) 遗嘱继承的特征

1. 遗嘱继承直接体现了被继承人的意愿

遗嘱是被继承人生前对自己财产作出的处分,因此,遗嘱继承是直接按照被继承人的意愿进行的继承。

2. 被继承人生前立有合法有效的遗嘱

遗嘱继承从被继承人死亡时开始,不仅必须具有继承人死亡的事实,还必须有继承人生前设立的合法有效的遗嘱,否则,不能发生遗嘱继承。

3. 遗嘱继承不受法定继承顺序和应继份额的限制

遗嘱继承体现了被继承人对自己的财产处置,法律尊重并保护公民对自己财产处分的意愿,由遗嘱人确定自己遗产的继承人以及分配遗产份额。遗嘱中指定的继承人不受法定继承顺序的限制,所继承的遗产份额也不受法定继承中遗产分配原则的限制。

4. 遗嘱继承的效力优于法定继承的效力

在被继承人所订立的遗嘱合法有效的情况下,优先适用遗嘱继承。也即适用遗嘱继承必须符合一定条件。

(1)被继承人立有合法有效的遗嘱。

(2)遗嘱中指定的继承人未丧失继承权也未放弃继承权。

(3)被继承人生前没有签订遗赠扶养协议。

三、遗嘱继承和法定继承的关系

遗嘱继承的效力优先于法定继承,是现代国家普遍认可的规则。

我国法律也规定在遗产转移的方式中,遗嘱在适用上优先于法定继承。《民法典》第 1123 条规定,继承开始后,按照法定继承办理;有遗嘱的,按照遗嘱继承或者遗赠办理;有遗赠扶养协议的,按照协议办理。

四、共同遗嘱

(一) 共同遗嘱的概念和表现形式

1. 共同遗嘱的概念

共同遗嘱又称合立遗嘱,是指两个或两个以上的遗嘱人共同订立的一份遗嘱。

2. 表现形式

(1)形式意义的共同遗嘱又叫单纯的共同遗嘱,是指内容各自独立的两个或两个以上的遗嘱,记载于同一遗嘱书中。这种共同遗嘱只保持着形式上的同一,而在内容上是各遗嘱人独立进行意思表示,并根据各自意思表示产生独立法律效果,相互不存在制约和牵连,即一个遗嘱人的表意内容是否有效不影响其他遗嘱人表意内容的效力。

(2)实质意义上的共同遗嘱是指两个或两个以上遗嘱人将其共同一致的意思通过一个遗嘱表示出来,形成一个内容共同或相互关联的整体遗嘱。

从实质意义上来说,共同遗嘱必然是指共同遗嘱人将其共同一致的意思通过一个遗嘱形式表示出来,形成一个内容相互关联的整体遗嘱。

一般来说,共同遗嘱有四种表现:一是相互指定对方为自己的遗产继承人;二是共同指定第三人为遗产的继承人或受遗赠人,其遗产多为共同财产;三是相互指定对方为继承人,并约定后死者将遗产留给指定的第三人;四是相关的遗嘱,即形式上各自独立、实质上相互以对方的遗嘱内容为条件的遗嘱,一方遗嘱撤回或失效,另一方的遗嘱也归于失效;一方遗嘱执行时,他方遗嘱不得撤回。

 小贴士

国外立法对共同遗嘱持有的态度

国外立法对共同遗嘱持有两种截然不同的态度。

一种是持肯定态度,承认共同遗嘱的合法性、有效性。如德国、奥地利、韩国等。英美法系的国家也承认共同遗嘱的法律效力。但英国法中的"共同遗嘱"往往是指"单纯共同遗嘱",即形式意义上的共同遗嘱,其所称的"相互遗嘱"才真正具有共同遗嘱之内涵。

另一种是持否定态度,即禁止设立共同遗嘱,否认共同遗嘱的效力。如法国、日本、瑞士、匈牙利、捷克等国,法律明文禁止订立共同遗嘱。

此外,还有些国家或地区的继承法既未明确规定允许订立共同遗嘱,也未明确禁止订立共同遗嘱,但在实际上并不承认共同遗嘱的法律效力。

(二)共同遗嘱的基本特征

实质意义上的共同遗嘱,作为一种特殊的遗嘱,与一般遗嘱相比,具有以下特征。

1. 共同遗嘱是两个或两个以上遗嘱人的共同法律行为

共同遗嘱至少有两个主体的意思表示一致,所以不是单方法律行为。在民法理论上,这种法律行为称为共同法律行为。

2. 共同遗嘱的内容具有严格的内在整体性和变更、撤销的非自由性

当共同遗嘱是共同指定第三人为遗产继承人或受遗赠人时,其内容构成一个单一的完整共同体,不可分割。当共同遗嘱属于相互遗嘱和相关联遗嘱时,其内容则具有相互制约性和关联性。如果在订立遗嘱时双方都以对方的遗嘱内容作为条件,那就必然导致一方的遗嘱意思发生变更或撤销,另一方的遗嘱意思也不发生效力。在共同遗嘱人生存期间,可以通过共同意思表示变更或撤销遗嘱;一方变更、撤销遗嘱之内容或对财产进行处分,应告知另一方。

3. 共同遗嘱所处分的财产大多是遗嘱人的共同财产

共同遗嘱人基于婚姻关系或家庭关系而长期共同生产、生活,在法律上或事实上形成未经实际分割的共有财产关系。

4. 共同遗嘱的生效时间有一定的特殊性

一般遗嘱由遗嘱人单方作出,所以遗嘱人死亡时遗嘱即开始生效。共同遗嘱由两个或两个以上的人订立,只有当共同遗嘱人全部死亡时,遗嘱才能全部生效。

【案例 10-1】

张德福、魏文娥是夫妇,生有一子一女。老两口想把自己所拥有的一套三居室的房子留给他们的孙子张凡。但是在孙子一岁多时,儿子张大军与妻子离婚,孙子被判给了其母亲抚养。2018 年 3 月 26 日,两位老人共同立下了一份遗嘱,并进行了公证,内容是:我们夫妻共同订立遗嘱,决定我们两个人中先去世的一方的遗产由另一方继承。后去世的一方的遗产由儿子张大军继承后留给孙子张凡。其他人均没有继承权。夫妇二人健在期间,可共同变更、撤回遗嘱;夫妇二人一人健在时,可以自行变更、撤回本遗嘱。

2020 年 5 月,张德福去世。张德福死后,魏文娥的生活起居都由女儿张小兰照顾。2021 年 5 月,魏文娥也去世。不久张大军向房产管理部门申请变更登记时,却收到法院的传票,自己被妹妹张小兰告上了法庭,要求共同继承房产。当他带着父母的共同遗嘱来到法庭时,意外地发现还有第二份遗嘱。

原来是母亲在父亲去世 3 个月后立下的,内容是:我现在决定撤回 2018 年与丈夫张德福所立的遗嘱,根据目前我的生活起居状况,将房产在我百年以后留给小女儿张小兰继承。

问:张德福、魏文娥的遗产,谁有继承权?

【解析】

我国《民法典》对共同遗嘱没有相关的规定,司法实践中也缺乏统一的标准,但是应根据遗嘱的具体内容来裁判。"以事实为依据,以法律为准绳"。

《民法典》第 1142 条规定"遗嘱人可以撤回、变更自己所立的遗嘱"。张德福、魏文娥夫妇生前立下遗嘱,将遗产的继承权赋予张大军,并无违法之处,共同遗嘱有效。张德福死后,张大军对魏文娥不尽赡养义务,魏文娥的日常生活起居都由女儿照顾,张大军有过错,作为共同遗嘱之一的魏文娥有权撤回、变更自己与配偶所立的共同遗嘱,剥夺继承人的继承权。2020 年 8 月魏文娥所立自书遗嘱被人民法院认定遗嘱合法、有效。之前作出的共同遗嘱被撤回,张德福的遗产应由其法定继承人魏文娥、张大军和张小兰继承,魏文娥的遗产应由张小兰继承。张大军继承房产的 1/6,张小兰继承房产的 5/6。

第二节 遗嘱的有效条件和遗嘱的形式

一、遗嘱有效的条件

遗嘱的有效要件包括形式要件和实质要件。

(一) 遗嘱人立遗嘱时须有遗嘱能力

遗嘱能力是自然人依法享有的设立遗嘱,依法自由处分自己财产的行为能力。设立遗嘱的行为是民事行为,遗嘱人应当具有相应的民事行为能力。我国法律规定,只有完全民事行为能力人才有设立遗嘱的行为能力即遗嘱能力,不具有完全民事行为能力的人不具有遗嘱能力。《民法典》第 1143 条第 1 款规定:"无民事行为能力人或者限制民事行为能力人所立的遗嘱无效。"遗嘱人的遗嘱能力,以遗嘱人设立遗嘱时的状态为准。

在设立遗嘱时,遗嘱人有遗嘱能力的,即使遗嘱人后来丧失遗嘱能力,遗嘱也不因此失去效力。《民法典继承编解释(一)》第 28 条中明确规定:"遗嘱人立遗嘱时必须具有完全民事行为能力。无民事行为能力人或者限制民事行为能力人所立的遗嘱,即使其本人后来具有完全民事行为能力,仍属无效遗嘱。遗嘱人立遗嘱时具有完全民事行为能力,后来成为无民事行为能力人或者限制民事行为能力人的,不影响遗嘱的效力。"

(二) 遗嘱必须表示遗嘱人的真实意思

遗嘱是一种表意行为,必须是遗嘱人处分其财产的真实意思表示。意思表示不真实的遗嘱是无效的。《民法典》第 1143 条第 2 款规定:"遗嘱必须表示遗嘱人的真实意思,受欺诈、胁迫所立的遗嘱无效。"第 3 款规定:"伪造的遗嘱无效。"第 4 款规定:"遗嘱被篡改的,篡改的内容无效。"

(三) 遗嘱的内容符合法律规定和社会公共利益的要求

遗嘱的内容应当符合法律规定。《民法典》第 1141 条规定:"遗嘱应当为缺乏劳动能力又没有生活来源的继承人保留必要的遗产份额。"这一规定属于强行性规定,遗嘱取消缺乏劳动能力又没有生活来源的继承人的继承权的,不能生效。遗嘱人未保留缺乏劳动能力又没有生活来源的继承人的遗产份额,遗产处理时,主要为该继承人留下必要的遗产,所剩余的部分,才可参照遗嘱确定的分配原则处理。继承人是否缺乏劳动能力又没有生活来源,应按照遗嘱生效时该继承人的具体情况确定。

遗嘱所处分的财产应当是遗嘱人个人的合法财产,遗嘱人以遗嘱处分了属于国家、集体或者他人所有的财产的,遗嘱的该部分内容,应认定无效。

小贴士

遗嘱的内容

遗嘱的内容是遗嘱人在遗嘱中所表示出来的对自己财产处分的意思,是遗嘱人对遗产以及相关事项的处置安排。遗嘱内容应当明确,主要包括以下内容:

(1)遗嘱人的姓名、性别、出生日期、住址;

(2)遗嘱处分的财产状况(名称、数量、所在地点以及是否共有、抵押等);

(3)对财产和其他事务的具体处理意见;

(4)有遗嘱执行人的,应当写明执行人的姓名、性别、年龄、住址等;

(5)遗嘱制作的日期以及遗嘱人的签名。

遗嘱中一般不得包括与处分财产及处理死亡后事宜无关的其他内容。

(四) 遗嘱必须具备法律规定的形式

遗嘱有效的形式要件,是指遗嘱的形式符合法律的规定。遗嘱的形式若不符合法律的要求,也不能生效。

【案例 10－2】

邓某与陈某是再婚夫妻。陈某再婚前有两个儿子李某、李某某;邓某再婚前也有一子邓某某,王某某系邓某某之妻。李某某、李某被邓某与陈某抚养至成年。邓某与陈某在夫妻关系存续期间在自家宅基地上建造了两处房屋。其房屋所有人和土地使用人均为邓某。2018 年、2020 年,陈某和邓某相继去世。邓某的儿子邓某某和媳妇王某某一直与两位老人共同生活,赡养老人,两位老人去世后,他二人就居住在老人留下的房屋里。2021 年 3 月,陈某的两个儿子李某和李某某诉至法院,提出对母亲与继父的遗产即两处房产进行析产分割。

在法庭上,邓某某拿出了父亲与继母的遗嘱,内容是因邓某某与妻子王某某一直对两位老人尽赡养义务,跟老人关系十分融洽,所以两位老人便将其中一处房产无偿赠与邓某某夫妻,遗嘱的订立时间为 2016 年,并进行了公证。但因种种客观原因,双方一直没有办理产权过户手续。

李某和李某某则辩称,母亲与继父虽然与邓某某夫妻签订了赠与合同,但房屋产权仍登记在邓某名下,说明邓某夫妇并未将房屋实际交付给邓某某夫妇,故该赠与合同并未实际履行,这套房屋仍属于被继承人的遗产。

问:这套房屋的权属归谁?

【解析】

遗产是公民死亡时遗留的个人合法财产,继承开始后,按照法定继承办理;有遗嘱的,按照遗嘱继承或者遗赠办理,有遗赠扶养协议的,按照协议办理。邓某与陈某系再婚夫妻,邓某某、李某、李某某与邓某夫妻都存在扶养关系,都属于法定继承人。

关于房屋赠与问题,根据邓某、陈某与邓某某、王某某签订的赠与合同及公证机关出具的公证书,可以反映两位老人明确表示将该处房屋产权赠与给邓某某夫妻,系赠与双方的真实意思表示,符合法律规定,法院予以确认。虽然赠与合同签订后,相关房屋权属证书未对记载的权利人进行变更,但并不影响赠与合同的效力。

人民法院判决:(1)赠与合同有效,该处房屋产权归邓某某夫妻所有;(2)其他遗产由邓某某、李某、李某某共同继承,因邓某某夫妻在两位老人生前尽到了赡养义务,故而邓某某的继承份额要高于其他两人。

二、遗嘱的生效

遗嘱的生效是指遗嘱完全按照遗嘱人的愿望或预设后果产生的法律效力,亦即遗嘱人的意思表示转化为现实的法律关系,形成实际的遗嘱法律秩序。遗嘱的生效既是遗嘱人追求目标的达到,又是法律确认的保护遗嘱效力的最终目的。

遗嘱生效必须具备如下条件。

(1)遗嘱人死亡是遗嘱生效的基本法律事实。只有遗嘱人死亡,遗嘱才开始生效。遗嘱人死亡既是引起遗嘱生效的必不可少的法律事实,也是决定遗嘱正式生效的起点。

(2)遗嘱的有效,是遗嘱生效的先决前提。只有有效的遗嘱才有可能产生法律效力。

(3)遗嘱的生效,必须是遗嘱内容在法律上和事实上均具有实现的条件。

三、遗嘱无效

遗嘱无效是指遗嘱因不符合法律的要求而不发生法律效力。遗嘱只要不符合遗嘱有效条件之一,就不能实现遗嘱人预期的法律效果。根据《民法典》第 1143 条的规定,遗嘱无效通常有以下几种类型。

(一) 遗嘱人不具有完全民事行为能力

法律规定,无民事行为能力人或限制民事行为能力人所立遗嘱无效。《民法典继承编解释(一)》第 28 条中明确规定:"遗嘱人立遗嘱时必须具有完全民事行为能力。无民事行为能力人或者限制民事行为能力人所立的遗嘱,即使其本人后来具有完全民事行为能力,仍属无效遗嘱。遗嘱人立遗嘱时具有完全民事行为能力,后来成为无民事行为能力人或者限制民事行为能力人的,不影响遗嘱的效力。"因此,立遗嘱人在立遗嘱时如果是无行为能力人或限制行为能力的人,所立的遗嘱就是无效的。

(二) 遗嘱内容不是立遗嘱人的真实意思表示

立遗嘱人即便具有完全民事行为能力,但是如果遗嘱的内容不是其真实意思表示,遗嘱同样不具有法律效力。遗嘱内容不是立遗嘱人真实意思表示的情形主要有以下几种。

（1）立遗嘱人所立的遗嘱是在受欺诈、胁迫或者神志不清的情况下作出的，遗嘱无效。

（2）伪造的遗嘱无效。

（3）遗嘱被篡改的，篡改的内容无效。

（三）违反法定的强制性规定导致遗嘱部分无效

（1）遗嘱没有为缺乏劳动能力又没有生活来源的继承人保留必要的遗产份额，对应保留的必要份额的处分无效。

（2）遗嘱没有给胎儿保留继承份额，导致遗嘱部分无效。被继承人死亡后，抚养子女的义务随之消失，但对于胎儿而言，其需要抚养教育费用，遗嘱不得侵害其生存的权利。因此，遗嘱如果不给胎儿保留相应的份额，将导致遗嘱不生效或部分无效，应从遗产中拨出一部分作为胎儿的继承份额。

遗嘱部分无效的情况下，并不影响遗嘱其他有效部分的生效，有效部分按照遗嘱规定的继承，无效部分按照法定继承处理。如果遗嘱全部无效，死者的遗产应按法定继承处理。

不能将遗嘱无效与遗嘱不生效混为一谈，要注意两者本质上的区别。无效遗嘱是根本不具备法定有效条件的遗嘱。无效遗嘱，除了篡改的遗嘱之外，都应自始至终无效。无效遗嘱之发生多出于主观上原因，即基于遗嘱人、遗嘱继承人、受遗赠人或其他利害关系人的不当行为或非法行为所造成。对于无效遗嘱，遗嘱人自己可施加补救，以消除无效原因。

遗嘱不生效的情形主要有：（1）遗嘱继承人、受遗赠人在遗嘱成立之后丧失继承权或受遗赠权；（2）附解除条件的遗嘱，在遗嘱人死亡之前条件已经成就；（3）遗嘱继承人、受遗赠人先于被继承人而死亡，但遗嘱另有规定的除外；（4）附停止条件的遗嘱，遗嘱继承人、受遗赠人在条件成就前死亡；（5）遗嘱人死亡时，遗嘱中处分的财产标的已不复存在。

四、遗嘱的形式

遗嘱的形式是遗嘱人表示自己处分其财产的意思表示的方式。《民法典》规定，遗嘱的法定形式有六种，即公证遗嘱、自书遗嘱、代书遗嘱、打印遗嘱、录音录像遗嘱和口头遗嘱。

（一）公证遗嘱

公证遗嘱是经过公证机关公证的遗嘱。《民法典》第 1139 条规定："公证遗嘱由遗嘱人经公证机关办理。"遗嘱公证是公证处按照法定程序证明遗嘱人设立遗嘱行为真实、合法的活动。

遗嘱公证由遗嘱人住所地或者遗嘱行为发生地公证处管辖。遗嘱人申办遗嘱公证应当亲自到公证处提出申请并提交有关证件和材料。遗嘱人亲自到公证处有困难的,可以书面或者口头形式请求有管辖权的公证处指派公证人员到其住所或者临时处所办理。

遗嘱公证应当由两名公证人员共同办理,因特殊情况由一名公证员办理时,应当有一名见证人在场,见证人应当在遗嘱和笔录上签名。对于属于该公证处管辖,并符合规定的申请,公证处应当受理。对于不符合规定的申请,公证处应当在3日内作出不予受理的决定,并通知申请人。

小贴士
遗嘱人申办公证遗嘱应当提交的证件和材料

申办遗嘱公证,遗嘱人应当填写公证申请表,并提交下列证件和材料:

(1)居民身份证或者其他身份证件;

(2)遗嘱涉及的不动产、交通工具或者其他有产权凭证的财产的产权证明;

(3)公证人员认为应当提交的其他材料。

遗嘱人填写申请表确有困难的,可由公证人员代为填写,遗嘱人应当在申请表上签名。

公证人员应当向遗嘱人讲解我国法律中有关遗嘱和公民财产处分权利的规定,以及公证遗嘱的意义和法律后果。公证处应当依法对遗嘱进行审查,并着重审查遗嘱人的身份及意思表示是否真实、有无受胁迫或者受欺骗等情况。公证遗嘱应当采用书面形式。

遗嘱人应当在公证人员面前确认遗嘱内容、签名及签署日期属实。遗嘱人未提供遗嘱或者遗嘱草稿的,公证人员可以根据遗嘱人的意思表示代为起草遗嘱。公证人员代拟的遗嘱,应当交遗嘱人核对,并由其签名。以上情况应当记入谈话笔录。

公证遗嘱采用打印形式。遗嘱人根据遗嘱原稿核对后,应当在打印的公证遗嘱上签名。遗嘱人不会签名或者签名有困难的,可以以盖章方式代替在申请表、笔录和遗嘱上的签名;遗嘱人既不能签字又无印章的,应当以按手印方式代替签名或者盖章。有以上规定情形的,公证人员应当在笔录中注明。以按手印方式代替签名或者盖章的,公证人员应当提取遗嘱人全部的指纹存档。

对于符合下列条件的,公证处应当出具公证书。

(1)遗嘱人身份属实,具有完全民事行为能力。

(2)遗嘱人意思表示真实。

(3)遗嘱人证明或者保证所处分的财产是其个人财产。

(4)遗嘱内容不违反法律规定和社会公共利益,内容完备,文字表述准确,签名、制作日期齐全。

(5)办证程序符合规定。

对于不符合以上规定条件的,公证处应当拒绝公证。

公证遗嘱生效前,非经遗嘱人申请并履行公证程序,不得撤销或者变更公证遗嘱。

（二）自书遗嘱

自书遗嘱是由遗嘱人亲笔书写的遗嘱。自书遗嘱必须由立遗嘱人亲笔书写，签名，注明年、月、日。法律对于遗嘱人的自书遗嘱没有特别要求，也不需要见证人在场见证即具有法律效力。《民法典继承编解释（一）》第 27 条规定，自然人在遗书中涉及死后个人财产处分的内容，确为死者的真实意思表示，有本人签名并注明了年、月、日，又无相反证据的，可以按自书遗嘱对待。

按照《民法典》第 1134 条的规定，自书遗嘱应当具备以下条件。

1. 遗嘱人应亲自书写遗嘱的全部内容

自书遗嘱必须由遗嘱人亲自书写，不得由他人代笔，也不能打印。公民在遗书中涉及死后个人财产处分的内容，确为死者真实意思的表示，有本人签名并注明了年、月、日，又无相反证据的，可按自书遗嘱对待。

2. 有遗嘱人亲笔签名

自书遗嘱必须有遗嘱人的亲笔签名，不得使用加盖印章或者按手印的方式替代。

3. 有遗嘱人在自己书写的遗嘱上注明年、月、日

遗嘱上应当注明设立遗嘱的具体日期。在遗嘱上标明设立遗嘱的年、月、日具有重大意义，如果遗嘱人立有数份遗嘱，立遗嘱的时间是确定哪份遗嘱有效的法律依据。遗嘱人对所立遗嘱进行修改的，也必须在涂改或者增删处签名并写明年、月、日。

（三）代书遗嘱

代书遗嘱是由他人带笔书写的遗嘱。代书遗嘱适用于遗嘱人无书写能力或者因为其他原因不能书写等情形。

按照《民法典》第 1135 条的规定，代书遗嘱应当符合以下条件。

（1）应当有两个以上见证人在场见证，由其中一人代书。

（2）必须由遗嘱人口授遗嘱内容，由他人代书。代书人仅仅是遗嘱人口授遗嘱的文字记录者。

（3）必须注明年、月、日，并由代书人、其他见证人和遗嘱人签名。

（四）打印遗嘱

打印遗嘱是遗嘱人通过电脑制作、打印机打印出来的遗嘱。它既不是自书遗嘱，也不是代书遗嘱，它属于《民法典》规定的一种新的遗嘱形式。随着科技的发展，电脑已经成为不可缺少的生活必需品，人们越来越多地采用打印文字的方式来记录。在实践中，打印遗嘱越来越多地出现在人们的生活中。

《民法典》第 1136 条规定，打印遗嘱应当符合以下条件。

（1）打印遗嘱为电脑制作、打印机打印出来的文本形式。

（2）应当有两个以上见证人在场见证，见证人见证遗嘱人在电脑上书写遗嘱、打印遗嘱的全过程。

(3)遗嘱人和见证人应当在遗嘱文本的每一页签名,并注明年、月、日。

【案例 10-3】

2021 年 8 月,福建省厦门市霍先生去世,霍先生生前留有两份遗嘱,一份是他于 2020 年 1 月份手写的遗嘱,明确其死后名下房产由再婚妻子李某继承,遗嘱落款有霍先生亲笔签名及日期。2020 年 9 月,霍先生又订立了一份除签名外内容均为打印的遗嘱,表示将房产留给儿子霍甲继承,该遗嘱有 2 名以上见证人,且每页都有签字,也注明了年、月、日。霍先生去世后,2021 年 10 月,他的儿子霍甲和再婚妻子李某各自拿着霍先生的遗嘱对簿公堂,都想要继承房产。

问:霍先生的哪份遗嘱具有法律效力?

【解析】

依据《最高人民法院关于适用〈中华人民共和国民法典〉时间效力的若干规定》第 15 条的规定,《民法典》施行前,遗嘱人以打印方式立的遗嘱,当事人对该遗嘱效力发生争议的,适用《民法典》第 1136 条的规定,但是遗产已经在《民法典》施行前处理完毕的除外。霍先生的两份遗嘱都在《民法典》生效之前订立,且打印遗嘱有 2 名以上见证人,在打印遗嘱每页签字并注明年、月、日,符合法律规定的形式要件,人民法院依据《民法典》第 1136 条、第 1142 条的规定,认定订立时间在后的打印遗嘱有效,房产由儿子霍甲继承。

(五) 录音录像遗嘱

录音录像遗嘱是遗嘱人以录音录像记录自己遗嘱内容的形式。根据《民法典》的规定,录音录像遗嘱必须具备以下条件。

(1)所录制的必须是遗嘱人口授的遗嘱内容。

(2)应当有两个以上见证人在场见证,见证的方法可以采取书面或录音的形式。

(3)录音录像遗嘱制作完毕后,应当场将录音录像遗嘱封存,并由见证人签名,注明年、月、日。

(六) 口头遗嘱

口头遗嘱是遗嘱人口头表述的而不是以其他形式记载的遗嘱。口头遗嘱简便易行,但是口头遗嘱也具有易于被篡改和伪造以及在遗嘱人死后无法查证的缺点,容易发生纠纷,各国对口头遗嘱的适用均给予严格限制。

按照我国《民法典》第 1138 条的规定,口头遗嘱必须符合以下条件。

(1)必须是在不能以其他形式设立遗嘱的危急情况下作出的。遗嘱人在危急情况下,可以立口头遗嘱,这是适用口头遗嘱的前提条件。危急情况,一般是指遗嘱人生命垂危或者在战争中或者意外灾害中,随时都有生命危险,来不及或者没有条件立其他形式遗嘱的情况。

（2）口头遗嘱必须有两个以上见证人在场见证。口头遗嘱由见证人记录。记录应当由见证人签名,并注明年、月、日。

（3）口头遗嘱因危急情况解除而无效。危急情况解除后,遗嘱人能够用书面或者录音录像形式立遗嘱的,所立的口头遗嘱无效。

小贴士

作为遗嘱见证人的消极条件

《民法典》第1140条规定:下列人员不能作为遗嘱见证人:(1)无民事行为能力人、限制民事行为能力人以及其他不具有见证能力的人;(2)继承人、受遗赠人;(3)与继承人、受遗赠人有利害关系的人。

继承人、受遗赠人的债权人、债务人,共同经营的合伙人,也应当视为与继承人、受遗赠人有利害关系,不能作为遗嘱的见证人。

依据《民法典》继承编的规定,遗嘱人立有数份遗嘱,内容相抵触的,以最后的遗嘱为准。

【案例 10-4】

被继承人张某某于2021年9月10日因病去世,法定继承人有其妻呼女士、张父、张女。张某某生前于2020年1月立有自书遗嘱一份,交张父保管。遗嘱中有"我在百年后,将我现住房,房产总价的50%给我的老婆呼女士"的字样。料理完成丈夫的后事,呼女士诉至法院,请求法院:

(1)判令被继承人张某某的遗产(北京市A区房屋之一半所有权),由原告呼女士、张父和被告张女依遗嘱继承;

(2)确定诉争房屋的份额后,将房屋所有权之全部判归原告呼女士,同时给予其他继承人适当的作价补偿。

问:原告的诉求能否支持?

【解析】

本案的焦点在对遗嘱的理解。遗嘱内容从语义上讲,似有一定的"歧义"。原告认为,立遗嘱的目的是处分遗产,而非确权或者其他。本案有充分的证据证明,张某某本意是多分配些遗产给呼女士。被告张女则认为,该遗嘱仅仅是明确了诉争房产的产权比例,并未处分遗产。

根据《民法典》第1134条的规定,自书遗嘱具有法律效力。人民法院支持了原告的诉讼请求,判决诉争房产归原告呼女士所有,同时给予张父、张女房屋总价各12.5%的折价补偿。

第三节　遗嘱的变更和撤回

根据遗嘱自由的原则和精神,自然人不仅可以自由地订立遗嘱,预先处分自己死后的财产,而且可以依法随时变更或撤回已设立的遗嘱,从而更充分完整地表达自己的意思。我国《民法典》第 1142 条第 1 款规定:"遗嘱人可以撤回、变更自己所立的遗嘱。"

一、遗嘱变更和撤回的概念

遗嘱的变更是指遗嘱人在遗嘱设立后对遗嘱的内容作出部分的修改。

遗嘱的撤回是指遗嘱人在设立遗嘱后又收回其所立的遗嘱。使之不发生法律效力的单方法律行为。"撤回是指在法律行为发生效力之前,由表意人单方面收回其意思表示,使其不发生法律效力。"

遗嘱的变更和撤回都是遗嘱人对其处分财产的意思表示内容的改变,只不过撤回改变的是全部内容,变更仅变更部分内容。两种法律行为都必须是遗嘱人对依法成立且具备有效条件的遗嘱所为,即以有效遗嘱的存在为前提。

二、变更或者撤回遗嘱的方法

根据我国《民法典》的规定、司法实践以及民法的一般原理,变更或者撤回遗嘱有以下两种方法。

(一) 明示方式

遗嘱人另立新的遗嘱,并在新的遗嘱中声明撤回或变更原来所立的遗嘱。《民法典》规定的 6 种形式的遗嘱,可以交替互换而变更或撤回,以最后的遗嘱为准。

(二) 法律推定方式

除了明示撤回外,若遗嘱人作出与所立遗嘱相悖的行为,也可以推定为撤回。该规定彰显了《民法典》对于遗嘱人真实意愿的尊重,肯定了遗嘱人意思自治之下的遗嘱设立行为。

《民法典》第 1142 条第 2 款规定,立遗嘱后,遗嘱人实施与遗嘱内容相反的民事法律行为的,视为对遗嘱相关内容的撤回。

遗嘱人可以通过自己的与遗嘱内容相抵触的行为,撤回原来所立的遗嘱。

遗嘱人前后立有数份遗嘱,虽然在后面的遗嘱中并未明确宣布前面的遗嘱被撤回或予以变更,但如果前后遗嘱的内容相抵触,应当以最后的遗嘱为准,前面所立的遗嘱视为被撤回或者被变更,但不相抵触的部分继续有效。

三、遗嘱变更和撤回的效力

遗嘱变更和撤回的效力主要表现为使原遗嘱的内容不能产生实际效果,即遗嘱人死亡时,已被变更或撤回的遗嘱内容不得生效。遗嘱变更的,应以变更后的遗嘱内容为遗嘱人的真实意思表示,按变更后的遗嘱来确定遗嘱的有效或无效,依变更后的遗嘱执行。

遗嘱撤回的,被撤回的原遗嘱废弃,不具任何效力,以新设立的遗嘱为遗嘱人的真实意思表示,按新设立的遗嘱来确定遗嘱的效力和继承依据。原遗嘱被撤回而未立新遗嘱的,则认定遗嘱人没有遗嘱,按法定继承处理。

第四节　遗赠与遗嘱信托

一、遗赠的概念

遗赠制度由来已久,各国对遗赠制度均有规定,以保障遗嘱人对自己财产的自由处分权,尊重遗嘱人的意思表示。我国《民法典》第 1133 条第 3 款规定:"自然人可以立遗嘱将个人财产赠与国家、集体或者法定继承人以外的组织、个人。"

二、遗赠的特征

1. 受遗赠人是国家、集体或法定继承人以外的组织、个人

遗赠人可以将其财产赠与国家、集体,也可以是法定继承人以外的组织、个人。如果遗嘱中指定的财产是赠与法定继承人中的人,则属于遗嘱继承,而不是遗赠。

2. 遗赠是单方的民事法律行为

遗赠是遗赠人通过设立遗嘱,将其财产赠与他人,只需要遗赠人单方的意思表示就可以成立,不以相对人的同意为前提。在遗赠生效前,遗赠人也可以改变遗赠。继承开始后,受遗赠人有权决定是否接受遗赠财产,这也是一种单方行为。

3. 遗赠是要式民事法律行为

遗赠是遗赠人通过遗嘱的方式设定的,因此设定遗赠的行为也必须符合法律关于遗嘱的相关规定。

4. 遗赠是无偿的民事法律行为

遗赠人给予受遗赠人的财产只能积极财产(财产权利),而不能是消极财产(财产义务)。遗赠分为单纯遗赠和附负担遗赠,但是遗赠中所附的负担不是受遗赠人接受遗赠的对价。依据《民法典》第 1144 条的规定:"遗嘱继承或者遗赠附有义务的,继承人或者受遗赠人应当履行义务。没有正当理由不履行义务的,经利害关系人或者有关组织请求,人民法院可以取消其接受附义务部分遗产的权利。"也就是由提出请求的继承人或受益人负责按遗嘱人的意愿履行义务,接受遗产。

三、受遗赠人权利行使

同继承人一样,受遗赠人在继承开始后的首项权利是表示接受或放弃遗赠,以决定该遗赠权的命运。受遗赠人表示接受遗赠则使其受遗赠人的法律地位得以确定,其接受遗赠的权利由此产生法律效力。受遗赠人表示放弃受遗赠,则受遗赠人的法律地位或权利主体资格溯及继承开始时消灭。遗赠的接受或放弃既是受遗赠权的核心内容,也是受遗赠人行使受遗赠权、处分受遗赠权的基本方式。

四、遗赠的接受或放弃与继承的接受或放弃的异同

在法律属性和适用上,遗赠的接受或放弃与继承的接受或放弃大致相同。

遗赠的接受或放弃与继承的主要区别是:(1)表示的时间和方式不同。《民法典》第1124条第2款规定:"受遗赠人应当在知道受遗赠后60日内,作出接受或者放弃受遗赠的表示;到期没有表示的,视为放弃受遗赠。"(2)受遗赠权的继承,即转遗赠。《民法典继承编解释(一)》第38条规定:"继承开始后,受遗赠人表示接受遗赠,并于遗产分割前死亡的,其接受遗赠的权利移转给他的继承人。"

五、遗赠与遗嘱继承的异同

遗赠与遗嘱继承都是继承人按照自己的意愿,以遗嘱处分自己财产的方式,都必须具备遗嘱的有效条件才能够成立。两者都是遗产转移的法定方式。但是,两者也存在不同,依据继承法的规定,遗赠与遗嘱继承的主要区别有以下几方面。

1. 受遗赠人和遗嘱继承人的主体范围不同

受遗赠人可以是法定继承人以外的组织、个人,也可以是国家、集体。遗嘱继承人必须在法定继承人范围内的人,而且必须是自然人。

2. 受遗赠权和遗嘱继承权的客体范围不同

受遗赠权的客体只能是遗产中的财产权利,而不包括消极的财产义务,但执行遗嘱不得妨碍清偿遗赠人依法应当缴纳的税款和债务。遗嘱继承的客体范围不仅包括财产权利还包括财产义务,即遗嘱继承人不仅享有继承遗产的权利,还负有清偿被继承人债务的义务,但是,其清偿债务的义务以被继承人遗产实际价值为限,超过的部分,可不予清偿,但自愿偿还的不在此限。

3. 受遗赠权和遗嘱继承权的行使方式不同

受遗赠人接受遗赠的,应当依法在法定期间明确作出接受的意思表示。

《民法典》第1124条第1款规定,继承开始后,继承人放弃继承的,应当在遗产处理前,以书面形式作出放弃继承的表示;没有表示的,视为接受继承。据此,自继承开始后,

遗产分割前,遗嘱继承人未明确表示放弃继承的,视为接受继承。

《民法典继承编解释(一)》第 33 条规定:"继承人放弃继承应当以书面形式向遗产管理人或者其他继承人表示。"第 34 条规定:"在诉讼中,继承人向人民法院以口头方式表示放弃继承的,要制作笔录,由放弃继承的人签名。"继承人放弃继承的意思表示,既可以向遗产管理人或者其他继承人书面作出,也可以在涉遗产的诉讼中向人民法院口头作出,但应制作笔录,由放弃继承的人签名确认。

4. 受遗赠人和遗嘱继承人取得遗产的方式不同

受遗赠人不直接参与遗产的分配,是从遗嘱执行人处取得受遗赠的财产。遗嘱继承人可以直接参与遗产分配,取得遗产。

【案例 10 - 5】

刘某膝下无子女,老伴去世早,因考虑到自己年岁大又多病,就立下自书遗嘱,将个人的全部财产于死后赠与侄儿和侄女。侄女一直关心刘某的生活,但侄儿后来很少照顾刘某。为此,刘某又立下一份公证遗嘱,明确表示自己死后,除了四间房屋中的两间归侄儿,其他财产均归侄女。

不久,刘某病危住院,侄儿也未曾探望。弥留之际,刘某当着医生、护士的面,表示他的全部遗产均由侄女继承。刘某病逝了,其侄儿得知后也没感到悲痛,还独自外出 3 个月。回来后,侄儿要求继承公证遗嘱中确定归他所有的两间房屋,而侄女则要求按照刘某的临终遗嘱继承所有的财产。

问:刘某的遗产应该归谁?

【解析】

《民法典》第 1142 条第 3 款规定,立有数份遗嘱,内容相抵触的,以最后的遗嘱为准。本案中,应以最后的口头遗嘱为准,侄儿不享有继承权。值得关注的是,本案中侄儿、侄女在法律上不属于刘某的法定继承人,他们取得遗产并不是基于遗嘱继承,而是基于遗赠。

六、遗嘱信托

(一) 遗嘱信托的概念

遗嘱信托是指通过遗嘱这种法律行为而设立的信托,也叫死后信托,当委托人以立遗嘱的方式,把财产交付信托时,就是遗嘱信托。它是指委托人预先以立遗嘱的方式,将财产的规划内容,包括交付信托后遗产的管理、分配、运用及给付等,详细订立在遗嘱中。等到遗嘱生效时,再将信托财产转移给受托人,由受托人依据信托的内容,即委托人遗嘱所交办的事项,管理处分信托财产。与金钱、不动产或有价证券等个人信托业务比较,遗嘱信托最大的不同点在于,遗嘱信托是在委托人死亡后才生效。

《民法典》第 1133 条第 4 款明确规定,自然人可以依法设立遗嘱信托。

(二) 遗嘱信托的特点

(1)延伸个人意志,妥善规划财产。

(2)以专业知识及技术规划遗产配置。

(3)避免继承人争遗产、产生纠纷。

(4)结合信托,避免传统继承事务处理的缺点。

(三) 遗嘱信托的种类

遗嘱信托分为执行遗嘱和管理遗产两种业务。

(1)执行遗嘱信托是信托机构在受托之后,根据遗嘱或有关的人民法院裁决,在遗嘱人死亡后,代遗嘱人办理债权债务的收取和清偿,遗嘱物品交付以及遗产的处理和分割等有关遗嘱的执行事宜。

(2)管理遗产信托是信托机构受遗嘱人或人民法院委托,在某一时期内代为管理遗产的一种信托业务。

第五节　遗赠扶养协议

一、遗赠扶养协议的概念

遗赠扶养协议是指扶养人与被扶养人之间订立的,由扶养人承担被扶养人的生养死葬义务,被扶养人将自己的个人财产在其死亡后赠与扶养人的协议。《民法典》第 1158 条规定,自然人可以与继承人以外的组织或者个人签订遗赠扶养协议。按照协议,该组织或者个人承担该自然人生养死葬的义务,享有受遗赠的权利。

公民可以与集体所有制组织签订遗赠扶养协议。按照协议,集体所有制组织承担该公民生养死葬的义务,享有受遗赠的权利。

根据《民法典》继承编的规定,遗赠扶养协议可分为以下两类。

(1)自然人之间的遗赠扶养协议。

(2)自然人与集体所有制组织之间的遗赠扶养协议。

二、遗赠扶养协议的特征

1. 遗赠扶养协议是双方法律行为

遗赠扶养协议是扶养人与被扶养人经过协商一致订立的,其订立、变更、解除和履行等行为是双方民事行为,是一种合同关系。

2. 遗赠扶养协议是双务、有偿法律行为

遗赠扶养协议是双务、有偿行为,被扶养人赠与扶养人遗产的义务与扶养人的扶养

义务互为对待给付。被扶养人享有受扶养的权利，但同时应当承担生前妥善保管遗赠财产并在死后将财产转移给扶养人所有的义务；扶养人享有在遗赠人死后取得遗赠财产的权利，但必须承担对遗赠人生养死葬的义务。扶养与遗赠这两部分内容相互依存，任何一方都不能无偿取得对方的财产。

3. 遗赠扶养协议是诺成、要式民事法律行为

遗赠扶养协议自双方协商一致即可成立，是一种诺成性的法律行为，不以标的物给付为要件。遗赠扶养协议应当采用书面形式，是要式法律行为。

4. 遗赠扶养协议内容的实现有阶段性

扶养人义务自遗赠扶养协议生效之日起就应当履行扶养被扶养人的义务，而遗赠的内容只能于被扶养人死亡后实现。

三、遗赠扶养协议解除的法律后果

自然人与继承人以外的个人或组织签订了遗赠扶养协议之后，可能因各种原因而解除协议。为了明确协议解除的法律后果，《民法典继承编解释（一）》第 40 条对此作出了规定。具体分为两种情况。

（1）扶养人"无正当理由不履行，导致协议解除的，不能享有受遗赠的权利，其支付的供养费用一般不予补偿"。例如，遗赠人突然患重病，扶养人无正当理由，拒绝再照顾遗赠人。

（2）因"遗赠人无正当理由不履行，导致协议解除的，则应当偿还继承人以外的组织或者个人已支付的供养费用。"

🔖 **小贴士**

集体组织对"五保户"实行"五保"的法律要求

集体组织对"五保户"实行"五保"时，双方有扶养协议的，按协议处理；没有抚养协议，死者有遗嘱继承人或法定继承人要求继承的，按遗嘱继承或法定继承处理，但集体组织有权要求扣回"五保"费用。

扶养人或集体组织与公民订有遗赠扶养协议，扶养人或集体组织无正当理由不履行，致协议解除的，不能享有受遗赠的权利，其支付的供养费用一般不予补偿；遗赠人无正当理由不履行，致协议解除的，则应偿还扶养人或集体组织已支付的供养费用。

四、遗赠扶养协议与遗赠的区别

遗赠扶养协议与遗赠都是财产所有人对自己的财产在生前作出处分，在死后实现财产所有权转移的行为，但是两者仍具有以下区别。

（1）遗赠扶养协议是双方法律行为，必须是扶养人与被扶养人协商一致。在被扶养人死亡时,其财产由扶养人取得。遗赠是单方法律行为,遗赠的意思表示采用遗嘱形式。接受遗赠的是遗赠人指定的国家、集体和法定继承人以外的组织、个人。

(2)遗赠扶养协议中的扶养人可以是自然人,也可以是组织,必须是完全民事行为能力人或集体组织,能够履行对被扶养人的生养死葬义务。遗赠中的受遗赠人可以是完全民事行为能力的人,也可以是无民事行为能力人或限制民事行为能力人。

(3)被扶养人依法签订的遗赠扶养协议在其生前生效,扶养人接受其遗赠是于被扶养人死亡时生效,遗赠扶养协议是将生前生效行为和死后生效行为相结合。遗赠属于遗赠人死后生效的行为。

(4)遗赠扶养协议是双务有偿行为。遗赠是无偿的行为,受遗赠人无须因遗赠而向被继承人支付对价。

(5)遗赠扶养协议中的扶养人与遗赠中的受遗赠人接受、放弃权利的规定不同。遗赠扶养协议中扶养人的权利只能在被扶养人死亡时实现,依据与扶养人所订立的遗赠扶养协议取得遗赠人的财产。遗赠中的受遗赠人应当在知道受遗赠后60日内,作出接受或者放弃受遗赠的表示,到期没有表示的,视为放弃受遗赠。

【案例 10-6】

2021年,85岁的梁某,老伴和子女都已去世,年老体弱,生活拮据,欲立一份遗赠扶养协议,死后将3间房屋送给生活上帮助自己的人,梁某的外孙女、外甥、干儿子和邻居张大妈都想当扶养人。

问:梁某该怎么办?

【解析】

依照《民法典》的规定:"父母已经死亡的孙子女、外孙子女对祖父母、外祖父母有赡养的义务。"因此,梁某的外孙女有赡养外祖父梁某的义务,梁某的外孙女不能做遗赠扶养协议的扶养人。

依照《民法典》的规定,干儿子仅是民间习俗名义上的子女,与梁某不是法律上的养父母与养子女的关系,干儿子能做遗赠扶养协议的扶养人。外甥和邻居张大妈对梁某没有法律上的扶养义务,因此可以做遗赠扶养协议的扶养人。

【引导案例解析】

(1)本案有两份遗嘱,一份口头遗嘱,一份书面遗嘱,如果两份遗嘱都有效,应当以最后一份遗嘱为准。郭某在弥留之际的口头遗嘱,必须有两个以上见证人在场见证。郭甲、郭乙及郭某的女儿郭丙都不能成为遗嘱见证人,只有护士小王可以成为遗嘱见证人。不符合有两个以上见证人在场见证的法律规定,所以这份口头遗嘱是无效的。只能以书面遗嘱为准。

(2)该书面遗嘱部分有效。根据我国《民法典》第1141条的规定,遗嘱应当为缺乏劳动能力又没有生活来源的继承人保留必要的遗产份额。这一规定属于强行性规定。郭某的遗嘱取消了缺乏劳动能力又没有生活来源的继承人女儿郭丙的继承权的部分,属无效。遗产处理时,应当为该继承人留下必要的遗产,所剩余的部分,才能参照遗嘱确定的分配原则处理。

📝【复习思考题】

一、简答题

1. 什么是遗嘱?遗嘱有效的条件是什么?

2. 简述我国《民法典》继承编规定的遗嘱的形式。

3. 简述遗嘱继承的特征。

4. 遗嘱变更或者撤回的种类有哪些?

5. 简述遗赠和遗赠扶养协议制度。

6. 遗赠扶养协议与遗赠的区别是什么?

二、不定项选择题

1. 甲妻病故,膝下无子女,养子乙成年后常年在外地工作。甲与村委会签订遗赠扶养协议,约定甲的生养死葬由村委会负责,死后遗产归村委会所有。后甲又自书一份遗嘱,将其全部财产赠与侄子丙。甲死后,乙就甲的遗产与村委会以及丙发生争议。对此,下列(   )选项是正确的。

A. 甲的遗产应归村委会所有

B. 甲所立遗嘱应予撤销

C. 村委会、乙和丙共同分割遗产,村委会可适当多分

D. 村委会和丙平分遗产,乙无权分得任何遗产

2. 下列(   )行为可引起放弃继承权的后果。

A. 张某口头放弃继承权,本人承认

B. 王某在遗产分割后放弃继承权

C. 李某以不再赡养父母为前提,书面表示放弃其对父母的继承权

D. 赵某与父亲共同发表书面声明断绝父子关系

3. 遗嘱继承是在(   )的范围内指定继承人的继承。

A. 遗嘱继承人   B. 法定继承人   C. 亲属   D. 近亲属

4. 在立遗嘱后,遗嘱人实施与遗嘱内容相反的民事法律行为的,视为对遗嘱相关内容的(   )。

A. 有效承认   B. 撤销   C. 变更   D. 撤回

5. 遗嘱应当对( )保留必要的遗产份额。

A. 年迈的父母   B. 未成年的子女

C. 没有生活来源的继承人   D. 缺乏劳动能力的继承人

6. 下列人员不能作为遗嘱见证人的是( )。

A. 继承人的债务人   B. 继承人的债权人

C. 继承人的合伙人   D. 继承人的同学

三、案例分析题

王某与妻子张某育有二子,长子王甲,次子王乙。王甲娶妻李某,并于 2016 年生有一子王小甲。王甲于 2020 年 5 月遇车祸身亡。王某于 2021 年 10 月病故,留有与张某婚后修建的房屋 6 间。

试分析:该 6 间房屋应如何分配?

第十一章　继承的开始与遗产的处理

【学习目标】

1. 掌握继承开始的时间,遗产管理人的选任与职责,遗产的保管,遗产债务清偿与遗产分割。

2. 理解继承开始时间的确定,遗产管理人的责任,无人承受遗产的认定。

3. 了解继承的开始原因,继承开始的地点,遗产管理人的报酬,无人承受遗产的归属。

【引导案例】

徐某和刘某结婚后生有一女。2021 年 9 月,徐某去世,留有个人财产价值共计 100 万元。徐某生前立有遗嘱,将价值 50 万元的房产留给女儿,将价值 10 万元的汽车留给侄子。遗嘱未处分的剩余 40 万元存款由妻子刘某与女儿按照法定继承各分得一半。遗产处理完毕后,张某告知刘某等继承人,徐某去世前 1 年曾向其借款,本息累计 70 万元至今未还。经查,张某所言属实,此借款系徐某个人债务。

第一节　继承的开始

一、继承开始的原因

死亡是继承开始的唯一原因。民法上的死亡包括自然死亡,即生理死亡与推定死亡,即宣告死亡。

二、继承开始的时间

我国《民法典》第 1121 条第 1 款规定,继承从被继承人死亡时开始。《民法典继承编解释(一)》第 1 条第 1 款规定,继承从被继承人生理死亡或者被宣告死亡时开始。被继承人的死亡时间,就是继承开始的时间,从而认定继承开始的时间实际上就是确认被继承人的死亡时间。

继承开始的时间,是引起继承法律关系的法律事实产生之时,只有在继承开始时生存的人才能成为继承人。

在法律上认定和把握继承开始的时间,具有以下几方面的意义:一是确定继承人的范围;二是确定遗产的范围;三是界定继承人的顺序和应继份额;四是确定遗产所有权的转移;五是确定丧失继承权、放弃继承权以及遗产分割的效力起算点;六是确定20年最长时效的起算点。

三、继承开始时间的确定

(一)自然死亡时间的确定

自然死亡是指公民的生命的终结。关于公民自然死亡的时间,有不同的学说,如呼吸停止说、脉搏停止说、心脏搏动停止说等。我国法律目前采取综合标准说,即将自发呼吸停止、心脏搏动停止、瞳孔反射机能停止作为自然死亡的时间。

具体的继承开始时间可按下列情况确定。

(1)医院死亡证书中记载自然人死亡时间的,以死亡证书中记载的为准。

(2)户籍登记册中记载自然人死亡时间的,应当以户籍登记的为准。

(3)死亡证书与户籍登记册的记载不一致的,应当以死亡证书为准。

(4)继承人对被继承人的死亡时间有争议的,应当以人民法院查证的时间为准。

(5)《民法典》第15条规定,自然人的出生时间和死亡时间,以出生证明、死亡证明记载的时间为准;没有出生证明、死亡证明的,以户籍登记或者其他有效身份登记记载的时间为准。有其他证据足以推翻以上记载时间的,以该证据证明的时间为准。根据上述规定可以看出,《民法典》确立了以死亡证明为自然人死亡的首要证据原则。

(二)宣告死亡时间的确定

宣告死亡是指自然人离开自己的住所,下落不明达到法定期限,人民法院经利害关系人的申请,依法宣告失踪人死亡的法律制度。

根据我国《民法典》的规定,宣告死亡须具备下列条件。

1. 自然人下落不明须达到法定期限

下落不明是指自然人离开最后居住地没有音讯的状况。按照我国《民法典》第46条的规定,自然人有下列情形之一的,利害关系人可以向人民法院申请宣告该自然人死亡:(1)自然人下落不明满4年;(2)因意外事件,下落不明满2年。因意外事件下落不明,经有关机关证明该自然人不可能生存的,申请宣告死亡不受2年时间的限制。

2. 宣告死亡的申请须由利害关系人提出

宣告失踪人死亡,必须由与失踪人有利害关系的人提出申请。没有利害关系人的申请,人民法院不得对失踪人作出死亡宣告。《民法典》没有对申请宣告死亡的利害关系人的顺序作出限制。《民法典》第47条规定,对同一自然人,有的利害关系人申请宣告死亡,有的利害关系人申请宣告失踪,符合本法规定的宣告死亡条件的,人民法院应当宣告死亡。

3. 死亡宣告须由人民法院作出

宣告死亡必须由人民法院作出,才能具有法律效力,任何单位和个人都无权宣告公民死亡。

根据我国《民事诉讼法》的规定,人民法院受理宣告失踪、宣告死亡案件后,应当发出寻找下落不明人的公告。宣告失踪的公告期间为 3 个月,宣告死亡的公告期间为 1 年。因意外事故下落不明,经有关机关证明该公民不可能生存的,宣告死亡的公告期间为 3 个月。公告期间届满,人民法院应当根据被宣告失踪、宣告死亡的事实是否得到确认,作出宣告失踪、宣告死亡的判决或者驳回申请的判决。

宣告死亡的时间的确定。《民法典继承编解释(一)》第 1 条第 2 款规定,宣告死亡的,根据《民法典》第 48 条规定确定的死亡日期,为继承开始的时间。

 小贴士

死亡日期的确定

《民法典》第 48 条规定:"被宣告死亡的人,人民法院宣告死亡的判决作出之日视为其死亡的日期;因意外事件下落不明宣告死亡的,意外事件发生之日视为其死亡的日期。"

(三) 特殊情况下死亡时间的推定

两个以上互有继承权的人在同一事故中死亡,如果不能确定死亡先后时间的,则各死亡人的死亡时间应当如何确定,这是一个直接影响继承人利益的重要问题。

我国《民法典》对此作出了明确规定,确定了死亡在先和同时死亡相结合的推定制。《民法典》第 1121 条第 2 款规定,相互有继承关系的数人在同一事件中死亡,难以确定死亡时间的,推定没有其他继承人的人先死亡。都有其他继承人,辈份不同的,推定长辈先死亡;辈份相同的,推定同时死亡,相互不发生继承。

四、继承开始的地点

继承开始的地点是指继承人参与继承法律关系,行使继承权,接受遗产的场所。

我国《民法典》对继承开始的地点未作规定,但依据《民事诉讼法》的规定,因继承遗产纠纷提起的诉讼,由被继承人死亡时住所地或者主要遗产所在地人民法院管辖。由此可推断出我国继承开始的地点应是被继承人死亡时的住所地(或称生前最后住所地)或者主要遗产所在地,这是一种住所地主义和财产所在地主义的兼采模式。

现实生活中,人的空间流动范围很广,被继承人死亡后,由于种种原因,有的继承人甚至遗嘱执行人可能不知道继承开始的事实。因此,被继承人死亡后,应当进行继承开始的通知,将被继承人死亡的事实通知各继承人或遗嘱执行人,以便继承人及时知道并行使其继承权,参与死者后事的处理。对此,我国《民法典》第 1150 条明确规定:"继承开始后,知道被继承人死亡的继承人应当及时通知其他继承人和遗嘱执行人。继承人中无人知道被继承人死亡或者知道被继承人死亡而不能通知的,由被继承人生前所在单位或者住所地的居民委员会、村民委员会负责通知。"

五、遗产管理人制度

(一) 遗产管理人的概念

遗产管理人是指对去世之人的财产进行清理、保存、管理和分配的人,并在管理过程中防止遗产遭受转移、隐藏、侵占、变卖等侵害行为发生。

法律除了规定遗产管理人之外,还规定了遗产保管人、遗嘱执行人。遗产管理人兼具并包含了遗产保管人和遗嘱执行人的内涵,遗产管理人的内容更为丰富和具体。遗产保管人仅是对遗产尽到合理保存义务即可,遗产管理人除了保管遗产外,还须承担其他诸多职责。而遗嘱执行人则有权执行遗嘱人所订立的遗嘱,使遗嘱内容得以实现。因此遗嘱执行人只适用于遗嘱继承,而遗产管理人可以适用法定继承、遗嘱继承和无人继承遗产等各种情形。法律设立遗产管理人制度是为了确保遗产得到妥善管理、顺利分割,更好地维护继承人、债权人利益,减少和避免纠纷。

(二) 遗产管理人的选任

《民法典》第 1145 条规定,继承开始后,遗嘱执行人为遗产管理人;没有遗嘱执行人的,继承人应当及时推选遗产管理人;继承人未推选的,由继承人共同担任遗产管理人;没有继承人或者继承人均放弃继承的,由被继承人生前住所地的民政部门或者村民委员会担任遗产管理人。

对遗产管理人的确定有争议的,利害关系人可以向人民法院申请指定遗产管理人。

(三) 遗产管理人的职责

法律明确遗产管理人的职责,有利于继承人、债权人等监督遗产管理人充分履职。依照《民法典》的规定,遗产管理人应当履行下列职责。

(1)清理遗产并制作遗产清单。遗产管理人对于由其管理或应由其管理的遗产应当进行清点,并登记造册、制作遗产清单。履行该项职责便于遗产管理,防止遗产散失;便于计算遗产的价值及清算移交遗产;便于继承人或利害关系人随时查阅。

(2)向继承人报告遗产情况。

(3)采取必要措施防止遗产毁损、灭失。

(4)处理被继承人的债权债务。

(5)按照遗嘱或者依照法律规定分割遗产。

(6)实施与管理遗产有关的其他必要行为。

实践中,为了减少纠纷,维护被继承人、继承人、债权人的合法权益,也由于人们的财产形式逐渐多样性和复杂化,继承人应当与遗产管理人签订书面协议,详细约定相关权利义务。

（四）责任

遗产管理人应当依法履行职责,因故意或者重大过失造成继承人、受遗赠人、债权人损害的,应当承担民事责任。

（五）报酬

遗产管理人可以依照法律规定或者按照约定获得相应的报酬。

六、遗产的保管

（一）遗产保管人的概念

存有遗产的人应当妥善保管遗产。存有遗产的人是指被继承人死亡时,实际控制遗产的人。存有遗产而且负责保管的人称为遗产保管人。遗产保管人既可以是继承人,也可以是执行人,还可以是其他人。我国《民法典》第 1151 条规定:"存有遗产的人,应当妥善保管遗产,任何组织或者个人不得侵吞或者争抢。"

（二）遗产保管人的特征

根据《民法典》的规定,遗产保管人具有以下特征。

(1)被继承人去世时存有遗产的人,都是遗产保管人。

(2)妥善保管遗产是遗产保管人的法定义务。

(3)遗产保管人对于遗产的权利限于保管,没有使用、收益、处分的权利。

(4)遗产保管人对于遗产的保管期止于该遗产移交至合法权利人。

遗产保管人应对遗产妥善保管,非经全体继承人同意,不得使用、处分遗产。保管人不称职的,可经继承人或其他利害关系人的申请而更换。保管遗产所花的费用,最后从遗产的价值中扣除。保管人侵吞或故意损坏遗产的,继承人、被继承人生前债权人可向法院起诉,要求返回或赔偿损失。

💥 **小贴士**

关于遗产保管人国外立法例

确定遗产保管人,在国外代表性的做法有两种:一是由全体共同继承人作为遗产保管人;二是由有关机关指定遗产保管人。

第二节　遗产债务清偿与遗产分割

一、被继承人生前债务的清偿

被继承人生前债务是指被继承人生前以个人名义欠下的,完全用于被继承人个人生产、生活需要所负的债务或其他依法应由其个人承担法律责任的债务。其集中表现是两类:一是依法应当缴纳的税款;二是民事债务。继承遗产与清偿债务相统一,是现代继承法律的基本要求。

(一)被继承人生前债务的范围

认定被继承人生前债务的范围,是落实清偿责任的前提。为此,要注意区分三类不同性质的债务,以下三类债务不属于被继承人的个人债务。

1. 共同债务

共同债务通常有两种:一是被继承人与他人共同从事生产经营活动所产生的债务,如合伙企业债务;二是家庭成员共同生产、生活而产生的共同债务。

2. 由于继承人的原因而形成的债务

此类债务通常包括三种情形:一是为家庭生活需要而负债,其他家庭成员从中受益;二是被继承人已无法律上的扶助、供养义务,但为了某继承人结婚成家、求学建房等原因而负债,完全用于继承人的需要;三是由于继承人不尽扶养、抚养、赡养义务,使被继承人迫于生活需要而欠债。

3. 继承费用和丧葬费用

继承费用是因遗产的管理、分割和执行遗嘱等程序性活动而支出的必要费用,这些费用应首先直接从遗产中支付,即具有遗产优先偿付的效力,不能纳入被继承人的生前债务之中。

(二)遗产债务的清偿方式

1. 一般情况下遗产债务的清偿方式

根据我国《民法典》第1159条的规定,分割遗产,应当清偿被继承人依法应当缴纳的税款和债务;但是,应当为缺乏劳动能力又没有生活来源的继承人保留必要的遗产。也就是说,继承遗产应当先清偿遗产债务,只有在特殊情况下才可以在分割遗产后再解决遗产债务的问题。

先清偿遗产债务后分割遗产的方式,就是由遗产管理人或者遗嘱执行人、共同继承人对死者所有债务进行清算,并将相当于遗产债务数额的遗产交付给债权人,然后共同继承人才能按照各自的应继承份额分割剩余的遗产。如果有受遗赠人的,共同继承人应当在受遗赠人取得受遗赠财产后再分割。

2. 既有法定继承又有遗嘱继承、遗赠时税款和债务的清偿方式

应由法定继承人在所得遗产的实际价值范围内负责清偿被继承人的债务。依据《民法典》第1163条的规定,既有法定继承又有遗嘱继承、遗赠的,由法定继承人清偿被继承人依法应当缴纳的税款和债务;超过法定继承遗产实际价值部分,由遗嘱继承人和受遗赠人按比例以所得遗产清偿。

(1)法定继承和遗嘱继承虽然都是继承法所规定的继承方式,但是遗嘱继承的效力

优先于法定继承,因为遗嘱继承是最能体现被继承人意愿的一种继承方式。先让法定继承人用所得遗产清偿债务,尊重了被继承人的意愿。

(2)法定继承人用所得遗产不足以清偿时,剩余的债务由遗嘱继承人和受遗赠人按比例用所得遗产偿还。这里所称的按比例偿还债务,是指遗嘱继承人和受遗赠人各自按照取得遗产份额的比例分摊被继承人的尚未清偿的债务。当然,遗嘱继承人和受遗赠人清偿债务亦可以所得遗产的实际价值为限,超过遗产的实际价值的部分,可以不再清偿。

3. 遗产上设定担保物权时的清偿方式

根据《民法典》的有关规定,债权人已在遗产上设定抵押权、质权、留置权等担保物权的债权,应当优先以该担保物(遗产)予以清偿,如还有剩余的价值,才能用以清偿未设定担保物权的普通债权。如果该担保物(遗产)不能使优先受偿的债权获得清偿时,则不能受偿的部分并入普通债权。如果遗产不能使全部普通债权受偿,应由债权人按普通债权数额所占剩余遗产的比例受偿。

(三)遗产债务的清偿原则

根据《民法典》继承编的规定及长期形成的司法实践经验,清偿被继承人生前所负债务,应遵循以下原则。

1. 接受继承与承担债务清偿责任相统一原则

继承人表示接受继承,是财产权利与财产义务的一并接受。接受继承的继承人同时依法接受了债务清偿责任;放弃继承的继承人不承担债务责任。《民法典》第 1161 条第 2 款规定:"继承人放弃继承的,对被继承人依法应当缴纳的税款和债务可以不负清偿责任。"

2. 限定继承原则

接受继承的继承人不是对被继承人生前债务无限负责,而是在其继承遗产的价值范围内承担清偿责任。《民法典》第 1161 条第 1 款规定,继承人以所得遗产实际价值为限清偿被继承人依法应当缴纳的税款和债务。超过遗产实际价值部分,继承人自愿偿还的不在此限。

3. 特殊保护原则

限定继承旨在协调继承人和债权人之间的利益矛盾。如果继承人是无劳动能力又没有生活来源的人,还要给予特殊照顾。按照《民法典》第 1159 条的规定,分割遗产,应当清偿被继承人依法应当缴纳的税款和债务;但是,应当为缺乏劳动能力又没有生活来源的继承人保留必要的遗产。

4. 清偿债务优先于执行遗赠原则

遗赠实际上是被继承人在其遗产上设立的死后债务,其效力应后位于被继承人的生前债务。所以,遗赠是否得以实现,应取决于被继承人的遗产是否足以清偿其生前债务。

只有在被继承人的遗产清偿其生前债务后尚有余额时,才能执行遗赠。《民法典》明确规定,执行遗赠不得妨碍清偿遗赠人依法应当缴纳的税款和债务。

5. 不同顺位的债务责任原则

依据《民法典》的规定,既有法定继承又有遗嘱继承、遗赠的,由法定继承人清偿被继承人依法应当缴纳的税款和债务;超过法定继承遗产实际价值部分,由遗嘱继承人和受遗赠人按比例以所得遗产清偿。

【案例 11-1】

何某有三个儿子和一个女儿。2021年8月,何某去世,留下一间价值60万元的房屋和40万元的现金。何某生前立有遗嘱,40万元现金由四个子女平分,房屋的归属未作处理。何某的女儿主动提出放弃对房屋的继承权,于是三个儿子将房屋变卖,每人分得20万元。现债权人主张何某生前曾向其借款120万元,并有借据为证。

问:何某所欠债务应当如何偿还?

【解析】

根据《民法典》第1159条、第1161条的规定,在本案中,被继承人所有的遗产总和价值是100万元,继承人仅需要在继承100万元的财产范围内承担还债责任,对于剩余的20万元债务,四人可以不予清偿,当然如果有继承人自愿清偿的,法律也不禁止。

本案中,何某的女儿放弃了对房屋的继承,仅继承了现金10万元,因此,她仅需要对债权人负担偿还10万的义务。在遗产实际价值范围内还应偿还的90万元,由何某的三个儿子平均分担,每人负责偿还30万元。

二、遗产的分割

在继承关系的运行中,由于继承人的多数性和继承开始至取得应继份额的时差性,必然发生多个继承人对遗产共有一段时间之后才对遗产进行实际分割,从而分割遗产成为继承的终局性重要环节。

(一) 区分被继承人的个人财产与共同财产,界定遗产的范围

在现实生活中,被继承人生前基于生产经营活动和家庭共同生活,往往与配偶、家庭成员或其他民事主体发生财产共有关系。被继承人死亡后,其遗产也不可避免地与他人财产交织在一起。这种财产交织或共有的情形一般有四种。

(1)夫妻共有财产,即婚姻关系存续期间所有的财产和婚前财产经过特定时期转化而成的共同财产。

(2)家庭成员之间在长期的共同生活或生产中的共同财产。

(3)被继承人生前作为主体之一参与投资、经营活动而形成的团体性共同财产。

(4)在市场交易中,基于某些交易行为而产生的共同财产。

由于这些共同财产在被继承人生前未进行有效分割,因此,在继承开始后的遗产分割时,必须查明共同财产的状况,明确共有人的权利义务,确定被继承人在共有财产中的实物性或价值性份额,再归入被继承人的遗产中,最终界定被继承人的遗产总量。

(二) 严格遵循遗产分割的原则

根据《民法典》第 1156 条第 1 款的规定,遗产分割应当有利于生产和生活需要,不损害遗产的效用。不宜分割的遗产,可以采取折价、适当补偿或者共有等方法处理。遗产分割应遵循以下原则。

1. 遗产分割自由的原则

共同继承人在继承开始后得随时要求分割遗产,除了被继承人以遗嘱禁止分割和继承人之间已有不分割的共同协议之外,任何一个继承人在继承开始后都可以随时请求分割遗产,其他继承人不得拒绝。

2. 协商处理的原则

协商处理是继承法关于遗产分割的操作性规则,不论分割时间、分割方法和分割份额,都可以由继承人主动灵活地自行协商确定。所以,《民法典》第 1132 条规定:"继承人应当本着互谅互让、和睦团结的精神,协商处理继承问题。遗产分割的时间、办法和份额,由继承人协商确定;协商不成的,可以由人民调解委员会调解或者向人民法院提起诉讼。"

3. 物尽其用的原则

《民法典继承编司法解释(一)》第 42 条规定:"人民法院在分割遗产中的房屋、生产资料和特定职业所需要的财产时,应当依据有利于发挥其使用效益和继承人的实际需要,兼顾各继承人的利益进行处理。"

遗产分割应当有利于生产和生活需要,不损害遗产的效用。尤其是针对房屋、生产资料和特定职业所需要的财产,要尽可能考虑物尽其用原则和继承人的实际需要。对于不宜分割的遗产,不得损害其效用及经济价值。如:对房屋的分割要照顾缺少住房的继承人;对生产工具的分割要照顾生产需要的继承人;对图书资料的分割要照顾从事有关业务的继承人;等等。

4. 保留胎儿继承份额的原则

在分割遗产时,如被继承人有尚未出生的胎儿,则应当为该胎儿保留应继份额。

《民法典》第 1155 条规定:"遗产分割时,应当保留胎儿的继承份额。胎儿娩出时是死体的,保留的份额按照法定继承办理。"《民法典继承编解释(一)》第 31 条规定:"应当为胎儿保留的遗产份额没有保留的,应从继承人所继承的遗产中扣回。为胎儿保留的遗产份额,如胎儿出生后死亡的,由其继承人继承;如胎儿娩出时是死体的,由被继承人的继承人继承。"

三、遗产分割的方式

根据《民法典》第 1156 条第 2 款的规定,不宜分割的遗产,可以采取折价、适当补偿或者共有等方法处理。

(一) 实物分割

遗产分割在不违反分割原则的情况下,可以采取实物分割的方式。适用实物分割的遗产,可以是可分物也可以是不可分物。对可分物,可以作总体的实物分割。如对粮食,可划分出每位继承人应继承的数量。但对不可分物,则不能作总体的分割,只能作个体的分割,如电视机、冰箱等。对不可分物不能作实物分割的,应当采取折价补偿的办法。

(二) 变价分割

对不宜实物分割的遗产,可以将其变卖,换取价金,再由各继承人按照自己应得的遗产份额的比例,对价金进行分割,各自取得与应得遗产份额相对应的价金。

(三) 折价补偿

对不宜分割的遗产,如果继承人中有人愿意取得该遗产,则由该继承人取得该遗产的所有权。取得遗产所有权的继承人按照其他继承人应继份的比例,分别补偿给其他继承人相应的价金。

(四) 继续保留共有的分割

遗产不宜实物分割,继承人又都愿意取得遗产,或继承人愿意继续保持遗产共有状况的,则可将其作为共同所有的财产,由各继承人按各自应得的遗产份额,确定该项财产所应享有的权利与应分担的义务。即将共同共有转为按份共有的分割方式。

人民法院或继承人在处理遗产分割问题时,要根据遗产的性能、种类、存在状况和继承人间的亲疏程度,合理选择分割方法。

【案例 11-2】

赵女士与丈夫孙某于 2015 年 3 月在江苏省 A 市登记结婚。2019 年,孙某以自己的名义购买了 A 市某住宅小区建筑面积为 45.08 平方米的 408 室房屋,并办理了房屋产权登记。由于婚后两人一直没有孩子,2021 年 1 月 30 日,赵女士和丈夫孙某共同与 A 市医院生殖遗传中心签订了一份人工授精协议书,同意借助精子库对赵女士实施人工授精。人工授精后,赵女士如愿怀孕了。怀上自己的孩子,让赵女士开心不已。

丈夫孙某却心情复杂,面对一个与自己没有血缘关系的孩子,他不知道该如何接受。赵女士怀孕 3 个月后,丈夫孙某因病住院。经医院检查得知,孙某患上了癌症。查出癌症后,孙某思前想后,向妻子表示不想要这个孩子了。可是赵女士坚决不同意人工流产,执意要把孩子生下来。

　　身体每况愈下的孙某决定立遗嘱,以阻止孩子生下来后继承自己的遗产。2021年5月20日,孙某在医院立下自书遗嘱,声明自己不要这个人工授精生下的孩子,并将当初购买的408室房屋赠与了自己的父母。立完遗嘱3天后,孙某病故。2021年10月22日,赵女士生下儿子童童。丈夫去世后,无业的赵女士带着童童,每月只能领取A市最低生活保障金,生活十分艰难。赵女士希望孙某父母能看在她和孩子的份上,将丈夫的一部分遗产分给她,以抚养孩子,但遭到孙某父母的拒绝。孙某的父母认为,童童并非孙家血脉,不应分得儿子的遗产。

　　赵女士将公公、婆婆告上了法院。

　　问:(1)童童是否算孙某和赵女士夫妇的婚生子女?

　　(2)在孙某留有遗嘱的情况下,应对408室房屋如何析产继承?

【解析】

　　本案中赵女士与孙某夫妻同意人工授精,则赵女士所生孩子属婚生子女。人工授精胎儿也有继承权,只要在夫妻关系存续期间,夫妻双方同意通过人工授精生育子女,所生子女均应视为婚生子女。按照《民法典》的规定,孙某在遗嘱中否认与赵女士所怀胎儿的亲子关系,是无效民事行为。

　　人民法院认为,孙某留有遗嘱,本应按遗嘱办理,但是该份遗嘱部分有效。孙某生前购买的房产是夫妻共同财产,孙某死后,该房的一半应归赵女士所有,另一半才能作为孙某的遗产,进行继承分割。孙某在遗嘱中将房产全部处分给其父母,侵害了妻子赵女士的财产权,遗嘱的这部分应属无效条款。

　　《民法典》继承编规定:"遗嘱应当为缺乏劳动能力又没有生活来源的继承人保留必要的遗产份额"。孙某在立遗嘱时,明知其妻子腹中的胎儿即将出生,却没有为胎儿保留必要的遗产份额,该部分遗嘱内容属无效内容。

　　人民法院经对涉案房屋进行评估,确认涉案408室房屋的房产价值19.3万元。涉案的408室房屋归原告赵女士所有,赵女士于判决生效之日起30日内,给付其儿子33442.4元,该款由孩子的法定代理人赵女士代为保管;同时,赵女士向公婆分别支付房屋折价补偿款33442.4元和41942.4元。

第三节　无人承受遗产的处理

一、无人继承遗产的认定

　　无人继承的遗产是指没有继承人或受遗赠人承受的遗产。换言之,无人继承的遗产,即被继承人死亡时,承受遗产的继承人、受遗赠人或其他权利主体在事实上或法律上发生空缺,从而无人承受的遗产。其发生和存在的具体情形有如下几种。

(1)没有法定继承人,又无遗嘱指定受遗赠人,也未签订遗赠扶养协议的。

(2)没有继承人,虽有遗赠但受遗赠人先于被继承人死亡。

(3)继承人、受遗赠人均放弃继承权、受遗赠权。

(4)继承人、受遗赠人依法丧失其权利。

(5)没有继承人,而遗赠又未处分全部遗产。

🪶 小贴士

关于无人承受遗产的国外立法例

继承权主义,即主张国家作为无人承受遗产的法定继承人而取得遗产,如德国。

先占权主义,即主张国家有先占取得无人承受遗产的权利,如法国、英国、美国、奥地利等。

二、无人继承遗产的归属

我国《民法典》第1160条规定,无人继承又无人受遗赠的遗产,归国家所有,用于公益事业;死者生前是集体所有制组织成员的,归所在集体所有制组织所有。

《民法典继承编解释(一)》第41条规定:"遗产因无人继承又无人受遗赠,归国家或者集体所有制组织所有时,按照《民法典》第1131条规定可以分给适当遗产的人提出取得遗产的诉讼请求,人民法院应当视情况适当分给遗产。"据此,无人继承遗产的归属有两类。

(1)遗产既无人继承又无人受遗赠,归属于国家所有,并用于公益事业。

(2)死者生前属于集体所有制组织成员的,其遗产归属集体所有制组织所有。

🚩【引导案例解析】

根据《民法典》第1163条的规定:"既有法定继承又有遗嘱继承、遗赠的,由法定继承人清偿被继承人依法应当缴纳的税款和债务;超过法定继承遗产实际价值部分,由遗嘱继承人和受遗赠人按比例以所得遗产清偿。"

本案中,徐某的女儿继承50万元的房产属于遗嘱继承,徐某的侄子继承10万元的汽车属于受遗赠,刘某和徐某的女儿对40万元存款的继承属于法定继承。因此在本案中,法定继承、遗嘱继承和遗赠都存在,根据《民法典继承编解释(一)》的规定,应当先由法定继承人用其所得的遗产(40万元存款)偿还债务,即刘某和徐某的女儿各自承担20万元债务;剩余的30万元债务由遗嘱继承人徐某的女儿和受遗赠人徐某的侄子按照所得遗产的比例(5∶1)清偿,即徐某的女儿清偿25万元,徐某的侄子清偿5万元。

📝 【复习思考题】

一、简答题

1. 如何认定继承开始的时间和地点？

2. 确定被继承人死亡时间有何法律意义？

3. 简述遗产管理人的职责。

4. 分割遗产应遵行哪些原则？

5. 简述遗产分割的方式。

6. 简述无人继承遗产的归属。

二、不定项选择题

1. 继承从被继承人（　　）或（　　）时开始。

A. 生理死亡　　　　　B. 被宣告死亡　　　C. 非正常死亡　　　D. 宣告死亡

2. 遗产既无人继承又无人受遗赠，归属于（　　），并用于（　　）。

A. 国家所有　　　　　B. 公益事业　　　　C. 集体所有　　　　D. 慈善

3. 我国《民法典》第 1151 条规定："存有遗产的人，应当妥善保管遗产，任何组织或者个人不得（　　）或者（　　）。"

A. 侵吞　　　　　　　B. 侵占　　　　　　C. 哄抢　　　　　　D. 争抢

4. 被继承人生前债务的范围包括（　　）。

A. 被继承人生前个人债务与共同债务

B. 被继承人生前个人债务与由于继承人的原因而形成的债务

C. 被继承人债务与继承费用

D. 丧葬费用

5. 遗产分割的原则包括（　　）。

A. 遗产分割自由的原则　　　　　　　B. 协商处理的原则

C. 物尽其用的原则　　　　　　　　　D. 保留胎儿继承份额的原则

6. 遗产分割的方式包括（　　）。

A. 实物分割　　　　　　　　　　　　B. 变价分割

C. 折价补偿　　　　　　　　　　　　D. 继续保留共有的分割

三、案例分析题

2018 年，张利与王蔚结婚，两人婚后感情很好，生育了张芳和张瑞两个子女。2019年，张利开办了一家公司，经营效益良好。2021 年 1 月，张利与本公司的秘书胡晓同居，并同时向王蔚提出了离婚的请求。王蔚不同意，并找到胡晓希望其不要破坏他人的家庭。胡晓表示,她已经怀有身孕,所以不会离开张利。就在张利和王蔚为是否离婚的事情争执不休时,2021年9月5日,张利外出时因交通事故死亡。

经查,张利留有属于其个人的遗产是100万元。张利死后,胡晓找到王蔚要求代张利尚未出生的胎儿继承遗产。王蔚考虑到孩子是无辜的,因此表示同意在处理遗产时,为尚未出生的胎儿保留20万元的遗产,但王蔚提出,这部分遗产要等到胎儿出生后确认是活体时才能给付。

试分析:(1)如果胎儿出生时是死体的,为其保留的20万元遗产应如何处理?(2)如果胎儿出生24小时后死亡,为其保留的20万元遗产应如何处理?

第十二章　涉外婚姻家庭与继承法律制度

【学习目标】

1. 掌握涉外继承的特点和涉外收养的条件及程序,涉外婚姻家庭关系法律适用的一般原则。

2. 理解涉外婚姻结婚条件及登记程序。

3. 了解涉外婚姻家庭关系的概念和特征,涉外婚姻家庭关系适用的准据法。

【引导案例】

中国人严某与法国人罗丹在瑞士举行婚礼并定居在瑞士。婚后因感情不和,严某回到中国提起离婚诉讼。请求人民法院判令离婚,分割婚内共同财产。严某与罗丹的婚姻登记地是严某户籍所在地北京市。

第一节　涉外婚姻家庭法律制度

一、涉外婚姻家庭关系的概念、内容、特征

(一) 涉外婚姻家庭关系的概念

涉外婚姻家庭关系是指具有涉外因素的婚姻家庭关系,即婚姻家庭关系的主体一方或双方是外国人或者无国籍人或者引起婚姻家庭关系发生、变更或者消灭的法律事实发生在国外而产生的婚姻家庭关系。

在广义上,涉外婚姻家庭关系是指在中国境内,中国公民与外国人,或者外国人与外国人;以及在外国境内,中国公民与外国人,或者中国公民与中国公民的结婚、离婚、夫妻、父母子女、收养、扶养和监护等关系。

在狭义上,涉外婚姻家庭关系专指中国公民与外国人,或者外国人与外国人在中国的结婚、离婚、夫妻、父母子女、收养、扶养和监护等关系。

婚姻家庭法学中的涉外婚姻家庭关系,通常指的是狭义的涉外婚姻家庭关系。这里所讲的外国人,指一切具有外国国籍的人及无国籍人。具有外国国籍的人,包括外国血统的外国人、中国血统的外国人(外籍华人)以及定居我国的外国侨民。

(二) 涉外婚姻家庭关系的内容

一般认为,涉外婚姻家庭关系的范围包括涉外婚姻关系的成立及效力、涉外夫妻关系、涉外离婚关系的条件及效力、涉外父母子女关系及其他家庭关系。

《中华人民共和国涉外民事关系法律适用法》(以下简称《涉外民事关系法律适用法》)第三章对涉外婚姻家庭关系所涉及的涉外结婚的条件、手续,夫妻间的人身关系、财产关系,父母子女间的人身关系、财产关系,诉讼离婚,协议离婚,涉外收养的条件和程序、扶养关系及监护关系等作了全面、系统的规定。

(三) 涉外婚姻家庭关系的特征

1. 婚姻主体涉外

即涉外婚姻当事人涉及不同国家或地区,也就是说婚姻家庭关系的主体一方或双方是外国(境)人或者无国籍人。

2. 地域涉外

即来自同一国家的婚姻主体在其他国家或地区缔结婚姻或来自不同国家或地区的婚姻主体在一方所属国(境)或第三国(境)缔结婚姻。或者可以说,引起婚姻家庭关系发生、变更或者消灭的法律事实发生在国(境)外。

3. 法律适用涉外

即涉外婚姻的法律适用不同于国内法的适用,往往需要通过国际私法的冲突规范或者婚姻当事人所在国家或地区缔结或参加的国际公约的相关规定来处理。

🎋 小贴士

向香港高等法院申办继承香港亲属遗产的过程

香港以判例法为主,有关遗产继承的成文法也非常分散,如《遗嘱认证及遗产管理条例》《遗嘱条例》《无遗嘱者遗产条例》《遗产税条例》等,申请人应提供内地公证机关出具的公证文件、证明其本人与死者的关系,按香港有关法律执行。

内地居民向香港高等法院申办继承香港亲属遗产的过程是:

1. 由申请人或委托办理人清算死者遗产,并会同遗产税署人员清点死者名下保管箱财物,开列清点清单,并对不动产作估价。

2. 申报遗产总值,向税务局遗产税署申报遗产情况,领取遗产免税或完税证明。

3. 呈送法院检证。

(1)有遗嘱遗产——若死者生前按香港法例第30章《遗嘱条例》规定,立有有效遗嘱并委托遗嘱执行人(下称"执行人"),则执行人需要向高院呈交下列文件:①死者死亡证明书;②死者遗嘱原件及影印本;③税局签发之免税证或完税证原件;④执行人所作的誓章。

(2)无遗嘱遗产——由香港法例第10章附例《非诉讼性遗嘱检定规则》规定的优先

次序法定继承人向高院呈交下列文件：①死者死亡证明书；②税局签发之免税证或完税证原件；③由一名与死者及申请人没有亲属关系的成年人作宣誓申明与申请人相识时间及申请人和死者关系；④申请人作为合法遗产管理人的誓章；⑤由死者近亲（友人亦可）声明死者无留下遗嘱的誓章。

（3）外地到港办理——居外地人士申办香港遗产继承，可委托香港律师办理，也可签署授权书委托在港亲友或我司代向高院申办，若申请人为内地人士则须由内地公证处出具有关的公证文件证明其本人与死者的关系。

（4）小额遗产——遗产总值不超过港币 5 万元，申请人可在申领得税局签发的免税证后自行向高院申请简易承办。

4. 提取死者遗产

在向高院申领死者遗产管理证明书或遗嘱检定书后，凭该等文件向有关银行洽办结清户口和提取死者名字存款本息及保管箱内遗物，向股票登记处办理有关股票、股息及红股事宜，向田土厅办理房产转名登记手续。及后可以办理股票、黄金及房产出售。

5. 处理分配

首先须清还死者生前欠下的债项及殓葬费，办理遗产承办费用等后，方可依死者遗嘱或法定无遗嘱继承规定将遗产净额分配给各合法受益人。

二、涉外婚姻家庭的法律适用

（一）法律适用的一般原则

涉外婚姻家庭关系，因其具有涉外因素，在适用法律时需要解决两个或两个以上国家或地区的婚姻法的冲突问题。我国《民法典》没有设"涉外民事关系法律适用编"，婚姻家庭编收养一章对华侨和外国人的涉外收养作了特别规定。《婚姻登记条例》仅对在我国境内发生的涉外结婚、离婚、收养问题做了若干规定，并未全面地解决涉外婚姻家庭关系的法律适用问题。

《涉外民事关系法律适用法》第 2 条第 1 款规定："涉外民事关系适用的法律，依照本法确定。其他法律对外民事关系法律适用另有特别规定的，依照其规定。"虽然这一规定符合"特别规定优于一般规定"的原则，但如果立法者对于现行冲突规则应否继续适用不置可否，则会造成新旧冲突规则并存甚至相互抵触的局面。为此，《涉外民事关系法律适用法》第 51 条规定：《民法通则》（已废止）第 146 条、147 条和《继承法》（已废止）第 36 条"与本法的规定不一致，适用本法"。

《涉外民事关系法律适用法》确立了关于最密切联系原则，明确规定："涉外民事关系适用的法律，应当与该涉外民事关系有最密切联系。""本法或者其他法律对涉外民事关系的法律适用没有规定的，适用与该涉外民事关系有最密切联系的法律。"

考虑到当事人对民事权利享有处分权，并适应国际上当事人自行选择适用法律的范围不断扩大的趋势,该法明确规定了当事人可以选择适用的法律。同时也对当事人选择适用法律的范围作出了限制,明确规定:"中华人民共和国法律对涉外民事关系有强制性规定的,应当直接适用。"

《涉外民事法律关系适用法》注重保护弱方当事人的权益,在没有共同经常居所地的情形下,父母子女关系"适用一方当事人经常居所地法律或者国籍国法律中有利于保护弱者权益的法律"(第25条);扶养"适用一方当事人经常居所地法律、国籍国法律或者主要财产所在地法律中有利于保护被扶养人权益的法律"(第29条);监护"适用一方当事人经常居所在地法律或者国籍国法律中有利于保护被监护人权益的法律"(第30条)。

(二) 涉外婚姻家庭关系的准据法

处理涉外婚姻家庭法律关系需要确定具体的准据法,准据法是涉外婚姻家庭冲突规范指向的法律,是用以确定当事人之间权利义务的实体法。

1. 涉外结婚条件的准据法

《涉外民事关系法律适用法》第21条规定,结婚条件,适用当事人共同经常居所地法律;没有共同经常居所地的,适用共同国籍国法律;没有共同国籍,在一方当事人经常居所地或者国籍国缔结婚姻的,适用婚姻缔结地法律。

2. 涉外结婚手续的准据法

《涉外民事关系法律适用法》第22条规定,结婚手续,符合婚姻缔结地法律、一方当事人经常居所地法律或者国籍国法律的,均为有效。

3. 涉外夫妻人身关系的准据法

《涉外民事关系法律适用法》第23条规定,夫妻人身关系,适用共同经常居所地法律;没有共同经常居所地的,适用共同国籍国法律。

4. 涉外夫妻财产关系的准据法

《涉外民事关系法律适用法》第24条规定,夫妻财产关系,当事人可以协议选择适用一方当事人经常居所地法律、国籍国法律或者主要财产所在地法律。当事人没有选择的,适用共同经常居所地法律;没有共同经常居所地的,适用共同国籍国法律。

5. 涉外父母子女关系的准据法

《涉外民事关系法律适用法》第25条规定,父母子女人身、财产关系,适用共同经常居所地法律;没有共同经常居所地的,适用一方当事人经常居所地法律或者国籍国法律中有利于保护弱者权益的法律。

6. 涉外协议离婚的准据法

《涉外民事关系法律适用法》第26条规定,协议离婚,当事人可以协议选择适用一方当事人经常居所地法律或者国籍国法律。当事人没有选择的,适用共同经常居所地法律;没有共同经常居所地的,适用共同国籍国法律;没有共同国籍的,适用办理离婚手续机构所在地法律。

7. 涉外诉讼离婚的准据法

《涉外民事关系法律适用法》第27条规定,诉讼离婚,适用法院地法律。我国法律对涉外离婚以法院地法为准据法。中国公民同外国人离婚的诉讼,由我国法院受理的,适用中国法。在实体上适用我国《民法典》的有关规定,在程序上适用我国《民事诉讼法》的有关规定。中国公民同外国人的离婚诉讼,由我国以外的国家(地区)的法院受理的,适用相应的国家(地区)的法律。

8. 涉外收养的准据法

《涉外民事关系法律适用法》第28条规定,收养的条件和手续,适用收养人和被收养人经常居所地法律。收养的效力,适用收养时收养人经常居所地法律。收养关系的解除,适用收养时被收养人经常居所地法律或者法院地法律。

9. 涉外扶养的准据法

《涉外民事关系法律适用法》第29条规定,扶养,适用一方当事人经常居所地法律、国籍国法律或者主要财产所在地法律中有利于保护被扶养人权益的法律。

10. 涉外监护的准据法

《涉外民事关系法律适用法》第30条规定,监护,适用一方当事人经常居所地法律或者国籍国法律中有利于保护被监护人权益的法律。

🐾 **小贴士**

涉外继承的准据法

《涉外民事关系法律适用法》第31条规定,法定继承,适用被继承人死亡时经常居所地法律,但不动产法定继承,适用不动产所在地法律。第32条规定,遗嘱方式,符合遗嘱人立遗嘱时或者死亡时经常居所地法律、国籍国法律或者遗嘱行为地法律的,遗嘱均为成立。第33条规定,遗嘱效力,适用遗嘱人立遗嘱时或者死亡时经常居所地法律或者国籍国法律。第34条规定 遗产管理等事项,适用遗产所在地法律。第35条规定,无人继承遗产的归属,适用被继承人死亡时遗产所在地法律。

三、涉外婚姻

涉外婚姻是指含有涉外因素的结婚和离婚行为以及由此产生的涉外夫妻关系等。当中国公民与外国公民结婚或离婚、中国公民之间在国外结婚或离婚、外国公民之间在我国境内结婚或离婚时,即可认为婚姻具有了涉外因素。

(一) 涉外结婚

《涉外民事关系法律适用法》第21条中明确规定,结婚条件,适用当事人共同经常居所地法律;没有共同经常居所地的,适用共同国籍国法律;没有共同国籍,在一方当事人经常居所地或者国籍国缔结婚姻的,适用婚姻缔结地法律。

《涉外民事关系法律适用法》第 22 条规定，结婚手续，符合婚姻缔结地法律、一方当事人经常居所地法律或者国籍国法律的，均为有效。该法的规定突破了以往的"结婚适用婚姻缔结地法律"的局限。

根据《婚姻登记工作规范》的规定，不同情形的涉外结婚登记需提交的文件有所不同。

1. 香港居民办理结婚登记应当提交的文件

(1)港澳居民来往内地通行证或者港澳同胞回乡证。

(2)香港居民身份证。

(3)经香港委托公证人公证的本人无配偶以及与对方当事人没有直系血亲和三代以内旁系血亲关系的声明。

2. 澳门居民办理结婚登记应当提交的文件

(1)港澳居民来往内地通行证或者港澳同胞回乡证。

(2)澳门居民身份证。

(3)经澳门公证机构公证的本人无配偶以及与对方当事人没有直系血亲和三代以内旁系血亲关系的声明。

3. 台湾居民办理结婚登记应当提交的文件

(1)台湾居民来往大陆通行证或者其他有效旅行证件。

(2)本人在台湾地区居住的有效身份证。

(3)经台湾公证机构公证的本人无配偶以及与对方当事人没有直系血亲和三代以内旁系血亲关系的声明。

4. 外国人办理结婚登记应当提交的文件

(1)本人的有效护照或者其他有效的国际旅行证件。

(2)所在国公证机构或者有权机关出具的、经中华人民共和国驻该国使(领)馆认证或者该国驻华使(领)馆认证的本人无配偶的证明，或者所在国驻华使(领)馆出具的本人无配偶证明。

与中国无外交关系的国家出具的有关证明，应当经与该国及中国均有外交关系的第三国驻该国使(领)馆和中国驻第三国使(领)馆认证，或者经第三国驻华使(领)馆认证。

5. 华侨办理结婚登记应当提交的文件

(1)本人的有效护照。

(2)居住国公证机构或者有权机关出具的、经中华人民共和国驻该国使(领)馆认证的本人无配偶以及与对方当事人没有直系血亲和三代以内旁系血亲关系的证明，或者中华人民共和国驻该国使(领)馆出具的本人无配偶以及与对方当事人没有直系血亲和三代以内旁系血亲关系的证明。

与中国无外交关系的国家出具的有关证明，应当经与该国及中国均有外交关系的第三国驻该国使(领)馆和中国驻第三国使(领)馆认证，或者经第三国驻华使(领)馆认证。

对于上述当事人申请结婚的条件,经过审查,符合上述规定的,应当当场予以登记。

(二) 涉外夫妻关系

涉外夫妻关系包括涉外夫妻人身关系和涉外夫妻财产关系。由于各国立法对调整夫妻人身关系的规定不同,在夫妻人身关系方面必然产生法律冲突问题。根据《涉外民事关系法律适用法》第 23 条的规定,夫妻人身关系,适用共同经常居所地法律;没有共同经常居所地的,适用共同国籍国法律。

对于夫妻财产关系的法律适用问题,《涉外民事关系法律适用法》借鉴了国际社会的立法经验,将意思自治原则引入夫妻财产关系领域。该法第 24 条规定,夫妻财产关系,当事人可以协议选择适用一方当事人经常居所地法律、国籍国法律或者主要财产所在地法律。当事人没有选择的,适用共同经常居所地法律;没有共同经常居所地的,适用共同国籍国法律。

(三) 涉外离婚

涉外离婚主要有登记离婚和诉讼离婚两种方式。《涉外民事关系法律适用法》第 26 条和第 27 条对这两种离婚方式的法律适用问题专门作出了规定。

1. 涉外协议离婚

涉外协议离婚,也称为涉外登记离婚,是指涉外婚姻关系的男女双方自愿解除婚姻关系,并就离婚的相关法律问题达成协议,经民政部门的涉外婚姻登记部门认可后使其婚姻关系归于消灭的离婚方式。

(1)涉外协议离婚的法律适用。

《涉外民事关系法律适用法》第 26 条规定:协议离婚,当事人可以协议选择适用一方当事人经常居所地法律或者国籍国法律。当事人没有选择的,适用共同经常居所地法律;没有共同经常居所地的,适用共同国籍国法律;没有共同国籍的,适用办理离婚手续机构所在地法律。

根据该规定,以下三种情形应当适用中国法律:一是一方当事人经常居所地位于中国或者一方当事人具有中国国籍,当事人选择适用中国法;二是当事人没有选择的,但在中国具有共同经常居所的;三是没有共同经常居所地,没有共同国籍但在中国办理离婚登记的。

(2)涉外协议离婚应提交的材料。

中国人与外国人办理离婚登记,双方需要提供以下材料。中国配偶一方需要提交的证件和材料有:本人的户口簿、身份证;本人的结婚证;双方当事人共同签署的离婚协议书,离婚协议书应当载明双方当事人自愿离婚的意思表示以及对子女抚养、财产及债务处理等事项协商一致的意见;2 张 2 寸单人近期半身免冠照片。

外国人配偶一方需要提交的证件和材料有:本人的有效护照或者其他有效国际旅行证件;本人的结婚证;双方当事人共同签署的离婚协议书,离婚协议书应当载明双方当事人自愿离婚的意思表示以及对子女抚养、财产及债务处理等事项协商一致的意见;2张2寸单人近期半身免冠照片。

(3)办理涉外协议离婚的程序。

涉外诉讼离婚根据2016年颁布的《婚姻登记工作规范》的规定,主要有初审、受理、审查、登记(发证)等环节。

2. 涉外离婚诉讼管辖权

中国的民事诉讼法律中关于涉外离婚案件以"原告就被告"作为地域管辖的一般原则。即对公民提起的民事诉讼,由被告住所地人民法院管辖,被告住所地与经常居住地不一致的,由经常居住地人民法院管辖。被告住所地即被告的户籍所在地;经常居住地即至提起诉讼时止已经连续居住满1年以上的地方,住院治疗的除外。

根据《民事诉讼法》第22条的规定,对不在中华人民共和国领域内居住的人提起的有关身份关系的诉讼,由原告住所地人民法院管辖;原告住所地与经常居住地不一致的,由原告经常居住地人民法院管辖。

小贴士

《最高人民法院关于适用〈中华人民共和国民事诉讼法〉的解释》的规定

《最高人民法院关于适用〈中华人民共和国民事诉讼法〉的解释》第13条至第16条就中国法院对涉外离婚案件管辖权的确定作了一定补充。

第13条规定,在国内结婚并定居国外的华侨,如定居国法院以离婚诉讼须由婚姻缔结地法院管辖为由不予受理,当事人向人民法院提出离婚诉讼的,由婚姻缔结地或者一方在国内的最后居住地人民法院管辖。

第14条规定,在国外结婚并定居国外的华侨,如定居国法院以离婚诉讼须由国籍所属国法院管辖为由不予受理,当事人向人民法院提出离婚诉讼的,由一方原住所地或者在国内的最后居住地人民法院管辖。

第15条规定,中国公民一方居住在国外,一方居住在国内,不论哪一方向人民法院提起离婚诉讼,国内一方住所地人民法院都有权管辖。国外一方在居住国法院起诉,国内一方向人民法院起诉的,受诉人民法院有权管辖。

第16条规定,中国公民双方在国外但未定居,一方向人民法院起诉离婚的,应由原告或者被告原住所地人民法院管辖。

3. 涉外诉讼离婚法律适用

根据《涉外民事关系法律适用法》第27条规定,诉讼离婚,适用法院地法律。因此,涉外婚姻关系的当事人如果在我国境内法院提起离婚诉讼,有管辖权的境内法院受理后,适用我国法律对该离婚案件进行审理,根据我国《民法典》及相关法律法规的规定判决双方是否离婚。

中国公民同外国人诉讼离婚适用受理案件的法院所在地法律。在审理涉外离婚案件中,如果涉及婚姻的效力问题,则不能依法院地法判定,而应适用婚姻缔结地法律。

【案例 12-1】

甲国公民玛丽与中国公民王某经常居住地均在中国,2021 年 10 月,两人在乙国结婚。问:关于双方婚姻关系的法律应当如何适用?

【解析】

(1)结婚手续符合甲国法、中国法和乙国法中的任何一个,即为有效。根据《涉外民事关系法律适用法》第 22 条规定,结婚手续,符合婚姻缔结地法律、一方当事人经常居所地法律或者国籍国法律的,均为有效。

(2)结婚条件应适用中国法。《涉外民事关系法律适用法》第 21 条规定,结婚条件,适用当事人共同经常居所地法律;没有共同经常居所地的,适用共同国籍国法律;没有共同国籍,在一方当事人经常居所地或者国籍国缔结婚姻的,适用婚姻缔结地法律。因此,对于结婚实质要件,要依次适用共同经常居所地法、共同国籍国法和婚姻缔结地法。

四、涉外收养

(一) 涉外收养的概念和特征

1. 涉外收养的概念

涉外收养,广义上是指具有涉外因素的收养,即收养人与被收养人中有一方为外国人的收养行为。狭义的涉外收养是指外国人在中国境内收养中国公民为子女的行为。我们通常所说的涉外收养一般是指狭义的涉外收养,从我国现有的关于收养的各项法律法规来看,其所规定的涉外收养也仅是指外国人在中国境内收养中国儿童的情形。

2. 涉外收养的特征

从涉外收养关系的三方当事人(被收养人、送养人、收养人)的特点来看,仅收养人一方为外国人,夫妻共同收养子女的,如果夫妻一方或双方为外国人的均为涉外收养。另外,涉外收养的行为地在中国境内,即外国家庭在中国境内完成对中国儿童的收养行为,也是涉外收养。

(二) 涉外收养的法律适用

根据《涉外民事法律关系适用法》第 28 条的规定,收养的条件和手续,适用收养人和被收养人经常居所地法律。收养的效力,适用收养时收养人经常居所地法律。收养关系的解除,适用收养时被收养人经常居所地法律或者法院地法律。所以,外国人在中国收养子女,既要遵守我国有关收养的法律规定,其行为也应当符合其所在国有关收养的法律规定。因收养人所在国法律的规定与中国法律的规定不一致而产生的问题,由两国政府有关部门协商处理。重叠适用和协商处理,是为了防止收养行为被外国法律认为无效。

我国《民法典》第 1099 条第 2 款规定:"华侨收养三代以内旁系同辈血亲的子女,还可以不受本法第 1098 条第(1)项规定的限制。"《民法典》第 1098 条第(1)项规定的限制是,收养人应当同时具备"无子女或者只有一名子女"的条件。该条款排除规定表明华侨的收养可不受无子女或者只有一名子女的条件的限制。

《民法典》第 1109 条还对外国人在中国的收养作了规定:"外国人依法可以在中华人民共和国收养子女。外国人在中华人民共和国收养子女,应当经其所在国主管机关依照该国法律审查同意。收养人应当提供由其所在国有权机构出具的有关其年龄、婚姻、职业、财产、健康、有无受过刑事处罚等状况的证明材料,并与送养人签订书面协议,亲自向省、自治区、直辖市人民政府民政部门登记。

前款规定的证明材料应当经收养人所在国外交机关或者外交机关授权的机构认证,并经中华人民共和国驻该国使领馆认证,但是国家另有规定的除外。"该条规定确定了外国人在中国参与收养关系的权利和应该遵守的收养程序。

外国人在我国收养子女,包括夫妻一方为外国人在我国内地收养子女,具体问题应当按照我国民政部经国务院批准发布实施的《外国人在中华人民共和国收养子女登记办法》的规定办理。

小贴士

《外国人在中华人民共和国收养子女登记办法》

第 8 条:外国人来华收养子女,应当亲自来华办理登记手续。夫妻共同收养的,应当共同来华办理收养手续;一方因故不能来华的,应当书面委托另一方。委托书应当经所在国公证和认证。

第 9 条:外国人来华收养子女,应当与送养人订立书面收养协议。协议一式三份,收养人、送养人各执一份,办理收养登记手续时收养登记机关收存一份。

(三) 外国人在华收养子女必须具备的条件

我国是国际上《儿童权利公约》的参加国,该公约规定:"凡承认和(或)许可收养制度的国家应确保以儿童的最大利益为首要考虑。"并应"确保只有经主管当局按照适用的法律和程序并根据所有有关可靠的资料,判定鉴于儿童有关父母、亲属和法定监护人方面的情况可允许收养,并且判定必要时有关人士已根据可能必要的辅导对收养表示知情的同意,方可批准儿童的收养。"我国应该遵守所参加的公约。

和我国公民收养子女的条件一样,收养人应当具备以下条件。

1. 外国人作为收养人必须同时具备《民法典》第 1098 条规定的条件

(1)无子女或者只有一名子女。

(2)有抚养、教育和保护被收养人的能力。

(3)未患有在医学上认为不应当收养子女的疾病。

(4)无不利于被收养人健康成长的违法犯罪记录。

(5)年满 30 周岁。

2. 华侨收养三代以内旁系同辈血亲的子女,可以不受《民法典》第 1098 条第(1)项规定的限制

华侨作为收养人可以不受无子女或者只有一名子女的条件限制。

(四) 涉外收养的程序

涉外收养的程序与国内收养的程序不同,主要包括下列步骤。

1. 收养人和送养人的申请及审查

(1)外国收养人的申请及审查。

根据《外国人在中华人民共和国收养子女登记办法》第 4 条的规定,外国人在华收养子女,应当通过所在国政府或者政府委托的收养组织向中国政府委托的收养组织转交收养申请并提交收养人的家庭情况报告和证明。

上述收养申请、家庭情况报告和证明,是指由其所在国有权机构出具,经其所在国外交机关或者外交机关授权的机构认证,并经中华人民共和国驻该国使馆或者领馆认证的有关文件。包括:跨国收养申请书;出生证明;婚姻状况证明;职业、经济收入和财产状况证明;身体健康检查证明;有无受过刑事处罚的证明;收养人所在国主管机关同意其跨国收养子女的证明;家庭情况报告,包括收养人的身份、收养的合格性和适当性、家庭状况和病史、收养动机以及适合于照顾儿童的特点等。

在华工作或者学习连续居住一年以上的外国人,在华收养子女,应当提交前款规定的除身体健康检查证明以外的文件,并应当提交在华所在单位或者有关部门出具的婚姻状况证明、职业、经济收入或者财产状况证明,有无受过刑事处罚证明以及县级以上医疗机构出具的身体健康检查证明。

(2)送养人的申请及审查。

根据《外国人在中华人民共和国收养子女登记办法》第 5 条的规定,送养人应当向省、自治区、直辖市人民政府民政部门提交本人的居民户口簿和居民身份证(社会福利机构作送养人的,应当提交其负责人的身份证件)、被收养人的户籍证明等情况证明,并根据不同情况提交下列有关证明材料。

①被收养人的生父母(包括已经离婚的)为送养人的,应当提交生父母有特殊困难无力抚养的证明和生父母双方同意送养的书面意见;其中,被收养人的生父或者生母因丧偶或者一方下落不明,由单方送养的,并应当提交配偶死亡或者下落不明的证明以及死亡的或者下落不明的配偶的父母不行使优先抚养权的书面声明。

②被收养人的父母均不具备完全民事行为能力,由被收养人的其他监护人作送养人的,应当提交被收养人的父母不具备完全民事行为能力,且对被收养人有严重危害的证明以及监护人有监护权的证明。

③被收养人的父母均已死亡,由被收养人的监护人作送养人的,应当提交其生父母的死亡证明、监护人实际承担责任的证明,以及其他有抚养义务的人同意送养的书面意见。

④由社会福利机构作送养人的,应当提交弃婴、儿童被遗弃和发现的情况证明以及查找其父母或者其他监护人的情况证明;被收养人是孤儿的,应当提交孤儿父母的死亡或者宣告死亡证明,以及有抚养孤儿义务的其他人同意送养的书面意见。

送养残疾儿童的,还应当提交县级以上医疗机构出具的该儿童的残疾证明。

2. 确定被收养人

中国收养组织对外国收养人的收养申请和有关证明进行审查后,应当在省、自治区、直辖市人民政府民政部门报送的符合收养法规定条件的被收养人中,参照外国收养人的意愿,选择适当的被收养人,并将该被收养人及其送养人的有关情况通过外国政府或者外国收养组织送交外国收养人。外国收养人同意收养的,中国收养组织向其发出来华收养子女通知书,同时通知有关的省、自治区、直辖市人民政府民政部门向送养人发出被收养人已被同意收养的通知。

3. 订立收养协议

外国人来华收养子女,应当与送养人订立书面收养协议。协议一式三份,收养人、送养人各执一份,办理收养登记手续时收养登记机关收存一份。

4. 涉外收养登记

书面协议订立后,收养关系当事人应当共同到被收养人常住户口所在地的省、自治区、直辖市人民政府民政部门办理收养登记。

5. 涉外收养公证

收养关系当事人办理收养登记后,各方或者一方要求办理收养公证的,应当到收养登记地的具有办理涉外公证资格的公证机构办理收养公证。

第二节　涉外继承法律制度

根据《民法典》《民事诉讼法》以及相关司法解释之规定,涉外继承是指继承法律关系中的民事主体、继承客体和某些法律事实三个因素中有一个或一个以上具有涉外因素的继承法律关系。

一、涉外继承的特点

涉外继承的特点体现在三个方面。

(1)继承人和被继承人中有一方或双方为外国籍公民或在境外拥有住所。

(2)部分或全部遗产位于中华人民共和国境外。

(3)产生、变更或者消灭继承法律关系的法律事实发生在中国境外,如被继承人死亡等。涉外因素的具备是涉外继承法律关系的显著要素。

二、涉外继承的法律适用

 小贴士

涉外继承案件涉及的法律问题

第一,继承权纠纷处理时案件的管辖问题,即由哪一国家法院按照什么原则行使管辖权,对该案件纠纷予以受理并解决。

第二,发生涉外继承时适用哪一个国家的法律,即涉外继承的法律适用问题,它并不直接确定当事人的具体权利和义务,而仅仅是解决"法律的选择"问题,属于国际私法中的冲突法规范。

第三,处理涉外继承的准据法,即按照冲突法规范的指引,用以使继承权得以实现的实体法,也就是在处理涉外继承案件时所适用的法律。例如按照冲突法所指明的:"不动产继承依不动产所在地法"原则,不动产所在地国家和地区的法律就是处理涉外继承关系的准据法,准据法的适用将确定当事人的实体权利和义务。

当然,这三个方面的问题是密切联系的,其中法律适用问题相对来讲更为关键。

在涉外继承中,我国遵循的是国际条约优先适用原则,这是严守"条约必须信守"国际法原则的具体体现,即如果中华人民共和国与外国订有条约、协定的,则优先适用该条约或协定;没有国际条约或协定或者存在我国声明保留条款的,采用区别的原则,即动产适用被继承人住所地法律,不动产适用不动产所在地法律。被继承人住所地,按最高人民法院的司法解释,指"被继承人生前最后住所地",也就是通常所说的被继承人死亡时的住所地。

根据《涉外民事法律关系适用法》第 31 条的规定,法定继承适用被继承人死亡时经常居所地法律,但不动产法定继承适用不动产所在地法律。遗嘱方式,符合遗嘱人立遗嘱时或者死亡时经常居所地法律、国籍国法律或者遗嘱行为地法律的,遗嘱均为成立。遗嘱效力,适用遗嘱人立遗嘱时或者死亡时经常居所地法律或者国籍国法律。遗产管理等事项,适用遗产所在地法律。无人继承遗产的归属,适用被继承人死亡时遗产所在地法律。

【案例 12—2】

李某(具有中国国籍)长期居住在甲国,一年前移居乙国并取得当地住所。现李某去世而且未立遗嘱。李某生前在中国有投资股权和银行存款。乙国关于法定继承的冲突规范规定,法定继承适用被继承人本国法律。现李某的丙国籍的儿子和女儿为继承李某在华的股权和存款发生争议,并诉诸中国法院。

问:依照我国《民法典》和司法解释,本案的法律如何适用?

【解析】

应适用乙国法律,因为李某去世时居住在乙国。根据《涉外民事法律关系适用法》第31条的规定,法定继承适用被继承人死亡时经常居所地法律,但不动产法定继承适用不动产所在地法律。根据乙国关于法定继承的冲突规范规定,法定继承适用被继承人本国法律。而李某具有中国国籍,投资股权和银行存款为动产,故应按照规定适用被继承人死亡时住所地乙国的法律。

【引导案例解析】

本案涉及涉外婚姻家庭关系中离婚案件的法律适用问题。根据《涉外民事关系法律适用法》的规定,结婚条件,适用当事人共同经常居所地法律;没有共同经常居所地的,适用共同国籍国法律;没有共同国籍,在一方当事人经常居所地或者国籍国缔结婚姻的,适用婚姻缔结地法律。结婚手续,符合婚姻缔结地法律、一方当事人经常居所地法律或者国籍国法律的,均为有效。

夫妻人身关系,适用共同经常居所地法律;没有共同经常居所地的,适用共同国籍国法律。夫妻财产关系,当事人可以协议选择适用一方当事人经常居所地法律、国籍国法律或者主要财产所在地法律。当事人没有选择的,适用共同经常居所地法律;没有共同经常居所地的,适用共同国籍国法律。诉讼离婚,适用法院地法律。

严某在我国法院请求离婚,其婚姻登记地是严某户籍所在地北京市,应适用我国《民法典》和《民事诉讼法》。

【复习思考题】

一、简答题

1. 涉外结婚应提交哪些材料?
2. 如何理解涉外离婚的管辖权?
3. 如何理解涉外离婚的法律适用问题?
4. 简述涉外收养的条件和程序。
5. 简述涉外继承的特点。
6. 简述涉外继承的法律适用制度。

二、不定项选择题

1. 中国公民王某于2021年8月将甲国公民米勒诉至某人民法院,请求判决两人离婚、分割夫妻财产并将幼子的监护权判决给她。王某与米勒的经常居所及主要财产均在上海,其幼子为甲国籍。关于本案的法律适用,下列(　　)选项是正确的。

A. 离婚事项,应适用中国法

B. 夫妻财产的分割,王某与米勒可选择适用中国法或甲国法

C. 监护权事项,在甲国法与中国法中选择适用有利于保护幼子利益的法律

D. 夫妻财产的分割与监护权事项均应适用中国法

2. 经常居所在汉堡的德国公民贝克与经常居所在上海的中国公民李某打算在中国结婚。关于贝克与李某结婚,依《涉外民事关系法律适用法》,下列(　　)选项是正确的。

A. 两人的婚龄适用中国法

B. 结婚的手续适用中国法

C. 结婚的所有事项均适用中国法

D. 结婚的条件同时适用中国法与德国法

3. 2021 年 9 月 10 日,经常居所在广州市的瑞士公民怀特未留遗嘱死亡,怀特在广州银行存有 100 万元人民币,在苏黎世银行存有 10 万欧元,且在广州市与巴黎市各有一套房产。现其继承人因遗产分割纠纷诉至广州市某人民法院。依中国法律规定,下列(　　)选项是正确的。

A. 100 万元人民币存款应适用中国法

B. 10 万欧元存款应适用中国法

C. 广州市的房产应适用中国法

D. 巴黎市的房产应适用法国法

4. 韩国公民金某与德国公民汉森自 2013 年 1 月起一直居住于北京市,并于该年 6 月在北京结婚。2021 年 8 月,二人欲在北京市解除婚姻关系。关于二人财产关系与离婚的法律适用,下列(　　)选项是正确的。

A. 二人可约定其财产关系适用韩国法

B. 如诉讼离婚,应适用中国法

C. 如协议离婚,二人没有选择法律的,应适用中国法

D. 如协议离婚,二人可以在中国法、韩国法及德国法中进行选择

5. 经常居住于英国的法国籍夫妇甲和乙,2021 年 6 月想来华共同收养某儿童。对此,下列(　　)说法是正确的。

A. 甲、乙必须共同来华办理收养手续

B. 甲、乙应与送养人订立书面收养协议

C. 收养的条件应重叠适用中国法和法国法

D. 若发生收养效力纠纷,应适用中国法

6. 中国人李某(女)与甲国人金某(男)于 2021 年 5 月在乙国依照乙国法律登记结婚,婚后二人定居在北京。依我国《涉外民事关系法律适用法》,关于其夫妻关系的法律适用,下列(　　)表述是正确的。

A. 婚后李某是否应改从其丈夫姓氏的问题,适用甲国法

B. 双方是否应当同居的问题,适用中国法

C. 婚姻对他们婚前财产的效力问题,适用乙国法

D. 婚姻存续期间双方取得的财产的处分问题,双方可选择适用甲国法

三、案例分析题

某甲国公民经常居住地在甲国,在中国收养了长期居住于北京的中国儿童,并将其带回甲国生活。

试分析:根据中国关于收养关系法律适用的规定,收养的条件和手续应符合哪个国家的法律? 依据是我国的哪部法律?

复习思考题参考答案

第一章 婚姻家庭法概论

一、简答题

1. 简述婚姻家庭法的概念和特征。

概念:婚姻家庭法是规定婚姻家庭关系的发生和终止,以及婚姻家庭主体之间权利和义务的法律规范的总称。

婚姻家庭法的概念有四层含义。

(1)婚姻家庭法是一种法律规范;(2)婚姻家庭法以婚姻家庭关系为主要调整范围;(3)婚姻家庭法对婚姻家庭关系具有规范和调整作用;(4)婚姻家庭法是调整婚姻家庭关系法律规范的总和。

特征:(1)调整的广泛性;(2)内容的伦理性;(3)法律的强制性。

2. 结婚自由与离婚自由的关系。

离婚自由与结婚自由密不可分,二者共同构成婚姻自由原则的完整含义。结婚自由是缔结婚姻关系的自由,实行结婚自由,是为了使男女双方能够按照本人的意愿,成立以爱情为基础的婚姻关系。离婚自由是解除婚姻关系的自由,实行离婚自由,是为了使那些感情确已破裂、和好无望的夫妻,能够通过法定途径解除婚姻关系。

结婚自由是实现婚姻自由的先决条件,是婚姻自由的主要方面。离婚自由是婚姻自由的次要方面,是婚姻自由的必要补充。没有离婚自由,就不会有真正的婚姻自由,也不符合婚姻自由的本质。

3. 简述男女平等的内容。

男女平等是指男女两性在婚姻家庭关系中处于平等地位,享有同等的权利,负担同等的义务,禁止一切性别歧视。

夫妻在婚姻关系中权利义务平等:(1)缔结婚姻的权利义务平等;(2)离婚的权利义务平等。

家庭成员在家庭关系中权利义务平等。父母抚养教育子女的义务平等,接受子女赡养扶助的权利平等。子女接受父母抚养教育的权利平等,赡养扶助父母的义务平等。父母和子女的继承权平等。祖父母、外祖父母抚养孙子女、外孙子女的义务平等,接受孙子女、外孙子女赡养的权利平等。兄姐扶养弟妹的义务平等,接受弟妹扶养的权利平等。

4. 婚姻家庭法对保障妇女合法权益有哪些具体规定?

(1)女方在怀孕期间、分娩后1年内或中止妊娠后6个月内,男方不得提出离婚。对男方离婚诉权的一定限制是对孕、产妇身心健康的特殊保护。

(2)离婚时,夫妻的共同财产由双方协议处理;协议不成时,由人民法院根据财产的具体情况,照顾子女和女方权益的原则判决。这一规定有利于保证女方离婚后能够维持原有生活水平。

(3)离婚时,如一方生活困难,另一方应从其住房等个人财产中给予适当帮助。

5. 婚姻家庭法中哪些规定体现了保护未成年人合法权益?

(1)父母对子女有抚养教育的义务。父母不履行抚养义务时,未成年的或不能独立生活的子女,有要求父母付给抚养费的权利。这一规定从根本上保证了儿童的生存权利。

(2)父母有保护和教育未成年子女的权利和义务。未成年子女对国家、集体或他人造成损害时,父母有承担民事责任的义务。

(3)非婚生子女享有与婚生子女同等的权利,任何人不得加以危害和歧视。

(4)禁止溺婴、弃婴和其他残害婴儿的行为。

(5)子女有继承父母遗产的权利。

(6)父母对子女的义务不因父母离婚而消除。

6.《民法典》婚姻家庭编新增了哪些内容?

(1)设立离婚冷静期制度。

为了减少日常生活中草率离婚的现象,以维护婚姻家庭及社会秩序的稳定。《民法典》第1079条规定了协议离婚时30天的冷静期,在此期间,任何一方可以向登记机关撤回离婚申请。

(2)关于夫妻共同债务的规定,提高了立法层级,平等保护夫妻双方的合法权益。

《婚姻法》对夫妻共同债务没有具体规定,但《最高人民法院关于审理涉及夫妻债务纠纷案件适用法律有关问题的解释》对此作出了规定。《民法典》吸纳了相关司法解释的意见,在第1064条进行了规定。夫妻共同债务的认定标准,有利于保障夫妻另一方的知情权和同意权,从债务形成的源头上尽可能杜绝"被负债"的现象,对于保障交易安全和夫妻一方合法权益均有着积极意义。

(3)禁止结婚的情形有变化。

《婚姻法》规定,患有医学上认为不应当结婚的疾病者禁止结婚。这一规定在实践中很难操作,毕竟医学在发展,且在对方知情的情况下,是否患有疾病并不必然会影响当事人的结婚意愿。为尊重当事人的婚姻自主权,《民法典》在婚姻无效的情形中,删除了原第三种情形:"婚前患有医学上认为不应当结婚的疾病,婚后尚未治愈的"。同时,《民法典》在第1053条规定,一方患有重大疾病的,应当在结婚登记前如实告知另一方;不如实告知的,另一方可以向人民法院请求撤销婚姻。请求撤销婚姻的,应当自知道或者应当知道撤销事由之日起一年内提出。

(4)新增法定离婚情形,有效防止一方恶意拖延。

《民法典》在《婚姻法》规定的五种调解无效应准予离婚情形基础上,新增了一款法定离婚情形,即经人民法院判决不准离婚后,双方又分居满一年,一方再次提起离婚诉讼的,应当准予离婚。实践中,双方在法院判决不准离婚后,仍分居满一年,其婚姻状态再维系下去,于双方均无益处。此条款可以有效避免一方故意拖延时间不同意离婚的情况。

(5)增设夫妻日常家事代理权,明确夫妻一方民事行为对内对外的效力。

《民法典》婚姻家庭编新增了夫妻日常家事代理权规定,夫妻一方因家庭日常生活需要而实施的民事法律行为,对夫妻双方发生效力,但是夫妻一方与相对人另有约定的除外。夫妻之间对一方可以实施的民事法律行为范围的限制,不得对抗善意相对人。

明确夫妻日常家事代理权,不仅平衡了夫妻内部的利益,充分保障了夫妻之间的平等权利,保护了夫妻间的合法财产,同时也对保护交易相对人,维护交易稳定和安全起到了积极作用。

(6)扩大夫妻共同财产的范围,对夫妻共同财产的范围进行更加准确和全面的列举。

《婚姻法》第 17 条规定了夫妻在婚姻关系存续期间所得的财产归夫妻共同所有的情形。但随着社会经济的发展,财产的构成与种类也更加多元化、多样化。《民法典》婚姻家庭编在保留《婚姻法》列举的五种共同财产的基础上,新增了"其他劳务报酬""投资收益"作为夫妻共同财产,更加符合现今社会的实际生活情况。

(7)完善离婚赔偿制度。

《婚姻法》规定了四种适用离婚损害赔偿的情形。为促进婚姻关系的稳定,更好地发挥离婚损害赔偿制度的预防、制裁作用,《民法典》在《婚姻法》的基础上增加了离婚损害赔偿的兜底条款,将"有其他重大过错"纳入损害赔偿范围。

(8)明确了确认或否认亲子关系的司法救济途径。

《民法典》第 1073 条规定,对亲子关系有异议且有正当理由的,父亲或者母亲可以向人民法院提起诉讼,请求确认或者否认亲子关系。对亲子关系有异议且有正当理由的,成年子女可以向人民法院提起诉讼,请求确认亲子关系。

(9)离婚案件中两周岁以下子女抚养权不再有争议。

《婚姻法》规定了离婚后哺乳期内的子女以随哺养的母亲为原则。《民法典》第 1084 条将其重新规范为,离婚后不满两周岁的子女,以由母亲直接抚养为原则,已满两周岁的子女,父母双方对抚养问题协议不成的,由人民法院根据双方的具体情况,按照最有利于未成年子女的原则判决。

(10)对于隐藏、转移共同财产等的规范有变化。

一是去掉了"离婚时"的时间限定,这样能更有效地保障夫妻共同财产的安全,并且能避免司法实践中无法确定"离婚时"的时间段的尴尬。二是增加了"挥霍"夫妻共同财产的情况,在司法实践中这种情况比较常见,新增规定对此行为可以更有效地进行规制。

(11)增设了收养相关的原则性条款,厘清了近亲属等法律概念。

增设了收养应当遵循最有利于被收养人的原则,保障被收养人和收养人的合法权益。禁止借收养名义买卖未成年人。

此外,《民法典》第1045条清晰界定了亲属、近亲属、家庭成员的概念及范围。

(12)增设了家风等婚姻家庭观念相关原则性规定。

《民法典》第1043条第1款规定:"家庭应当树立优良家风,弘扬家庭美德,重视家庭文明建设。"以法律的形式强调树立优良家风,从法律制度层面进一步弘扬家庭美德,对维护平等、和睦、文明的婚姻家庭关系,有着非常积极的导向作用。

(13)去掉了计划生育内容。

现阶段,人口形势发生着新变化,国家已经实施了全面放开三胎政策,《民法典》删除不符合形势变化的内容,不再规定有关计划生育的内容,适应了我国社会发展的实际需要。

二、不定项选择题

1.AB 2.ABC 3.AB 4.AB 5.ABCD 6.ABCD

三、案例分析题

《民法典》第1064条第2款规定,夫妻一方在婚姻关系存续期间以个人名义超出家庭日常生活需要所负的债务,不属于夫妻共同债务;但是,债权人能够证明该债务用于夫妻共同生活、共同生产经营或者基于夫妻双方共同意思表示的除外。也就是说,除非债权人有证据能够表明,夫妻一方的债务是用于共同生活、共同经营或者基于夫妻双方共同意思表示的,否则不属于夫妻共同债务,配偶没有偿还义务。此案中,金某对此笔债务不知情,该债务也未用于夫妻共同生活,故金某不应当偿还此笔巨额债务。

第二章 亲 属

一、简答题

1. 什么是亲属？亲属有哪些基本特征？

概念:亲属是指人们基于婚姻、血缘或者法律拟制而形成的社会关系。

基本特征:(1)亲属是人与人之间的社会关系,有固定的身份和称谓。(2)亲属由婚姻关系、血缘关系或者收养关系而产生。(3)经法律确认的亲属之间互相负有权利和义务。

2. 什么是亲系？什么是亲等？按照罗马法亲等计算法,怎样计算直系血亲和旁系血亲的亲等？

亲系是指亲属间的血缘联系,或称亲属的系统。亲等即亲属的等级,是计算亲属关系亲疏远近的基本单位。

(1)直系血亲的亲等计算法

从己身往上或者往下数,但不算己身,以一世代为一亲等,世代数之和,即直系血的亲等数。例如,从己身往上数,与父母为一亲等直系血亲,与祖父母为二亲等直系血亲,己身与子女为一亲等直系血亲,与孙子女为二亲等直系血亲。计算出来的亲等数越大,表示血亲关系越远。

(2)旁系血亲的亲等计算法

首先,从己身上数至同源最近的长辈直系血亲,但不算己身,即己身与要计算的旁系血亲最近的共同长辈直系血亲,再从该同源人下数至要计算的旁系血亲,其世代数相加之和,即己身与该旁系血亲之间的亲等数。计算时需要注意:包含要计算的旁系血亲的世代。例如,计算己身与同胞兄弟姐妹的亲等数,首先找出己身与同胞兄弟姐妹的最近同源直系血亲父母,从己身上数至父母为一亲等,再从同源人父母往下数至要计算的旁系血亲——兄弟姐妹,为一亲等。两边亲等数相加之和为二,即己身与兄弟姐妹间为二亲等的旁系血亲。

3. 我国《民法典》是如何计算直系血亲和三代以内旁系血亲的?

(1)直系血亲的计算法。

从己身开始,己身为一代,往上或往下数。如从己身上数,己身为一代,父母为二代,祖父母、外祖父母为三代,曾祖父母、外曾祖父母为四代,高祖父母、外高祖父母为五代直系血亲。从己身往下数,己身为一代,子女为二代,孙子女、外孙子女为三代,曾孙子女、外曾孙子女为四代、玄孙子女、外玄孙子女为五代直系血亲。再往上往下算以此类推。

(2)旁系血亲的计算法。

从己身和要计算的旁系血亲,分别上数至最近同源直系血亲,记下世代数。如果两边的世代数相同,则用任一边的世代数确定为旁系血亲的代数。如果两边的世代数不同,则取世代数大的一边为旁系血亲的代数。计算时需要注意:应当包括己身的世代数和要计算的旁系血亲本身的世代。

4. 各类亲属关系发生和终止的原因是什么?

(1)配偶关系的发生。结婚是一种民事法律行为,男女因缔结婚姻而产生了配偶关系。

(2)血亲关系的发生。自然血亲是由于出生而产生的亲属关系。出生为发生自然血亲关系的唯一原因,这是生物遗传学规律所决定的。拟制血亲关系的发生。拟制血亲本无血缘关系,而是由法律所创设的血亲。由于拟制血亲的种类不同,其发生和终止的原因也不同。如养父母与养子女之间拟制血亲关系是以收养子女的法律行为为发生根据的;继父母与受其抚养教育的继子女之间因抚养教育关系可以发生拟制血亲关系。

(3)姻亲关系的发生。姻亲关系是以婚姻和血缘两种事实为中介形成的。

(4)配偶关系因婚姻终止而消灭。引起婚姻终止的原因:一是一方死亡(包括自然死亡或者宣告死亡),二是双方离婚。

(5)血亲关系的终止。自然血亲是基于自然的血缘联系而发生的亲属关系,因此一般只能因死亡而终止。拟制血亲除因一方死亡而终止外,还可因法律行为而终止,如收养关系的解除,收养行为被宣告无效。

(6)姻亲关系的终止一般以配偶一方的死亡或者双方离婚而终止。

5. 亲属关系在婚姻家庭法上的法律效力主要有哪些?

亲属在婚姻家庭法上的效力主要有:扶养效力,继承效力,共同财产效力,禁婚效力。

6. 亲属关系在我国民法上的法律效力主要有哪些?

(1)法定代理效力。

亲属可以作特定法律主体的监护人或者法定代理人,享有监护权和代理权。

(2)监护效力。

《民法典》第一编总则第二章第二节"监护"对监护制度作出了明确规定。《民法典》第27条规定:"父母是未成年子女的监护人。未成年人的父母已经死亡或者没有监护能力的,由下列有监护能力的人按顺序担任监护人:①祖父母、外祖父母;②兄、姐;③其他愿意担任监护人的个人或者组织,但是须经未成年人住所地的居民委员会、村民委员会或者民政部门同意。"第28条规定:"无民事行为能力或者限制民事行为能力的成年人,由下列有监护能力的人按顺序担任监护人:①配偶;②父母、子女;③其他近亲属;④其他愿意担任监护人的个人或者组织,但是须经被监护人住所地的居民委员会、村民委员会或者民政部门同意。"

《民法典》规定的监护人的职责主要有。

①监护人的职责是代理被监护人实施民事法律行为,保护被监护人的人身权利、财产权利以及其他合法权益等。

②监护人依法履行监护职责产生的权利,受法律保护。

③监护人不履行监护职责或者侵害被监护人合法权益的,应当承担法律责任。

④因发生突发事件等紧急情况,监护人暂时无法履行监护职责,被监护人的生活处于无人照料状态的,被监护人住所地的居民委员会、村民委员会或者民政部门应当为被监护人安排必要的临时生活照料措施。

(3)财产代管的效力。

亲属享有对失踪人的财产代管权。《民法典》第42条第1款规定了财产代管人。"失踪人的财产由其配偶、成年子女、父母或者其他愿意担任财产代管人的人代管。"第43条规定了财产代管人的职责。"财产代管人应当妥善管理失踪人的财产,维护其财产权益。失踪人所欠税款、债务和应付的其他费用,由财产代管人从失踪人的财产中支付。财产代管人因故意或者重大过失造成失踪人财产损失的,应当承担赔偿责任。"

二、不定项选择题

1. ABC 2. D 3. ABC 4. C 5. ABCD 6. ABC

三、案例分析题

首先找到双方的同源人,双方同源人为外祖父母。从己身和舅表兄弟姐妹分别上数至同源人外祖父母,各得出三世代,取这一相同数三亲等作为双方的亲等数,己身和舅表兄弟姐妹之间是三代的旁系血亲。

第三章 结婚法律制度

一、简答题

1. 结婚的必备条件和禁止条件有哪些?

必备条件:(1)必须男女双方完全自愿。(2)必须达到法定婚龄。《民法典》第1047条规定:"结婚年龄,男不得早于22周岁,女不得早于20周岁。"(3)必须符合一夫一妻制。

禁止条件:禁止结婚的血亲关系:(1)直系血亲;(2)三代以内旁系血亲。

2. 简述确定法定婚龄的依据。

《民法典》第1047条规定:"结婚年龄,男不得早于22周岁,女不得早于20周岁。"

婚姻关系的自然属性和社会属性要求结婚行为人必须达到一定的年龄,确定法定婚龄的因素有两方面:一是自然因素,即人的生理、心理发育情况和智力成熟情况。同时,还包括这一地区的气候、地理条件等影响。二是社会因素,即当事人所在国的政治经济、历史传统、风俗习惯、文化和人口发展等情况,对结婚行为人的年龄要求均有所不同。

我国现行法定婚龄的确定,既反映了自然规律的要求,也符合现阶段我国的实际情况。

3. 结婚登记的程序分为哪几个步骤?

(1)申请。

自愿结婚的男女,必须亲自到婚姻登记机关申请结婚登记。

办理结婚登记的内地居民应当出具下列证件和证明材料:①本人的户口簿、身份证;②本人无配偶以及与对方当事人没有直系血亲和三代以内旁系血亲关系的签字声明。

(2)审查。

婚姻登记机关依法对当事人的结婚申请进行审核查实。婚姻登记机关一方面审查结婚登记当事人双方是否符合法定的结婚条件,另一方面对结婚登记当事人出具的证件、证明材料进行审查并询问相关情况。

(3)登记。

婚姻登记机关对当事人的结婚申请进行审查后,符合结婚条件的,应当当场予以登记,发给结婚证。对离过婚的,应当注销其离婚证。当事人从取得结婚证起,确立夫妻关系。

4. 无效婚姻的情形有哪些?

(1)重婚。(2)有禁止结婚的亲属关系。(3)未到法定婚龄。

5. 简述无效婚姻与可撤销婚姻的区别。

(1)结婚时欠缺的结婚条件不同。(2)法律后果不同。(3)请求主体不同。

6. 可撤销婚姻的法律后果有哪些?

(1)人身关系。可撤销婚姻因当事人欠缺婚姻的合意,均视为婚姻未成立。凡是婚姻依法被撤销时,即确定该婚姻从开始就不受法律保护,即婚姻自始无效。(2)财产关系。婚姻被确认无效或者被撤销,当事人自始不具有夫妻的权利和义务。(3)子女方面。婚姻被撤销后,当事人所生的子女作为非婚生子女,但仍享有《民法典》婚姻家庭编规定的关于子女的各项权利。

二、不定项选择题

1.B 2.A 3.AB 4.AB 5.AB 6.ABCD

三、案例分析题

二审人民法院不应支持孙某的主张。应当依法驳回。理由如下。

(1)根据《民法典婚姻家庭编解释(一)》第 9 条规定,有权依据《民法典》第 1051 条规定向人民法院就已办理结婚登记的婚姻请求确认婚姻无效的主体,包括婚姻当事人及利害关系人。其中,利害关系人包括:①以重婚为由的,为当事人的近亲属及基层组织;②以未到法定婚龄为由的,为未到法定婚龄者的近亲属;③以有禁止结婚的亲属关系为由的,为当事人的近亲属。赵某的祖父属于赵某的近亲属,所以有权向人民法院提出宣告赵某、孙某婚姻无效的申请。

(2)根据《民法典婚姻家庭编解释(一)》第 11 条规定,人民法院受理请求确认婚姻无效案件后,原告申请撤诉的,不予准许。对婚姻效力的审理不适用调解,应当依法作出判决。本案一审法院对婚姻效力问题不作调解是有充分根据的。

(3)由于当事人双方均不愿意作为他们女儿的直接抚养方,一审人民法院根据关于"离婚后,哺乳期内的子女,以随哺乳的母亲抚养为原则"的规定,判决归孙某抚养,赵某承担部分抚养费用,于法有据,也有利于其女儿的成长。

第四章　家庭关系法

一、简答题

1.夫妻之间有哪些身份上的权利义务?

(1)夫妻的姓名权。(2)夫妻之间的忠实义务。(3)夫妻的人身自由权。(4)夫妻的生育权。(5)抚养教育子女的权利和义务。(6)夫妻的扶养义务。(7)日常家事代理权。(8)夫妻同居义务(同居权)。

2. 简述我国现行法律对夫妻财产制的规定。

(1)夫妻法定财产制。现行《民法典》明确了夫妻共同所有财产的范围。①工资、奖金、劳务报酬;②生产、经营、投资的收益;③知识产权的收益;④继承或者受赠的财产,但是《民法典》第 1063 条第(3)项规定的除外;⑤其他应当归共同所有的财产。夫妻对共同财产有平等的处理权。

(2)夫妻约定财产制。《民法典》婚姻家庭编明确了夫妻约定财产的内容和范围。《民法典》第1065条规定了男女双方可以约定婚姻关系存续期间所得的财产以及婚前财产归各自所有、共同所有或者部分各自所有、部分共同所有。

上述约定首先必须具备民事法律行为的生效要件：合法、自愿、真实。其次应当符合特别法上的要求，如男女双方平等，保护妇女、未成年人、老年人、残疾人的合法权益等。夫妻约定财产应当采用书面形式。没有约定或者约定不明确的，适用《民法典》第1062条、第1063条的规定，即法定夫妻财产制的有关内容。夫妻对婚姻关系存续期间所得的财产以及婚前财产的约定，对双方具有约束力。

3. 我国现行法律中父母子女间有哪些权利义务？

(1)父母抚养、教育和保护子女的义务。具体包括：抚养的义务，教育和保护的义务，法定代理义务，禁止溺婴、弃婴和其他残害婴儿的行为。

(2)子女赡养扶助父母的义务。子女对父母履行赡养扶助义务，是对家庭和社会应尽的责任。子女作为赡养人，应当履行对老年人经济上供养、生活上照料和精神上慰藉的义务，照顾老年人的特殊需要。

4. 简述人工授精子女的法律地位。

《民法典婚姻家庭编解释(一)》第40条规定，婚姻关系存续期间，夫妻双方一致同意进行人工授精，所生子女应视为婚生子女，父母子女间的权利义务关系适用《民法典》的有关规定。

5. 简述继父母子女的法律地位。

《民法典》第1072条规定："继父母与继子女间，不得虐待或者歧视。继父或继母和受其抚养教育的继子女间的权利和义务关系，适用本法对父母子女关系的规定。"

继父母与继子女间不管是否形成抚养教育关系，都应当平等对待，不得虐待或者歧视。未形成抚养教育关系的继子女与继父母之间无法定的权利义务。已形成抚养教育关系继父母子女，双方享有父母子女间的各种权利，承担相应的义务。

同时必须指出，已形成抚养教育关系的继父母子女之间的关系不同于养父母子女。一方面，继子女与其生父母之间的权利义务关系，并不因这种抚养关系的形成而终止。即该继子女既与其生父母继续保持父母子女间的权利义务关系，同时又与继父母发生父母子女间的权利义务关系。《民法典继承编解释(一)》第11条规定，继子女继承了继父母遗产的，不影响其继承生父母的遗产。继父母继承了继子女遗产的，不影响其继承生子女的遗产。另一方面，继子女与继父母的近亲属之间、继父母与继子女的近亲属之间不因此当然产生近亲属之间的权利义务。《民法典继承编解释(一)》第13条规定，继兄弟姐妹之间的继承权，因继兄弟姐妹之间的扶养关系而发生。没有扶养关系的，不能互为第二顺序继承人。继兄弟姐妹之间相互继承了遗产的，不影响其继承亲兄弟姐妹的遗产。

6. 简述祖孙扶养和兄弟姐妹扶养的条件。

祖孙扶养的条件：(1)抚养人有负担能力。(2)被抚养人的父母无力抚养。(3)抚养人为未成年人。

兄弟姐妹扶养的条件:(1)兄姐有负担能力,且成年。(2)被抚养人的父母已经死亡或者父母确实无力抚养。(3)弟妹为未成年人

二、不定项选择题

1. D 2. BCD 3. ABCD 4. ABCD 5. AB 6. ABCD

三、案例分析题

(1)未成年子女的母亲与祖父母协议确定未成年子女由祖父母抚养是有效的。虽然我国法律对此问题未作明确规定,但实践中多认定该协议是有效的。依照《民法典》第27条的规定,父母、祖父母都是有监护资格的人,因而他们之间可以协议确定监护人。我国法律并没有禁止未成年子女母亲与祖父母签订协议,约定由祖父母抚养孙子女。《民法典婚姻家庭编解释(一)》第47条规定:"父母抚养子女的条件基本相同,双方均要求直接抚养子女,但子女单独随祖父母或者外祖父母共同生活多年,且祖父母或者外祖父母要求并且有能力帮助子女照顾孙子女或者外孙子女的,可以作为父或者母直接抚养子女的优先条件予以考虑。"因而,本案中梁小鹏母亲与祖父母经法院调解达成协议,其随祖父母生活,由祖父母直接抚养并不违反公序良俗原则。母亲通过协议将抚养子女的权利转移给祖父母,并不意味着母亲放弃抚养义务,实际上母亲也不可能放弃抚养义务。

(2)协议确定抚养关系后可以变更。未成年子女母亲与祖父母以协议方式确定抚养关系后,一方要求变更抚养关系,能否予以变更,法律没有规定。非父母之间协议确定抚养关系后,如双方同意变更或因情况变化确有变更必要的,也应予以变更。

第五章　离婚法律制度

一、简答题

1. 协议离婚应符合哪些条件?

(1)男女双方自愿离婚。(2)男女双方办理过结婚登记。(3)男女双方当事人有完全民事行为能力。(4)男女双方对子女抚养和财产问题达成协议。

2. 认定夫妻感情确已破裂的具体标准是什么?

(1)重婚或者与他人同居。(2)实施家庭暴力或者虐待、遗弃家庭成员。(3)有赌博、吸毒等恶习屡教不改。(4)因感情不和分居满2年。

3. 简述离婚的夫妻身份效力。

(1)恢复再婚自由。(2)丧失继承资格。离婚后,夫妻双方失去了法定继承人的身份,彼此无权再以配偶身份继承对方遗产。(3)消灭姻亲关系。我国法律对此没有规定,现实中多由当事人协商解决是否解除姻亲关系。

4. 离婚时分割夫妻共同财产应遵循哪些原则?

(1)男女平等原则。(2)照顾子女、女方和无过错方权益的原则。(3)有利于生产和生活的原则。(4)不得损害国家、集体和他人利益的原则。

5. 离婚后什么情况下可以变更子女抚养关系？

子女抚养关系确定后，如果父母的抚养条件发生了重大变化，或者子女要求改变抚养归属，可由双方协议变更抚养关系；协议不成时，人民法院可根据子女利益和双方的具体情况判决。

《民法典婚姻家庭编解释（一）》第56条规定，具有下列情形之一，父母一方要求变更子女抚养关系的，人民法院应予支持。

①与子女共同生活的一方因患严重疾病或者因伤残无力继续抚养子女。

②与子女共同生活的一方不尽抚养义务或有虐待子女行为，或者其与子女共同生活对子女身心健康确有不利影响。

③已满8周岁的子女，愿随另一方生活，该方又有抚养能力。

④有其他正当理由需要变更。

父母双方协议变更子女抚养关系的，人民法院应予支持。

6. 简述探望权制度。

父母子女之间的血缘关系并不因父母离婚而改变，父母子女之间的权利义务关系也不因父母离婚而改变。离婚后，不直接抚养子女的父或母，有探望子女的权利，另一方有协助的义务。《民法典》第1086条第1款规定，离婚后，不直接抚养子女的父或者母，有探望子女的权利，另一方有协助的义务。

(1)行使探望权的主体是离婚后不直接抚养子女的父或者母。

(2)行使探望权利的方式、时间由当事人协议；协议不成的，由人民法院判决。人民法院作出的生效的离婚判决中未涉及探望权，当事人就探望权问题单独提起诉讼的，人民法院应予受理。

(3)探望权的行使，应当有利于子女的身体、精神、心理的健康成长。

法律规定，对于拒不协助另一方行使探望权的有关个人或者组织，可以由人民法院依法采取拘留、罚款等强制措施，但是不能对子女的人身、探望行为进行强制执行。

(4)对子女探望权的中止与恢复。

①中止对子女探望权的性质。对子女探望权的中止，是基于法定事由，通过法定程序，暂时停止探望权人行使探望子女的权利。它不同于探望权的消灭、放弃和探望权行使不能。②中止对子女探望权的条件。中止不直接抚养子女一方对子女的探望权，无论该项权利是协议确定的还是法院判决的，其原因只能是探望权的行使不利于子女的身心健康。《民法典》第1086条第3款规定，父或者母探望子女，不利于子女身心健康的，由人民法院依法中止探望。③中止探望权的程序。根据《民法典婚姻家庭编解释（一）》第67条的规定，未成年子女、直接抚养子女的父或者母以及其他对未成年子女负担抚养、教育、保护义务的法定监护人，有权向人民法院提出中止探望的请求。根据《民法典婚姻家庭编解释（一）》第66条的规定："当事人在履行生效判决、裁定或者调解书的过程中，一方请求中止探望的，人民法院在征询双方当事人意见后，认为需要中止探望的，依法作出

裁定。"④探望权的恢复。探望权的中止仅是因某种原因暂时停止行使权利,而不是对当事人探望权的剥夺。《民法典》第1086条第3款规定,中止的事由消失后,应当恢复探望。《民法典婚姻家庭编解释(一)》也明确,中止探望的情形消失后,人民法院应当根据当事人的请求书面通知其恢复探望。

二、不定项选择题

1.AD 2.AC 3.AB 4.ABCD 5.AB 6.ABCD

三、案例分析题

法院认为,二人的存款行为都发生在双方分居后,数额较大,均无法说明用途,且双方都没有充分证据能证明上述存款并非夫妻共同财产,故法院认定上述存款都是夫妻共同财产,应在离婚时予以平均分割。

我国《民法典》第1087条第1款规定:"离婚时,夫妻的共同财产由双方协议处理;协议不成的,由人民法院根据财产的具体情况,按照照顾子女、女方和无过错方权益的原则判决。"李女士诉丈夫张先生一案中,双方对张先生名下的100万元存款和李女士名下的30万元存款的归属产生纷争,在双方无法达成一致的情况下,法院依法作出上述财产依法属于夫妻共同财产,予以平分的判决,无疑体现了《民法典》的立法本意,维护了当事人的合法权益。

第六章　与婚姻家庭法相关的法律制度

一、简答题

1. 简述家庭暴力的概念、《反家庭暴力法》的适用范围和家庭暴力的特征。

概念:家庭暴力是指家庭成员之间以殴打、捆绑、残害、限制人身自由以及经常性谩骂、恐吓等方式实施的身体、精神等侵害行为。

适用范围:家庭成员以外共同生活的人之间实施的暴力行为,参照《反家庭暴力法》规定执行。

此外,《反家庭暴力法》在附则中增加了准用条款,扩大了家庭暴力法的主体适用范围,这意味着同居关系、抚养照料关系、家庭雇佣关系等共同生活的人之间实施的暴力行为都可以参照《反家庭暴力法》作出处理。

特征:《反家庭暴力法》适用的家庭暴力是指没有达到《刑法》中的虐待罪、遗弃罪;甚至达不到《治安管理处罚法》规定的行政处罚的、轻微的家庭暴力行为。家庭暴力的行为类型不仅包括殴打捆绑、残害、限制人身自由等形式的身体暴力,还包含精神暴力。此外,加害人以经常性谩骂、恐吓等方式给受害人造成精神伤害的也构成家庭暴力。

2. 简述人身安全保护令制度。

人身安全保护令,法律术语为人身安全保护裁定,是一种民事强制措施,即法院为了保护家庭暴力受害人及其子女和特定亲属的人身安全、确保婚姻案件诉讼程序的正常进行而作出的民事裁定。

（1）人身安全保护令案件的管辖。人身安全保护令案件由申请人或者被申请人居住地、家庭暴力发生地的基层人民法院管辖。

（2）人身安全保护令的申请。申请人身安全保护令应当以书面方式提出；书面申请确有困难的，可以口头申请，由人民法院记入笔录。

当事人是无民事行为能力人、限制民事行为能力人，或者因受到强制、威吓等原因无法申请人身安全保护令的，其近亲属、公安机关、妇女联合会、居民委员会、村民委员会、救助管理机构可以代为申请。法律的规定扩大了申请人的范围。

（3）作出人身安全保护令应当具备的条件。有明确的被申请人；有具体的请求；有遭受家庭暴力或者面临家庭暴力现实危险的情形。

（4）申请人身安全保护令的证据，可以是伤照、报警证明、证人证言、社会机构的相关记录或证明、加害人保证书、加害人带有威胁内容的短信、微信等。

人民法院收到人身安全保护措施的申请后，应当迅速对申请的形式要件及是否存在家庭暴力危险的证据进行审查。人民法院受理申请后，应当在 72 小时内作出人身安全保护令或者驳回申请；情况紧急的，应当在 24 小时内作出。

《反家庭暴力法》将法院受理的保护令申请分为一般保护令和紧急保护令，情况紧急的，应当在 24 小时内签发保护令。有利于及时阻断家庭暴力，隔离施暴者，避免暴力升级，以最大限度保护家暴受害者。

人身安全保护令可以包括的措施：禁止被申请人实施家庭暴力；禁止被申请人骚扰、跟踪、接触申请人及其相关近亲属；责令被申请人迁出申请人住所；保护申请人人身安全的其他措施。

人身安全保护令的有效期不超过 6 个月，自作出之日起生效。人身安全保护令失效前，人民法院可以根据申请人的申请撤销、变更或者延长。

人民法院经审查认为人身安全保护措施申请不符合申请条件的，驳回申请，并告知申请人申请复议的权利。

申请人对驳回申请不服或者被申请人对人身安全保护令不服的，可以自裁定生效之日起 5 日内向作出裁定的人民法院申请复议一次。人民法院依法作出人身安全保护令的，复议期间不停止人身安全保护令的执行。

人身安全保护裁定自送达之日起生效。

3.《反家庭暴力法》遵循的基本的原则有哪些？

（1）对家庭暴力零容忍的原则。

（2）共同责任原则。

（3）预防为主，教育矫治和惩处相结合的原则。

（4）特殊保护的原则。

（5）尊重受害人意愿，保护当事人隐私的原则。

4. 简述告诫制度。

(1)告诫是指公安机关对违反法律、法规的轻微家庭暴力行为或不宜直接作出行政处罚的家庭暴力行为,教育、督促加害人改正而作出的行政指导。

(2)告诫书的内容。家庭暴力情节较轻,依法不给予治安管理处罚的,由公安机关对加害人给予批评教育或者出具告诫书。告诫书应当包括加害人的身份信息、家庭暴力的事实陈述、禁止加害人实施家庭暴力等内容。

(3)告诫书的送交。公安机关应当将告诫书送交加害人、受害人,并通知居民委员会、村民委员会。居民委员会、村民委员会、公安派出所应当对收到告诫书的加害人、受害人进行查访,监督加害人不再实施家庭暴力。

公安告诫制度为警察及时干预家庭暴力提供了利器。书面告诫可以警告施暴者不得施暴。对于不构成治安管理处罚的家庭暴力,警察可以通过出具书面告诫书的形式予以帮助,是公安机关及时介入家庭暴力的中国经验。

5. 简述监护人被撤销监护人资格的要求。

(1)监护人被撤销监护人资格的情形。

根据《民法典》第 36 条第 1 款规定,监护人有下列情形之一的,人民法院有权根据有关个人或者组织的申请,撤销其监护人资格:①实施严重损害被监护人身心健康的行为;②怠于履行监护职责,或者无法履行监护职责且拒绝将监护职责部分或者全部委托给他人,导致被监护人处于危困状态;③实施严重侵害被监护人合法权益的其他行为。

(2)有权提出"撤销监护人资格之诉"的有关个人、组织。

根据《民法典》第 36 条第 2 款的规定,有关个人、组织包括:其他依法具有监护资格的人,居民委员会、村民委员会、学校、医疗机构、妇女联合会、残疾人联合会、未成年人保护组织、依法设立的老年人组织、民政部门等。

个人和民政部门以外的组织未及时向人民法院申请撤销监护人资格的,民政部门应当向人民法院申请。

6.《反家庭暴力法》规定的法律责任有哪些?

(1)加害人的法律责任。《反家庭暴力法》规定,加害人实施家庭暴力,构成违反治安管理行为的,依法给予治安管理处罚;构成犯罪的,依法追究刑事责任。

(2)被申请人的法律责任。《反家庭暴力法》规定,被申请人违反人身安全保护令,构成犯罪的,依法追究刑事责任;尚不构成犯罪的,人民法院应当给予训诫,可以根据情节轻重处以 1000 元以下罚款、15 日以下拘留。

(3)社会组织及其工作人员的法律责任。《反家庭暴力法》规定,学校、幼儿园、医疗机构、居民委员会、村民委员会、社会工作服务机构、救助管理机构、福利机构及其工作人员未依照《反家庭暴力法》第 14 条规定向公安机关报案,造成严重后果的,由上级主管部门或者本单位对直接负责的主管人员和其他直接责任人员依法给予处分。

(4)国家工作人员的法律责任。《反家庭暴力法》规定,负有反家庭暴力职责的国家工作人员玩忽职守、滥用职权、徇私舞弊的,依法给予处分;构成犯罪的,依法追究刑事责任。

二、不定项选择题

1.ACD 2.D 3.ABCD 4.D 5.B 6.ABCD

三、案例分析题

静海区人民法院认为:男女一方要求离婚的,可向法院提起诉讼,如感情确已破裂,应当准予离婚。该案中,双方均同意离婚,表明双方感情已彻底破裂,故对王某要求离婚的诉讼请求,法院予以准许。王某要求江某支付精神损害赔偿金的诉讼请求,因江某在婚姻存续期间,确实存在家庭暴力情形,法院予以支持,具体数额由法院依法予以酌定。为此,法院判决王某与江某离婚,并由江某支付王某精神损害赔偿金。

夫妻应当互敬互爱,和睦相处。我国《民法典》明确禁止家庭暴力,规定配偶一方对另一方实施家庭暴力,经调解无效的应准予离婚,因实施家庭暴力导致离婚的,无过错方在离婚时有权请求损害赔偿。

王某可以在婚姻关系存续期间,向人民法院申请人身保护令。

第七章 收　养

一、简答题

1.收养的法律特征有哪些?

(1)收养须符合法定的条件和程序才能成立。(2)收养属于民事法律行为。公民依照民事法律规范进行收养行为,从而在收养人与被收养人之间确立与父母子女关系相同的民事权利义务关系,该行为在性质上应属于民事法律行为。(3)收养只能发生在非直系血亲之间。

2. 如何理解我国收养制度的基本原则?

(1)最有利于被收养人的原则。

保障被收养的未成年人的健康成长是实行收养制度的首要目的。通过收养的成立,可以使他们在温暖的家庭中生活,得到养父母的抚养教育,健康成长。《民法典》中有关收养条件特别是被收养人的条件和收养人的能力的规定,以及有关解除收养关系的规定等,都是以这一原则为依据的。

(2)保障被收养人和收养人合法权益的原则。

由于收养在收养人与被收养人之间产生拟制的血亲关系,关乎被收养人和收养人双方的利益,因此,法律的有关规定有利于保障双方的利益。

(3)平等自愿的原则。

收养是法律行为,必须在平等的基础上进行。任何一方的合法权益受到侵害时,都有权请求法律保护。收养是身份法律行为,具有浓厚的感情色彩,须各方在自愿的基础上进行协商,任何一方不得将自己的意志强加于他人。《民法典》第 1104 条规定,收养人收养与送养人送养,应当双方自愿。收养8周岁以上未成年人的,应当征得被收养人的同意。

(4)不得违背社会公德的原则。

收养行为是身份法律行为,不仅关涉当事人的权益,而且还关涉社会公共利益,法律有必要从维护社会公德的角度对收养行为加以必要约束,其目的在于保护公序良俗。

3. 如何理解收养的拟制效力和解消效力?

收养的拟制效力,是指收养关系的成立导致收养人与被收养人之间发生父母子女的权利义务关系,以及被收养人与收养人的近亲属发生相应的亲属关系等法律后果。

收养的解消效力是指收养依法消灭被收养人与生父母及其近亲属之间的身份关系及其权利义务关系的效力。养子女与生父母及其他近亲属间的权利义务关系,因收养关系的成立而消除。

4. 简述收养评估中的报告制度。

收养评估期间,收养评估小组或者受委托的第三方机构发现收养申请人及其共同生活家庭成员有下列情形之一的,应当向民政部门报告:(1)弄虚作假、伪造、变造相关材料或者隐瞒相关事实的;(2)参加非法组织、邪教组织的;(3)买卖、性侵、虐待或者遗弃、非法送养未成年人,及其他侵犯未成年人身心健康的;(4)有持续性、经常性的家庭暴力的;(5)有故意犯罪行为,判处或者可能判处有期徒刑以上刑罚的;(6)患有精神类疾病、传染性疾病、重度残疾或者智力残疾、重大疾病的;(7)存在吸毒、酗酒、赌博、嫖娼等恶习的;(8)故意或者过失导致正与其进行融合的未成年人受到侵害或者面临其他危险情形的;(9)有其他不利于未成年人身心健康行为的。存在第(8)项情形的,民政部门应当立即向公安机关报案。

5. 收养解除的法定条件和程序是什么?

协议解除收养关系条件:在养子女成年前,协议解除收养须得收养人、送养人同意。年满8周岁以上的养子女已有部分民事行为能力,法律规定解除收养应征得本人同意是十分有必要的。在养子女成年后,协议解除收养须得收养人、被收养人同意。成年人具有完全民事行为能力,此时送养人的同意不是协议解除的必要条件。

当事人协议解除收养关系的,应当到民政部门办理解除收养关系的登记。

诉讼解除收养关系的条件:送养人因收养人的特定过错行为而要求解除收养关系的;养父母与成年养子女关系恶化,无法共同生活的。

通过诉讼程序解除收养,即收养当事人通过向人民法院起诉来解除收养关系的程序。它适用于一方要求解除收养但收养双方当事人不能达成协议,或者虽然双方同意解除收养关系,但对财产等问题有争议的情况。人民法院审理解除收养的案件,应当查明当事人要求解除收养关系的真实原因及养父母与养子女间的生活实际情况,听取年满10周岁以上的被收养人的意见,依照解除收养的法定条件,合法合理地正确处理。

6. 收养解除后的法律后果是什么?

(1)对养子女与养父母及其他近亲属间的后果。收养关系解除后,养子女与养父母及其他近亲属间的权利义务关系即行消除,与生父母及其他近亲属间的权利义务关系自行恢复,但成年养子女与生父母及其他近亲属间的权利义务关系是否恢复,可以协商确定。

(2)对生活抚育费的追偿及后期给付的后果。生父母要求解除收养关系的,养父母可以要求生父母适当补偿收养期间支出的生活费和教育费。经养父母抚养的成年养子女,对缺乏劳动能力又缺乏生活来源的养父母,应当给付生活费。因养子女成年后虐待、遗弃养父母而解除收养关系的,养父母可以要求养子女补偿收养期间支出的生活费和教育费。

二、不定项选择题

1.B 2.AD 3.B 4.ABC 5.A 6.ABC

三、案例分析题

按照《民法典》的规定,收养关系成立之后,被收养人与其亲生父母之间的父母子女关系消灭,被收养人与收养人的父母子女关系建立起来,前者为收养的解消效力,后者为收养的拟制效力。在本案中,自收养登记之日起,张某与其生母孙某甲的母子关系终止,丧失了一切的法律上的父母子女权利义务关系;而同时张某与孙某乙的父子关系建立,他们之间产生了父母子女的权利义务关系。因此,孙某甲死亡后,张某因与其不具有母子关系,不属于合法继承人,不能继承孙某甲的遗产;而张某因与孙某乙具有父子关系,是孙某乙的合法继承人,其可以继承孙某乙的遗产。

第八章 继承法概述

一、简答题

1.财产继承的含义和特征是什么?

含义:继承法上的继承,即财产继承,专指财产所有人死亡时,按照法律的规定将死者遗留下来的财产转移给他人所有的一种法律制度和法律关系。作为现代法律意义上的财产继承,有如下特征。(1)财产继承的发生原因是特定的。(2)合法的继承人或受遗赠人,是财产继承的主体条件。(3)财产继承的客体范围具有限定性。(4)财产继承的法律后果具有权利变更性。(5)继承遗产与清偿死者生前债务相统一,是财产继承的基本要求。

2.我国继承法有哪几项基本原则?

(1)保护私有财产继承权不受非法侵害的原则。

(2)继承权男女平等原则。

(3)养老育幼、照顾弱者原则。

(4)互助互让、协商处理遗产的原则。

(5)权利义务相一致原则。

3.继承权包括哪些内容?

继承权是指公民依照法律的规定或者被继承人生前立下的合法有效的遗嘱而承受被继承人遗产的权利。

继承权的内容主要包括:(1)接受、放弃继承权利的行使,继承权的接受是指享有继承权的继承人参与继承、接受被继承人遗产的意思表示。继承权的放弃是指继承人作出的放弃其继承被继承人遗产的权利的意思表示。(2)接受、取得遗产的权利。(3)继承权受侵害时的恢复请求权。

4. 丧失继承权的法定情形有哪些？

继承权丧失的法定情形如下。

(1)故意杀害被继承人，属于继承权的绝对丧失情形。

(2)为争夺遗产而杀害其他继承人，属于继承权的绝对丧失情形。

(3)遗弃被继承人，或者虐待被继承人情节严重，属于继承权的相对丧失情形。继承人虐待被继承人情节严重的，或者遗弃被继承人的，如以后确有悔改表现，而且被虐待人、被遗弃人生前又表示宽恕，可不确认其丧失继承权。

(4)伪造、篡改、隐匿或者销毁遗嘱，情节严重，属于继承权的绝对丧失情形。

(5)以欺诈、胁迫手段迫使或者妨碍被继承人设立、变更或者撤回遗嘱，情节严重。

具备上述五种情形之一，继承人即丧失继承权。继承人有上述第(3)至第(5)项行为，确有悔改表现，被继承人表示宽恕或者事后在遗嘱中将其列为继承人的，该继承人不丧失继承权。

受遗赠人有上述行为的，丧失受遗赠权。

5. 简述遗产的范围。

《民法典》规定了"遗产是自然人死亡时遗留的个人合法财产。依照法律规定或者根据其性质不得继承的遗产，不得继承。"

随着生活水平的提高，人民群众的家庭关系、财产关系亦发生了深刻变化，有关继承方式、遗产范围均应随着改变。我国《民法典》指出了遗产的范围采取"概括＋列举"式的立法方式，纠正了对遗产列举无论达到何等详尽程度，在财产类型日益增加和财产形式不断丰富的情形下，也无法涵盖遗产的全部范围，甚至可能发生法律属性争议的弊病。《民法典》总则编规定，自然人合法的私有财产，可以依法继承。在此情况下，采取概括规定的方式划定遗产范围，只要是符合财产性、私有性和时间性标准的财产，均可被纳入遗产范围，这样更能适应因社会和技术发展而不断产生的新的财产类型。

二、不定项选择题

1.B 2.A 3.AC 4.ABCD 5.ABCD 6.D

三、案例分析题

(1)广州市A区辽宁路120号4—1房屋是被继承人范某某的遗产。依照《民法典》婚姻家庭编的规定，一方的婚前财产为夫妻一方的财产。该房产因为是被继承人范某某的婚前个人财产。(2)房款150000元是被继承人范某某的遗产。嘉陵村190号1—5—1房屋的处置时间虽然是在被告艾某某与范某某第二次登记结婚之后，但处置该个人财产所获得的款项仍然应当属于范某某的个人财产，属于遗产的范围。(3)范某某于2020年存入中国农业银行的存款138856.35元是范某某的遗产。该银行存款系范某某于2020

年存入中国农业银行,在被告艾某某与范某某2021年8月1日第二次登记结婚之前。应为范某某的婚前个人财产,属于遗产的范围。(4)范某某股票账户上的163000元是范某某的遗产。范某某自2020年起就已经生病住院,且其早已退休。因此,范某某除能够领到退休工资外,已经没有获得财产的能力。而根据《民法典》婚姻家庭编的有关规定,夫妻共同财产应为"夫妻在婚姻关系存续期间所得的财产",因此,股票账户上的财产并非其2021年8月1日之后所得的财产,应当认定为范某某在其与艾某某第二次登记结婚之前已经积累的个人财产,属于遗产的范围。(5)范某某交通银行账户上的4550元中的一半2275元是范某某的遗产。

第九章　法　定　继　承

一、简答题

1.法定继承有哪些特征?

(1)法定继承是对遗嘱继承的补充和限制。

(2)法定继承与被继承人之间依附于一定的人身关系,亦即法定继承具有以相应身份为基础的特点。

(3)法定继承具有强制性。

2.如何确定法定继承人的范围和顺序?

法定继承人的范围有:(1)配偶。(2)子女,包括婚生子女、非婚生子女、养子女、有扶养关系的继子女。(3)父母,包括生父母、养父母、继父母。(4)兄弟姐妹,包括同父母的兄弟姐妹、同父异母的兄弟姐妹、同母异父的兄弟姐妹、养兄弟姐妹、有扶养关系的继兄弟姐妹。(5)祖父母、外祖父母。(6)《民法典》第1129条规定,丧偶儿媳对公婆,丧偶女婿对岳父母,尽了主要赡养义务的,作为第一顺序继承人,可以继承公婆或岳父母的遗产。

继承人的继承顺序:(1)第一顺序继承人。《民法典》第1127条规定的第一顺序继承人为:配偶、子女、父母。《民法典》第1129条规定,丧偶儿媳对公婆,丧偶女婿对岳父母尽了主要赡养义务的,作为第一顺序继承人继承。(2)第二顺序继承人。《民法典》第1127条规定的第二顺序继承人为:兄弟姐妹、祖父母、外祖父母。

3.代位继承的条件有哪些?

《民法典》第1128条对代位继承作了明确规定。被继承人的子女先于被继承人死亡的,由被继承人的子女的直系晚辈血亲代位继承。被继承人的兄弟姐妹先于被继承人死亡的,由被继承人的兄弟姐妹的子女代位继承。

(1)被代位继承人先于被继承人死亡后,才可产生代位继承,这是代位继承的前提条件和基础。由于被代位继承人死亡后其民事权利全部终止,对其他公民的继承权亦一并消失,原应享有的继承权即由其晚辈直系血亲来代替行使。

(2)被代位继承人必须是被继承人的晚辈直系血亲,且不受辈分的限制。晚辈直系血亲包括亲生子女、养子女和具有扶养关系的继子女。依据《民法典继承编解释(一)》的规定,被继承人的孙子女、外孙子女、曾孙子女、外曾孙子女都可以是代位继承人,代位继承人不受辈数限制。被继承人的养子女、已形成扶养关系的继子女的生子女也可以代位继承;被继承人亲生子女的养子女可以代位继承;被继承人养子女的养子女可以代位继承;与被继承人已形成扶养关系的继子女的养子女也可以代位继承。

(3)被继承人的兄弟姐妹先于被继承人死亡的,由被继承人的兄弟姐妹的子女代位继承。

(4)被代位继承人丧失继承权或在生前明确表示放弃继承权的,不发生代位继承。被代位继承人先于被继承人死亡时,已经明确表示放弃对被继承人遗产的继承权,亦即被代位继承人无权对被继承人的遗产享有继承权,如果被代位继承人依法丧失了继承权,不产生代位继承的问题。

4.法定继承的分配原则。

(1)法定应继份,是指同一顺序的继承人在共同继承遗产上的权利与义务的比例。同一顺序的继承人继承的份额一般情况下应当均等,这是一条基本准则。

不同情况下可不均等分配遗产。对于有特殊困难的缺乏劳动能力的继承人,在分配遗产时应当予以适当照顾。这属于照顾型的不均等。对被继承人尽到了主要扶养义务或者与被继承人共同生活的继承人,在分配遗产时可以多分。具有扶养能力和扶养条件的继承人,不履行扶养义务的,分配遗产时可以不分或者少分。经过全体继承人协商一致,在不损害其他利害关系人的合法权益下,也可以不均等分配。

(2)酌情分得遗产,是指除法定继承人以外的公民,依靠被继承人扶养的缺乏劳动能力又没有生活来源的人,或者继承人以外的人对被继承人扶养较多的人,可以依法适当分得一定遗产的权利。

5.法定继承中应继份是如何确定的?

依据《民法典》继承编的规定,应继份体现的是原则性与灵活性并举的立法模式。确立应继份的前提是继承人应在两人以上。如继承人只有一人,则被继承人的遗产全部由一人继承,不存在应继份的问题。如继承人两人以上则涉及应继份的问题。法律对应继份的规定是依据我国的现实状况,遵循权利与义务对等、男女平等、协商一致的基本原则作出的,并以此确定同一顺序继承人各自应继承的遗产份额。

6.酌情分得遗产的份额具体应考虑哪几种情况?

依据《民法典继承编解释(一)》第20条的规定,依照《民法典》第1131条规定可以分给适当遗产的人,分给他们遗产时,按具体情况可以多于或者少于继承人。酌情分得遗产应当根据各继承人的具体情况有针对性地予以分配。具体应考虑以下几种情况。

(1)考虑被扶养人的情况。如果被扶养人基本由被继承人扶养的,则酌情分得遗产的数额可以多于继承人的数额;如果是由被继承人和其他人共同扶养的,则可以少于继承人的数额。这是因为酌情分得遗产人也可以从其他人那里获得扶养。

(2)考虑扶养人的情况。如果扶养人对被继承人扶养时间长,在分割遗产时也应适当给予多分。

(3)考虑遗产数额多少。

二、不定项选择题

1.BCD　2.AC　3.ACD　4.CD　5.ABCD　6.D

三、案例分析题

【分析】

(1)依据《民法典》第1127条的规定,孙明和孙辉系第一顺序继承人,对孙某的遗产享有继承权。

(2)沈某没有继承权,因为我国婚姻家庭法不承认事实婚姻,孙某和沈某没有法定的婚姻关系,一直没有登记结婚,所以沈某不能继承孙某的遗产。

第十章　遗嘱继承、遗赠和遗赠扶养协议

一、简答题

1.什么是遗嘱?遗嘱的有效条件是什么?

遗嘱是遗嘱人生前在法律允许的范围内,按照法律规定的方式处分其个人财产或者处理其他事务,并在其死亡时发生效力的单方法律行为。

遗嘱的有效条件:遗嘱人立遗嘱时须有遗嘱能力;遗嘱必须表示遗嘱人的真实意思;遗嘱的内容符合法律规定和社会公共利益的要求。

2.简述我国《民法典》继承编规定的遗嘱的形式。

《民法典》规定,遗嘱的法定形式有六种,即公证遗嘱、自书遗嘱、代书遗嘱、打印遗嘱、录音录像遗嘱和口头遗嘱。

3.简述遗嘱继承的特征。

(1)遗嘱继承直接体现着被继承人的意愿。

(2)被继承人生前立有合法有效的遗嘱。

(3)遗嘱继承不受法定继承顺序和应继份额的限制。

(4)遗嘱继承的效力优于法定继承的效力。

4.遗嘱变更或撤回的种类有哪些?

(1)明示方式。遗嘱人另立新的遗嘱,并在新的遗嘱中声明撤回或变更原来所立的遗嘱。六种遗嘱形式可以交替互换而变更或撤回。

(2)法律推定方式。除了明示撤回外,若遗嘱人作出与所立遗嘱相悖的行为,也可以推定为变更或撤回遗嘱。该规定彰显了《民法典》对于遗嘱人真实意愿的尊重,肯定了遗嘱人意思自治之下的遗嘱设立行为。

5.简述遗赠和遗赠扶养协议制度。

《民法典》第1133条第3款规定:"自然人可以立遗嘱将个人财产赠与国家、集体或

者法定继承人以外的组织、个人。"

遗赠的特征:受遗赠人是法定继承人以外的人;遗赠是单方的民事法律行为;遗赠是要式民事法律行为;遗赠是无偿的民事法律行为;

遗赠扶养协议是指扶养人与被扶养人之间订立的,由扶养人承担被扶养人的生老死葬义务,被扶养人将自己的个人财产在其死亡后赠与扶养人的协议。

遗赠扶养协议的特征:遗赠扶养协议是双方的法律行为;遗赠扶养协议是双务有偿法律行为;遗赠扶养协议是要式民事法律行为;遗赠扶养协议内容的实现有阶段性。

6. 遗赠扶养协议与遗赠的区别是什么?

(1)遗赠扶养协议是双方法律行为,必须由扶养人与被扶养人协商一致。在被扶养人死亡时,其财产由扶养人取得。遗赠是单方法律行为,遗赠的意思表示采用遗嘱形式。接受遗赠的是遗赠人指定的国家、集体和法定继承人以外的组织和个人。

(2)遗赠扶养协议中的扶养人可以是自然人,也可以是组织,必须是完全民事行为能力人或集体组织,能够履行对被扶养人的生养死葬义务。遗赠中的受遗赠人可以是完全民事行为能力的人,也可以是无民事行为能力人或限制民事行为能力人。

(3)被扶养人依法签订的遗赠扶养协议在其生前生效,扶养人接受其遗赠是于被扶养人死亡时生效,遗赠扶养协议是将生前生效行为和死后生效行为相结合。遗赠属于遗赠人死后生效的行为。

(4)遗赠扶养协议是双务有偿行为。遗赠是无偿的行为,受遗赠人无须因遗赠而向被继承人支付对价。

(5)遗赠扶养协议中的扶养人与遗赠中的受遗赠人接受、放弃权利的规定不同。

二、不定项选择题

1. A 2. A 3. B 4. D 5. CD 6. ABC

三、案例分析题

(1)王某死亡时未留遗嘱,因此适用法定继承。

(2)王某死亡时遗产有3间房屋。因为6间房屋是王某和张某的共同财产,只能有一半归王某所有。

(3)王某的继承人有张某、王乙和王小甲。

(4)由于王某的长子王甲先于王某死亡,王甲的儿子王小甲就可以代替其父继承王某的遗产。这是典型的代位继承。

(5)张某得到4间房屋,王乙得到1间房屋,王小甲得到1间房屋。

第十一章　继承的开始与遗产的处理

一、简答题

1. 如何认定继承开始的时间和地点?

我国《民法典》第1121条规定,继承从被继承人死亡时开始。

继承开始的地点是指继承人参与继承法律关系,行使继承权,接受遗产的场所。

我国法律对继承开始的地点未作规定,但依据《民事诉讼法》的规定,因继承遗产纠纷提起的诉讼,由被继承人死亡时住所地或者主要遗产所在地人民法院管辖。可推断出我国继承开始的地点应是被继承人死亡时的住所地(或称生前最后住所地)或者主要遗产所在地,这是一种住所地主义和财产所在地主义的兼采模式。

2.确定被继承人死亡时间有何法律意义?

在法律上认定和把握继承开始的时间,具有六个方面的意义:一是确定继承人的范围;二是确定遗产的范围;三是界定继承人的顺序和应继份额;四是确定遗产所有权的转移;五是确定丧失继承权、放弃继承权以及遗产分割的效力起算点;六是确定 20 年最长时效的起算点。

3.简述遗产管理人的职责。

(1)清理遗产并制作遗产清单。遗产管理人对于由其管理或应由其管理的遗产应当进行清点,并登记造册、制作遗产清单。履行该项职责便于遗产管理,防止遗产散失;便于计算遗产的价值及清算移交遗产;便于继承人或利害关系人随时查阅。

(2)向继承人报告遗产情况。

(3)采取必要措施防止遗产毁损、灭失。

(4)处理被继承人的债权债务。

(5)按照遗嘱或者依照法律规定分割遗产。

(6)实施与管理遗产有关的其他必要行为。

4.分割遗产应遵行哪些原则?

根据《民法典》的有关规定,遗产分割应遵循以下原则。

(1)遗产分割自由的原则。

(2)协商处理的原则。

(3)物尽其用的原则。

(4)保留胎儿继承份额的原则。

5.简述遗产分割的方式。

(1)实物分割;(2)变价分割;(3)折价补偿;(4)继续保留共有的分割。

6.简述无人继承遗产的归属。

《民法典》第 1160 条规定,无人继承又无人受遗赠的遗产,归国家所有,用于公益事业;死者生前是集体所有制组织成员的,归所在集体所有制组织所有。《民法典继承编解释(一)》第 41 条规定:"遗产因无人继承又无人受遗赠归国家或者集体所有制组织所有时,按照《民法典》第 1131 条规定可以分给适当遗产的人提出取得遗产的诉讼请求,人民法院应当视情况适当分给遗产。"据此,无人继承遗产的归属有以下两类。

(1)遗产既无人继承又无人受遗赠,归属于国家所有,并用于公益事业。

(2)死者生前属于集体所有制组织成员的,其遗产归属集体所有制组织所有。

二、不定项选择题

1.AB 2.AB 3.AD 4.ABCD 5.ABCD 6.ABCD

三、案例分析题

(1)按照《民法典》第1155条的规定,遗产分割时,应当保留胎儿的继承份额。胎儿娩出时是死体的,保留的份额按照法定继承办理。在本案中,如果胎儿出生时是死体的,为其保留的20万元遗产,应由张利的法定继承人继承,即由张利的妻子王蔚和子女张芳、张瑞共同继承。

(2)依据上述法律规定,如果胎儿生下来是活体的,不论存活时间的长短,均视为继承了财产。胎儿死后,胎儿应继份应由胎儿的继承人继承,即本案中由胡晓继承。

第十二章 涉外婚姻家庭与继承法律制度

一、简答题

1.涉外结婚应提交哪些材料?

中国公民与外国人在我国境内办理婚姻登记,除满足办理婚姻登记应当满足的实质要件外,还应当提供以下相应材料。

办理结婚登记的内地居民应当提交本人有效的居民身份证和户口簿,因故不能提交身份证的可以出具有效的临时身份证。居民身份证与户口簿上的姓名、性别、出生日期、公民身份号码应当一致;不一致的,当事人应当先到有关部门更正。户口簿上的婚姻状况应当与当事人声明一致。不一致的,当事人应当向登记机关提供能够证明其声明真实性的法院生效司法文书、配偶居民死亡医学证明(推断)书等材料;不一致且无法提供相关材料的,当事人应当先到有关部门更正。

当事人声明的婚姻状况与婚姻登记档案记载不一致的,当事人应当向登记机关提供能够证明其声明真实性的法院生效司法文书、配偶居民死亡医学证明(推断)书等材料。

办理结婚登记的外国人应当出具下列证件和证明材料:(1)本人的有效护照或者其他有效的国际旅行证件;(2)所在国公证机构或者有权机关出具的、经中华人民共和国驻该国使(领)馆认证或者该国驻华使(领)馆认证的本人无配偶的证明,或者所在国驻华使(领)馆出具的本人无配偶证明。

与中国无外交关系的国家出具的有关证明,应当经与该国及中国均有外交关系的第三国驻该国使(领)馆和中国驻第三国使(领)馆认证,或者经第三国驻华使(领)馆认证。

2. 如何理解涉外离婚的管辖权?

中国的《民事诉讼法》中关于涉外离婚案件是以"原告就被告"作为地域管辖的一般原则。即对公民提起的民事诉讼,由被告住所地人民法院管辖,被告住所地与经常居住地不一致的,由经常居住地人民法院管辖。被告住所地即被告的户籍所在地;经常居住地即提起诉讼时止已经连续居住满一年以上的地方,住院治疗的除外。

　　根据《民事诉讼法》第22条的规定,对不在中华人民共和国领域内居住的人提起的有关身份关系的诉讼,由原告住所地人民法院管辖;原告住所地与经常居住地不一致的,由原告经常居住地人民法院管辖。

　　3.如何理解涉外离婚的法律适用问题?

　　根据《涉外民事关系法律适用法》第27条的规定,诉讼离婚,适用法院地法律。因此,对于涉外婚姻关系的当事人如果在我国境内法院提起离婚诉讼,有管辖权的我国境内法院受理后,适用我国法律对该离婚案件进行审理,根据我国《民法典》及相关法律法规的规定判决双方是否离婚。

　　中国公民同外国人诉讼离婚适用受理案件的法院所在地法律。在审理涉外离婚案件中,如果涉及婚姻的效力问题,则不能依法院地法判定,而应适用婚姻缔结地法律。

　　4.简述涉外收养的条件和程序。

　　《民法典》第1109条对外国人在中国的收养作了规定:"外国人依法可以在中华人民共和国收养子女。外国人在中华人民共和国收养子女,应当经其所在国主管机关依照该国法律审查同意。收养人应当提供由其所在国有权机构出具的有关其年龄、婚姻、职业、财产、健康、有无受过刑事处罚等状况的证明材料,并与送养人签订书面协议,亲自向省、自治区、直辖市人民政府民政部门登记。前款规定的证明材料应当经收养人所在国外交机关或者外交机关授权的机构认证,并经中华人民共和国驻该国使领馆认证,但是国家另有规定的除外。"该条规定确定了外国人在中国参与收养关系的权利和应该遵守的收养程序。

　　外国人在我国收养子女,包括夫妻一方为外国人在我国内地收养子女,具体问题应当按照我国民政部经国务院批准发布实施的《外国人在中华人民共和国收养子女登记办法》的规定办理。

　　涉外收养的程序与国内收养的程序不同,包括下列步骤。

　　(1)收养人和送养人的申请及审查。

　　(2)确定被收养人。

　　(3)订立收养协议。

　　(4)涉外收养登记。书面协议订立后,收养关系当事人应当共同到被收养人常住户口所在地的省、自治区、直辖市人民政府民政部门办理收养登记。

　　(5)涉外收养公证。

　　5.简述涉外继承的特点。

　　涉外继承的特点体现在三个方面。

　　(1)继承人和被继承人中有一方或双方为外国籍公民或在境外拥有住所。

　　(2)部分或全部遗产位于中华人民共和国境外。

　　(3)产生、变更或者消灭继承法律关系的法律事实发生在中国境外,如被继承人死亡等。

6.简述涉外继承的法律适用制度。

在涉外继承中,我国遵循的是国际条约优先适用原则,这是严守"条约必须信守"国际法原则的具体体现,即如果中华人民共和国与外国订有条约、协定的,则优先适用该条约或协定;没有国际条约或协定或者存在我国声明保留条款的,采用区别的原则,即动产适用被继承人住所地法律,不动产适用不动产所在地法律。

根据《涉外民事法律关系适用法》第 31 条的规定,法定继承适用被继承人死亡时经常居所地法律,但不动产法定继承适用不动产所在地法律。遗嘱方式,符合遗嘱人立遗嘱时或者死亡时经常居所地法律、国籍国法律或者遗嘱行为地法律的,遗嘱均为成立。遗嘱效力,适用遗嘱人立遗嘱时或者死亡时经常居所地法律或者国籍国法律。遗产管理等事项,适用遗产所在地法律。无人继承遗产的归属,适用被继承人死亡时遗产所在地法律。

二、不定项选择题

1. A B C 2. A 3. A B C D 4. A B C D 5. A B C 6. B D

三、案例分析题

收养的条件和手续应同时符合甲国法和中国法。

《涉外民事关系法律适用法》第 28 条规定,收养的条件和手续,适用收养人和被收养人经常居所地法律。收养的效力,适用收养时收养人经常居所地法律。收养关系的解除,适用收养时被收养人经常居所地法律或者法院地法律。因此,收养的条件和手续应同时符合甲国法和中国法。收养效力纠纷诉至中国法院的,应适用甲国法。收养关系解除的纠纷诉至中国法院的,应适用中国法。应依据我国《民法典》《民事诉讼法》及其司法解释处理。

参考文献

1. 刘春茂.中国民法学财产继承[M].北京:中国人民公安大学出版社,1990

2. 费安玲、丁玫译.意大利民法典[M].北京:中国政法大学出版社,1997

3. 夏吟兰.美国现代婚姻家庭制度[M].北京:中国政法大学出版社,1999

4. 中国法学会婚姻法学研究会编.外国婚姻家庭法汇编[M].北京:群众出版社,2000

5. 蒋月.夫妻的权利与义务[M].北京:法律出版社,2001

6. 王歌雅.扶养与监护纠纷的法律救济[M].北京:法律出版社,2001

7. 陈苇.结婚与婚姻无效纠纷的处置[M].北京:法律出版社,2001

8. 王德意、李明舜.新婚姻法的理解与运用[M].北京:中国致公出版社,2001

9. 杨大文.亲属法[M].北京:法律出版社,2003

10. 王丽萍.婚姻家庭法律制度研究[M].济南:山东人民出版社,2004

11. 艾学蛟.突发事件经典案例解析与使用指南[M].北京:长安出版社,2011

12. 孟令志.婚姻家庭与继承法[M].北京:北京大学出版社,2012

13. 房绍坤、张洪波.婚姻家庭与继承法[M].北京:中国人民大学出版社,2015

14. 周利民、贺小电.婚姻家庭继承法实用教程[M].北京:中国人民大学出版社,2016

15. 夏吟兰.婚姻家庭继承法[M].北京:中国政法大学出版社,2017

16. 马忆南.婚姻家庭继承法[M].北京:北京大学出版社,2018

17. 崔建远、韩世远.民法总论(第三版)[M].北京:清华大学出版社,2019

18. 宋纪连.民法总则与生活[M].上海:上海人民出版社,2019

19. 杨立新.民法案例分析教程[M].北京:中国人民大学出版社,2019

20. 景光强.以物抵债疑难法律问题精释[M].北京:中国法制出版社,2020

21. 杜月秋、孙政.民法典条文对照与重点解读[M].北京:法律出版社,2020

22. 杨立新.《民法典》总则编案例精解[M].北京:知识产权出版,2020

23. 江必新主编.民法典重点修改及新条文解读(下册)[M].北京:中国法制出版社,2020

推荐网站:

1. 中国政府网:http://www.gov.cn/

2. 中国人大网:http://www.npc.gov.cn/

3. 最高人民法院:http://www.court.gov.cn/

4. 北大法宝网:http://www.pkulaw.cn/

5. 中国法律信息网:http://law.law－star.com/html/lawsearch.htm

6. 110 法律咨询网:http://www.110.com/

7. 中国公证网:http://www.chinanotary.org/

8. 沪港律师网:http://lgq.fabao365.com/article/view_19235_36437.html

9. 中国法学网:http://www.iolaw.org.cn/

10. 中国大律师网:http://www.maxlaw.cn/

11. 中国法律援助网:http://www.chinalegalaid.gov.cn/

12. 北大法律信息网:http://vip.chinalawinfo.com/

13. 中国妇女网:http://www.women.org.cn/

14. 找法网:http://china.findlaw.cn/

15. 太平洋亲子网:http://www.pcbaby.com.cn

16. 北大法宝网:http://www.pkulaw.com